KINGS OF THE ROAD

How Frank Shorter, Bill Rodgers, and Alberto Salazar Made Running Go Boom

路跑之王

跑步黄金时代的光荣与梦想

[美] 卡梅伦·斯特拉切（Cameron Stracher）／著
宋辛 ／译

浙江人民出版社
ZHEJIANG PEOPLE'S PUBLISHING HOUSE

每个人都对自己的命运有无穷的期盼，试图创造生命的意义。跑步是一个完整的体验，一个学会参与、磨砺坚韧、尊重生命、把握自己的过程。在湛庐乐跑人生系列图书中，众多世界顶级跑者将自己丰富的经验跟大家分享，而这些都将为拥有不同能力和不同经验的跑者开启一个可以提高成就的新视野。

王 石

万科集团董事会主席

每个人都能成为跑者，但要想成为一名真正的马拉松跑者，必须有勇有谋。湛庐乐跑人生系列图书以其系统性、专业性、权威性，如师亦友般陪伴我们站到起跑线上！

毛大庆

UrWork（中国）创始人，万科集团原高级副总裁，“毛线团”公益跑团团长

在竞争激烈的当代中国，跑步是一个众人关注的话题。大家都希望通过跑步提高生命和生活质量。不管你是希望通过跑步强身健体，还是完成个人“初马”目标，湛庐乐跑人生系列图书都会给予你及时的帮助和指导，让你能够从容面对。

魏江雷

新浪高级副总裁

以马拉松运动为代表的跑步热潮已经成为都市金领、白领们最为推崇的生活方式。跑步热的出现，跟这项运动的易于开展有关：每个人都能跑。跑步作为最古老的运动项目，同样需要专业知识来指导，否则跟其他激烈运动项目一样易于造成伤病。湛庐乐跑人生系列图书汇集了跑步专业领域里最知名的专家和践行者，他们提供的科学方法以及先进理念，会有助于跑友们培养健康的跑步习惯、规避伤痛，在人生道路上跑得更长、更远！

张 涛

探路者控股副总裁兼体育事业群组总裁

当我跑过 36 个马拉松之后，一直想着能不能找到一种更好的训练方法来提升奔跑速度，让我在有生之年能够达标波士顿马拉松赛的成绩门槛。湛庐乐跑人生系列图书蕴含了大量提高跑步能力的宝贵知识。我认为，这套跑步书对于尚处于爆发期的中国跑者来说，一定是会有冲击力的，也是让人耳目一新的。

田同生

北京略博咨询公司执行董事

无论是疯狂喜欢跑步却不知如何提高的初跑菜鸟，还是已创高峰仍想精益求精的跑界高手，都希望拥有切实帮助自己提高的理论依据。湛庐乐跑人生系列图书也许会是最好的选择，无论你属于哪个群体，都能找到适合自己的那一款。只凭自己实践总结，时间长，心里没底；有了这套书，也许就能事半功倍。相信我，这是一套对中国跑步事业有着革命意义的书籍。

于 嘉

中央电视台体育评论员

在今天，马拉松成为普通人难以攀登的“珠穆朗玛”。湛庐乐跑人生系列图书中讲述了一些面对生命里的最大挑战而怀有希望、毅力和耐力的感人故事。这些作者通过自己的实际经历告诉我们，无论年龄多大，只要怀有自我信念和积极的态度，就能取得伟大的成绩。我相信，读过这套书，你会迫不及待地盼望着下一次跑步！

金飞豹

著名探险家，《绝地撒哈拉》作者

你是不是还在为没有时间接受专业的跑步训练而苦恼？在湛庐乐跑人生系列图书中，你会收获诸多教练和良师益友。这些作者是最慷慨、最有天赋的教练，如果你无法亲自接受他们的训练，那么这套书就是最好的选择，他们将会送给你开启精彩跑步旅程的钥匙。

谭 杰

《篮球报》总编辑

跑步是最简单的运动，然而把最简单的事情做至完美，则是最难。湛庐乐跑人生系列图书体系完整，既有历久弥新的经典之作，又有源自著名跑者的切身体验和科学总结，几乎涵盖了跑步的方方面面。读完这些，你对跑步的认识和你的跑步生涯，必将上升到一个全新的高度。

晏 懿

《跑者世界》（中文版）执行主编

路跑赛，比的不是速度

> 是哪里来的力量，使我们能坚持到底，跑过终点？力量来自我们的心中。
>
> ——伊利克·里达尔（Eric Liddell）
>
> 《烈火战车》原型，英国著名短跑运动员

路跑赛，比的不是速度，而是坚持不懈、全情投入且永不言弃的精神——狂奔一气然后瘫倒在地，这种事随便哪个傻子都能做到。但当身体里的每一根神经都在尖叫着“快停下”，你却依然继续，克服疲惫、力竭甚至绝望，把理性抛诸脑后，欣然接受非理性的召唤，不顾一切往前奔——这才是真正的伟大，这才是冠军的标识！

1972—1982 年的 10 年中，有 3 位美国男性成为长距离跑世界冠军。比赛使他们从籍籍无名到深入人心——他们的胜利占据着报纸头版，上了杂志封面，成为电视评论员竞相宣传的对象。他们的名字变得家喻户晓，他们的成功激励了千百万人加入跑步的行列。跑步运动因他们得以蓬勃发展，价值数十亿的产业也随之诞生。

在那个人们对战争和社会动荡深感厌倦的年代，弗兰克·肖特（Frank Shorter）、比尔·罗杰斯（Bill Rodgers）、艾伯托·萨拉查（Alberto Salazar）对成为一代人的英雄提不起兴趣，他们想要的仅仅是成为全球第一。他们克服了重重困难，证明自己有取胜的实力、毅力和速度。他们跑步不为名利，仅仅出于对这项运动最单纯的热爱——当时的业余运动员规则不允许他们从中挣一毛钱！

肖特可谓开拓者。他出生于康涅狄格州的一个医生家庭，为了追求梦想从医学院辍学。尽管有着耶鲁大学的教育背景和上层中产阶级家庭的成长环境，他的心中却一直深藏着一个见不得光的家庭秘密。这个秘密鞭策着他越跑越努力，越跑越快，越跑越远——他努力而徒劳地躲避着这个秘密。肖特尝试过的训练包括高海拔训练、赛道训练以及用 1 英里跑的精确配速来进行 400 米间歇跑。他对史蒂夫·普利方坦（Steve Prefontaine，美国 20 世纪 70 年代著名长跑选手，后因车祸英年早逝）这样的朋友忠心耿耿，但对其他人时而显得冷漠而又神秘。他还喜欢在大赛之前和比赛过程中同对手玩心理游戏。在慕尼黑奥运会上，他夺得了马拉松项目的冠军，这为随之而来的一切拉开了序幕。

罗杰斯和肖特是同龄人。他毕业于卫斯理安大学（Wesleyan University）。在 20 世纪 70 年代，他成天怀揣着一包烟，骑着摩托车漫无目的地闲逛。在那段黑暗而空虚的日子里，尽管靠着政府发放给失业者的食品券过活，但作为一名“出于良知拒服兵役者”，罗杰斯的生命中只剩下了跑步，于是，他重拾了跑步之梦。在波士顿的寒冬，那些不能在户外训练的日子里，他就在室内的旧木制跑道上跑步，一跑就是几百圈。后来，大波士顿田径俱乐部（Greater Boston Track Club，简称 GBTC）给了罗杰斯一群队友和一个家。在 4 月的一个星期一，罗杰斯和队友们的生活忽然就变得广为人知了。

至于萨拉查，他曾被称作“新秀”。16 岁那年，这个干瘦笨拙的高中生天才就已经同罗杰斯一起训练了。萨拉查的父亲曾在古巴革命中与菲德尔·卡斯特罗（Fidel Castro）和切·格瓦拉（Che Guevara）并肩作战。年轻的萨拉查遗传了父亲的冲动个性，他跑步既是为了取悦父亲，也是为了摆脱他。没有什么能阻止他奔跑：疲劳、高烧，甚至死亡！他注定会刷新世界纪录——在 22 岁生日来临之前。

他们三人几乎都是在不经意间发现了自己的才能，他们的奔跑之路上也都没有设定明确的“路标”——没有任何国家计划来开发他们的潜能，没有营养师或教练来监控他们的每一次肌肉抽搐，也没有哪个利益集团来承担他们的训练费用。他们奔跑，只是因为他们不得不奔跑！他们用奔跑改变了跑步运动在美国的地位，并在 10 年之中几乎称霸世界。

之后，再没有哪位美国男性达到过他们的成就，女性之中也仅有琼·贝努瓦·萨缪尔森（Joan Benoit Samuelson）的知名度能与之相当。事实上，在他们的全盛期过后，除了 1984 年的萨缪尔森和 1985 年的布鲁斯·比克福德（Bruce Bickford），再没有哪一位美国跑步运动员在 400 米以上任何距离的跑步项目中赢得过奥运金牌或排名世界第一。

这究竟是怎么了？发生什么奇迹了吗？怎么一眨眼美国就从一个抽大麻的“嬉皮士之国”摇身变成了“飞毛腿之国”？一夜之间，骨瘦如柴成了时尚，LSD 成了“长距离慢跑”（long slow distance）的简称。成年人仅着秋衣秋裤，戴着手套就上街争夺路肩去了。“勾”和“条纹”成了部落盟约，黏糊糊的食物则成了人们的早餐。

若非彼此相互鞭策，他们的事迹本可能只化作《无名体育季刊》（*Obscure Sports Quarterly*）的利润而昙花一现。在经济萧条的 10 年中，他们依靠着彼此成就的光芒前进：肖特——罗杰斯——萨拉查，开拓者——普及者——

超越者，大脑——灵魂——心灵。相互竞争鞭策着他们更加卖力地训练，制定出更好的策略，在比赛中跑得更快。各自为政，他们也许能赢得单场比赛；戮力同心，他们则可以改变一切！

马拉松或许确立了他们的地位，赛道比赛或许让他们名声大震，但他们给人们留下最深刻印象的却是非马拉松距离的路跑赛。路跑赛才是最能展现他们出众才能的地方——赛道比赛过于专业，马拉松又着实令人生畏，但路跑赛却是普通人也可以参与的，在发令枪响之前，即使是没受过任何训练的新手都能和世界冠军并肩站在同一条起跑线上。你也可以在星期六早晨临时兴起插进一场 8 公里赛，跑完后仍有充足的时间吃早餐和午休。路跑，是由世界级运动员领衔的大众运动，也是处于叛逆期的少年在内心寻求自我完善的理想场所。在日益复杂、混乱的世界中，跑步是对超越自我的承诺，其中，路跑赛是集体的成就，每位参与者都是“赢家”。肖特、罗杰斯和萨拉查引领了路跑之路，千万项赛事随之兴起。

在那 10 年间诞生的所有赛事中，有一项赛事力压群雄、脱颖而出。它始于名不见经传的科德角（Cape Cod）小镇的一场周中远足活动，最初只是人们为泡吧找的借口，后来却发展成一项国际性体育赛事，许多精英选手都来参赛。它成了无名跑者一炮而红的试验场，很快就赢得了“全美最佳路跑赛”的美誉。10 年间，肖特、罗杰斯和萨拉查 3 人一直称霸此项赛事：他们 7 次夺魁，7 次刷新赛会纪录，把这个小镇变成了他们的大本营。

法尔茅斯路跑赛最能代表跑步风潮的兴盛历程：它因肖特而诞生，随罗杰斯而壮大，同萨拉查一起到达巅峰。这也是唯一一场他们 3 人曾同台竞技的赛事。法尔茅斯的故事是跑步运动黄金时代的故事，它的兴起与壮大映照出美国的运动情缘。同时，它又是处在时代转折点上的美国的故事。在遭遇精神和物质的双重危机下，当时的美国正在酝酿一场复兴运动——在城市里，在艺术上，也在商业和金融领域中。跑步既是带有“西绪福斯式”绝望的症状，也是消除不满与麻木情绪的解药。一脚前一脚后的机械重复，看似毫无意义，却又最为深刻。法尔茅斯是检验跑者信念的地方，也是跑者再度归来挑战他人与自我的地方。

我们的故事就始于法尔茅斯，也将终于法尔茅斯。它始于中途——1978 年，一个骄傲的年轻人竭尽全力想要战胜他的前辈，却几乎为此丧命。

扫码关注庐客汇，
回复“路跑之王”，
回溯那个跑步黄金时代。

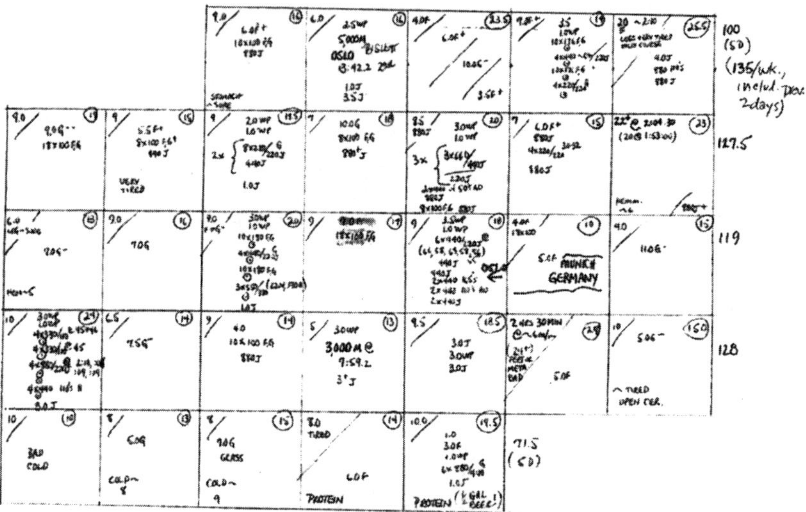

图为慕尼黑奥运会开赛前一个月弗兰克·肖特的赛前训练日志，后由杰克·巴切勒（Jack Bacheler）保存。

Courtesy Jack Bacheler

KINGS
OF THE ROAD
目录

目录

KINGS OF THE ROAD

第一部分

阳光下的对决

计时器以 0.1 秒的精确度计量着时间，终点线清清楚楚划在那里。终究，胜利将属于最强者。

1978

KINGS OF THE ROAD

第 1 章

去吧，你来领跑吧

我从未见过哪个跑者会觉得自己没法再跑快一些了。

——鲁迪·查帕（Rudy Chapa）

NCAA 5000 米冠军，世界级跑者

他在床头贴上手写的标语，提醒着自己之前的失利，也激励着自己不要气馁——“你决不会再被打败了”！在 NCAA（National Collegiate Athletic Association，全美大学体育协会）10 公里跑决赛中屈居第 6 之后，他发誓，今后无论是训练还是比赛，都决不再输给任何人了！他不再是什么“新秀”，也不再是那个来自韦兰高中、同大波士顿田径俱乐部的大男孩们一起在波士顿大学的跑道上训练的“小瘦子”了。

艾伯托·萨拉查刚刚在俄勒冈大学念完二年级，依然在为自己的前途和高中时就显现出的潜能而奋斗着。他的体格变得更壮实了，弯起手臂就能看到新练出来的肱二头肌和肱三头肌。现在，他身材高大，相貌英俊，一身古铜色的肌肤，胸毛和头发一般浓密。他是一名古巴流亡者的儿子，两岁时和家人逃到了美国。他注定是个奇才——不仅速度超群，还有一颗敬业和好胜的心。

此刻，在跑了 7 公里之后，他正紧跟在自己的精神导师兼前队友比尔·罗杰斯身后——罗杰斯是全民冠军，当时美国长跑界的门面人物。一路上，粉丝们高呼着“波士顿比利”为他助威。虽然弗兰克·肖特曾在奥运会上拿过冠军，但如今罗杰斯风头更劲。如果说肖特代表过去，那么罗杰斯则代表当下。而他，艾伯托·萨拉查，正是未来！

现在，他赶上了罗杰斯，阳光直射在他们身上。尽管气温不过 26℃，但湿度却高达 70%。他们刚用 2 分 48 秒的配速沿着笔直的沙滩跑了 1.6 公里。而今，闷热开始变得让人不堪忍受——两人都大汗淋漓，上衣紧贴着前胸，尼龙短裤摩擦着大腿。他们不错过任何一个往身上浇水的机会，但湿度太大了，这根本起不了多少作用。海边的空气厚重得好似什么都蒸发不掉。然而比赛不容他们稍作喘息，他们唯有继续征服这漫漫长路！

萨拉查转过头，问年长些的罗杰斯是否要由他来领跑。这是打击对手斗志的老伎俩，可以让对方觉得你依然神清气爽，甚至还能担起领跑的重责。它奏效了！“去吧，你来领跑吧。”罗杰斯说。

于是，艾伯托·萨拉查开始加速，准备上前领跑，这可是在跑步风潮的鼎盛期。他想，未来，就取决于现在！

酒吧间的路跑赛

1978 年 8 月 21 日上午，4 000 名跑者涌入马萨诸塞州伍兹霍尔镇的大街小巷参加第 6 届法尔茅斯路跑赛。从基德船长酒吧（Captain Kidd Bar）到法尔茅斯高地（Falmouth Heights）的四兄弟酒馆（Brothers Four Tavern），这项全程 11.3 公里的路跑赛事来自于四兄弟酒馆酒保汤米·伦纳德（Tommy Leonard）的一个点子。仅几年的时间，比赛就变得大受欢迎。这一回，在开始接受报名后仅仅 19 天，4 000 个参赛名额就报满了，还有 600 多人以非正式选手的身份参与其中。注册选手名单读起来就像是全美路跑名人录：13 位 1 英里跑进 4 分钟的跑者，16 位 NCAA 或 AAU（Amateur Athletic Union，美国业余体育联合会）冠军，9 位奥运选手。其中男子选手有闯入过奥运会 10 公里跑决赛的加里·比约克隆（Garry Bjorklund），有桃树街路跑赛（Peachtree Road Race）冠军及奥运会障碍赛选手迈克·罗奇（Mike Roche），有专程从布鲁塞尔飞来参赛的 AAU 10 公里跑冠军克雷格·维金（Craig Virgin），还有上届亚军——艾伯托·萨拉查。女子选手方面：赛会纪录保持者金·梅里特（Kim Merritt）将为捍卫自己的冠军头衔迎战波士顿马拉松赛冠军盖尔·巴伦（Gayle Barron）；还有 10 公里路跑纪录保持者玛莎·怀特

（Martha White）以及琼·贝努瓦·萨缪尔森。萨缪尔森曾是 1976 年法尔茅斯路跑赛的女子组冠军，当时她还在包德恩学院（Bowdoin College）念大二。

然而，名单的榜首位置却是属于比尔·罗杰斯的。罗杰斯赢得了一系列马拉松赛事，他是唯一一名同时拥有纽约、波士顿和福冈三大马拉松赛事冠军头衔的跑者，同时还是波士顿马拉松、纽约马拉松和法尔茅斯路跑赛的赛会纪录保持者。尽管法尔茅斯路跑赛的中等距离看似对 10 公里跑选手更为有利(法尔茅斯路跑赛总距离为 11.3 公里),但没人会因此低估了波士顿比利。比赛时，罗杰斯会采用别人很难跟上的节奏，并在下坡时加速拖垮对手。按常理来说，唯一能击败他的方法就是，一路紧跟并在最后的冲刺阶段超过他。因为罗杰斯在冲刺阶段最弱，最快速度只有每公里 2 分 40 秒，即使是高中生中的 1 英里跑好手都能发力超过他。无疑，罗杰斯不想让任何人得到这个机会。

上午 7 点，空气中的湿度已经很高了。从海上吹来了一丝微不足道的轻风，远处响起了低沉的汽笛声。离开赛还有 3 个小时，但伍兹霍尔镇看上去就像早已做好了被外界占领的准备：红色障碍栏从邮局沿水街一路排到水族馆；在海洋生物实验室的停车场上、斯沃普宿舍区周围以及教堂街沿街摆满了一长列一长列的移动厕所；交通锥围出了起跑区；巡逻警车闪着灯，封锁了通往吊桥的路。

在第一座山坡的顶部——水街并入了 28 号公路，通往马萨葡萄园岛的航线在此汇聚到轮船局，一群志愿者身穿印有亮色“赛事官员”字样的 T 恤，正在和当地警察一起讨论策略。由于起点处地形狭窄、终点附近往往会挤满人，在法尔茅斯镇的要求下，赛会组织者今年限定了比赛场地。他们更担心的是“土匪”——那些没有注册但在开赛后中途闯入的人，为此，他们设置了障碍栏——但这只能解决部分问题，因为不可能把全程都拦起来。事实上，在图书馆后面不再设置障碍栏的地方，已经有好几个没有号码牌的跑者在热身了。

终点线又是另一个问题。为了能更好地控制人流，今年的终点线向山下移了 200 米，来到了一大片草地前——这么做可以让跑者跑过更长的坡道逐渐聚拢过来，也可以避免有人在最后时刻从场外插进来。但是，为 4 000 名跑者计时对后勤工作人员来说简直是噩梦。这可是个人计算机、条形码和计时芯片都还没有诞生的年代，人们只能打印出每位跑者冲过终点线的时间，并将其与跑者参赛服号码布上的号码一一对应起来。一旦漏掉一个，整场计数就全部作废了！为此，据一家当地报纸报道："一位志愿者将携带一项高科技装置—— 一台磁带录音机，站在终点线处，报出跑者的号码并用磁带录下来。"

计划和开展一项有着数千名参赛者和数万名观众的活动，会有许多大大小小的问题，更何况除了扩出来的终点区，全程的比赛线路不过两车道宽。在当时，规模更大的赛事屈指可数——桃树街路跑赛的参赛人数更多一些，而波士顿马拉松赛的人数还不及法尔茅斯路跑赛。

然而，组织者所面临的最严峻的问题是闷热。传说，第一个跑完马拉松的人是古希腊信使斐力庇第斯（Pheidippides）。当雅典军队在马拉松战役中击败了波斯大军之后，他从马拉松一口气跑回雅典城，向乡亲们宣布胜利的消息。话刚说完，他就倒地身亡了。尽管法尔茅斯并不像希腊那样多石且暴晒，但开赛时间相对多数比赛而言较晚，而且当地湿度异常高，这进一步削弱了人体自我降温的功能。

如果萨拉查没有担心过闷热问题，那么他显然失策了。开赛时间是上午 10 点，且比赛正处于科德角最热的季节，最慢的跑者会一直跑到正午时分。赛事医疗主管阿瑟·罗宾逊（Arthur Robinson）医生向当地报纸透露了他的担忧。罗宾逊的女儿南希（Nancy）是法尔茅斯高中的田径明星，她正在与萨拉查谈恋爱，他俩是在高中参加马萨诸塞州赛道比赛时认识的。每个人都知道这个韦兰高中的天才男孩，他有着深色的眼睛和无敌光环，这么点儿小热对他来说算得了什么？没准只会让他褐色的双眼多放些电去搅动场外女孩们（以及她们的母亲们）的心吧。

比赛就要开始了

上午 7 点 30 分左右，大巴开始陆续抵达小镇。与波士顿和纽约马拉松一样，法尔茅斯路跑赛也采用点对点的路线。但伍兹霍尔可容不下 4 000 辆私家车，因此，赛会组织者关闭了 28 号公路，安排了免费的通勤大巴。大巴在学校街区的尽头放下了除精英选手和准精英选手之外的跑者，他们需要绕过鳗鱼池，步行 800 米抵达起点线。药店和杂货店照常营业，但 8 点 30 分时杂货店就已被挤得水泄不通，药店里也挤满了在最后一刻来买凡士林（防止擦伤）和创可贴（防止乳头出血）的人。几名跑者自顾自地在过道里按摩着小腿肚和大腿，空气中弥漫着奔肌（Ben-Gay）止痛膏的气味。当地居民不得不挤进人群去买《波士顿环球报》和《纽约时报》——有对夫妇对人群和气味抱怨连连，但大多数人要么认识某个参赛者，要么自己也参加了比赛，又或者纯粹是受到了这种场面的鼓舞，他们对此毫无怨言，淡然处之。

跑者们个个身材健美，比例协调。放眼望去，无论男女，都脱得只剩背心短裤，到处都是结实的双腿、平坦的腹部和紧致的手臂，让人心神荡漾。他们轻便的运动服和专业跑鞋有些来自道芬（Dolfin）、鬼冢虎（Tiger）和因托尼（Etonic）这些传统品牌，有些则来自罗杰斯和肖特各自创立的品牌。法尔茅斯路跑赛既是一个竞技舞台，也是一场社交盛宴——跑者们趣味相投、志同道合，在灿烂的阳光下，“革命友情”令他们容光焕发、侃侃而谈。

精英选手是在开赛前不到半小时才抵达伍兹霍尔的。他们每个人都有一套自己的赛前准备程序，但也都大同小异——无外乎热身、按摩、拉伸肌肉，再沿着水街来回跑一下——不需要太快，关键是让腿部肌肉放松，避免比赛初期容易出现的抽筋和撕裂。他们汇聚在伍兹霍尔海洋研究所主楼后的停车场上，那儿是附近唯一一处阴凉的地方。法国巴黎的一家矿泉水公司——毕雷斥5 000美元巨资赞助了本届比赛，这还是自赛事开办以来的头一遭！但获胜者就别想奖金了，一些精英选手甚至还得自掏腰包支付路费。当地家庭帮忙解决了多数参赛选手的住宿问题，而这项“温暖的”传统其实是受资金不足所迫——赛事主办方只能付得起一小部分参赛者的路费。

有几个观众骑到了邮局前的石墙上，朝着罗杰斯高声呼喊，祝他好运；每隔几分钟，就有一位跑者前来与他握手——这实在令人分心，几乎到了恼人的地步，但罗杰斯愉快地接受着这一切。他就像一位橄榄球队队长一样向着人群挥手致意，接受着他们的祝福。他说起话来神采奕奕，对所有人都很亲切，一脸惬意。不过，他显然还没适应这突如其来的盛名——周旋于粉丝之间，令他多少有些飘飘然。

萨拉查则远离一切纷扰—— 一个人做着拉伸，不怎么和别人说话。有些人认为这是种傲慢，说实在的，这其实是超级自信。他的教练比尔·德林杰（Bill Dellinger）曾说他“想当世界第一都快想疯了”，《跑者世界》（*Runner's World*）的总编则称他是“我所见过的跑者中最勇猛无畏、最充满斗志的一个”。萨拉查少年得志，是赛道比赛和路跑赛的“双料明星”，他的自信久经巩固，使他更显底气十足。但没人知道他自信心爆棚的背后却是强烈的不安全感！萨拉查有一个独断专行、食古不化的父亲，加之身为三兄弟中的老幺，他由此形成了极度腼腆的性格。失败是他生命中的“不可承受之重”——在跑步这场竞技中，跑第二几乎等同于完败。NCAA比赛第6名的惨淡成绩所带来的刺痛仍记忆犹新！但有时即使获胜了，他似乎也无法从中获得多少快乐，这时不输又好似比赢更要紧。他就是这么让人猜不透！

撇开这些不同点，罗杰斯和萨拉查有着长跑运动员的某些共同特征——清心寡欲、性格内敛、神经质。用每公里不到3分钟的速度一公里接一公里地跑下去，若非有着超强的自制力是不可能做到的。直到今天，长跑运动也没出过像尤塞恩·博尔特（Usain Bolt）这样爱出风头的选手——会在赢得比赛后绕场一周庆祝，还不忘做“弯弓射雕”的招牌动作。相反，长距离跑选手往往将他们的庆祝留给颁奖礼之后的酒吧聚会。

比赛线路是从伍兹霍尔到法尔茅斯。最初的5公里更有利于长距离跑者，因为一开始的地形狭窄曲折，还有几处虽然不高却山势陡峭的小坡，这使得多数跑者还没跑到宽敞的海浪大道就已经精疲力竭了。接下来的1.5公里尽管是平地，却要饱受烈日当头之苦。紧接着要拐过5道弯，再折回一座小山坡，继续朝着法尔茅斯高地进发。如果在进入海浪大道之前罗杰斯不能甩开跟跑的对手，比赛究竟鹿死谁手就很难说了。这是一场速度与耐力的较量，也是一场体力与意志的对决！

现在，参赛者们肩并肩在起跑处排开，越来越多的人试图挤进去，甚至有些观众爬上了鱼贩咖啡馆（Fishmonger’s）和基德船长酒吧的屋顶。整条水街沿途都设置了障碍栏，障碍栏后面里三层外三层围满了观众。媒体直升机在半空轰鸣，忙着抢占最佳的拍摄位置。晚到的选手仍然试图挤向水街，但赛事志愿者们已经开始封锁跑区了——他们手挽着手，步伐一致地向着起跑线推进，将所有人都赶往吊桥对面。一个戴着普通号码布的家伙想混进起跑区，赛事志愿者冲他喊道：“仅限种子选手！其他人先退到外面去！”那人便像个逃学的小学生一样灰溜溜地走开了。

萨拉查在前排找到了一个位置，比迈克·罗奇落后一个身位，他的一些波士顿前队友们挤到了他的周围。罗杰斯的位置要更靠后两排，他乐得让那些爆发力强的家伙先把速度给带起来。有个男人拿着扩音器，叫大家退后，让排名最前的种子选手先跑。此时，选手们并没有完全退到起跑线后面，因而比赛不能正式开始。这一过程中，难免会有些推搡，于是，手持扩音器的男人便需要说的更多了。选手们又往后退了两三米。拥挤的人群中，汗湿的身躯相互摩擦着，根本无处可躲。

志愿者们又推了几把，终于，所有人都站到了起跑线后。直升机在头顶嗡嗡作响，护航的警车闪着警灯、鸣着警笛为选手们开道。新闻采访车急忙发动引擎，顿时喷出了一股黑黢黢的尾气，散发出浓重的柴油味道。一台录音机透过扩音器噼啪作响地播放起美国国歌来，选手们顿时立正站好。四面八方都飘满了国旗，有人朝着这儿，有人朝着那儿，好像信徒们在向不同的神灵祈福。手持扩音器的男人说完了最后指示，匆匆忙忙回到开路车里。发令者举起了发令枪。选手们霎时绷紧了双腿，抬起了手臂，屏住了呼吸。比赛马上就要开始了！

拖不垮的“新秀”

枪声响起，跑者队伍就像一条疯狂的蜈蚣，朝着伍兹霍尔镇外蜂拥而出。最前面的选手几乎是一口气就冲过了桥、跑上了山，但后面的队伍却花了整整 10 分钟才全部通过起跑线。而要让每个人都能跑出舒服的节奏，还需要更久。第一梯队很快就形成了：总有些愣头青一上来就横冲直撞——有些是为荣誉而战，有些则纯属无知，有经验的跑者自然悉听尊便。刚起跑时，肾上腺素会急速升高，而跑上第一个小山坡后很快就是平地，之后直到 1.6 公里路标处都是连续的下坡，诱使着人们做出不明智的决定。小道九曲十八弯，先头部队很轻易就会跑离自己的视线范围，不过，就算是精英选手也不会完全任由他们跑远，毕竟在比赛初始阶段就丢掉领先位置是个巨大的战术错误。

4 分 25 秒，第一梯队通过了 1.6 公里路标。这一处风景优美得让人分心：

诺布斯卡灯塔就矗立在眼前；从石崖上可以俯瞰整个温亚德湾；朝后看，一长串跑者蛇行延伸至视野尽头。两架直升机在崖顶上空盘旋，一小队船只在近海岸漂浮。若不是最前面的那几个世界顶尖选手非要一争高下的话，这简直就是个节日，一个狂欢节！但现在，他们只能继续目不斜视地翻过山坡，跑下树林。

8 分 49 秒，他们通过了 3.2 公里处。看这个势头，赛会纪录有望被刷新。但此刻没人会去想什么纪录，每个人都只想着如何保持住目前的节奏和名次。接下来这段路，先要翻过两座小坡，之后还有一座较大的山：上坡、下坡、上坡、下坡、上坡、下坡。树林遮挡了烈日，但也裹住了湿气，路面又湿又滑。观众们挤上牡蛎塘路，向跑者提供海绵、切成片的橙子和饮用水。这些观众都是些科学家及其家人，他们每年这个季节都要来林中的避暑小屋住上几个月，同时还会在海洋生物实验室进行科研工作，直到冬季才离开。再过不到 1 公里就是官方指定的饮水点了，第一梯队的选手们对观众们的好意表示了感谢，马不停蹄地通过了牡蛎塘路。稍后到达的跑者中有人伸出手来，但递水的人因缺乏经验把杯子打翻在地，好在后面还有更多的杯子紧接着递了上来。跑者们接过水杯往头上浇去，再喝上几口，便把空杯子扔在了地上。

罗杰斯在下坡时加快了速度，迫使其他人都得跟上他的节奏。对罗杰斯来说，这是习惯，是下意识的动作。但对其他跟跑者来说，这样一来就打乱了他们的节奏。跟跑，意味着按别人的节奏跑比赛，只要领跑者一改变，跟跑者就别无选择，只能跟着领跑者变。罗杰斯的策略是前 5 公里拼命跑，接下来的 5 公里悠着点儿，最后的冲刺阶段尽力而为，听天由命。他对这条线路了如指掌，深知该如何应付，这对他大为有利——每次还没上坡，他就已经知道下坡是什么情况、坡道有多长、他又能加速到多少。第一梯队里再没人比他对这条线路了解得更清楚了，有几位跑者甚至还是头一次跑。路跑和赛道跑不一样：赛道永远是平的，每圈都一样；路跑则每时每刻都会有变化。要是你对接下来会发生些什么一无所知，那一座座山、一道道弯就不仅会消耗巨大的体力，更会残酷折磨你的精神。腿已经够累的了，需要脑子分分神，想想这种痛苦很快就会过去。但如果不知道前面等着的是什么，跑者们很容易就会泄气。他们的竞争对手还会对他们要手段，在自己也已精疲力竭的时候加速冲一段，希望能拖垮他们的身体，进而粉碎他们的斗志。比赛的距离越长，这些小手段就玩得越大。

萨拉查自有他的优势——极强的忍受痛苦的能力。他并不认为自己跑得有多快，但自小学起，无论是遇上身体缺氧、软组织损伤还是细菌感染，他都能挺住，就好像那些触发人体预警系统的生理机制对他不起作用似的。确实，一些科学研究表明，有些人对疼痛好似具有免疫力。萨拉查对外界干扰的免疫力，究竟有多少来自遗传，又有多少来自内心的坚忍？这个问题可能永远都不会有答案。随着比赛的进行，每当罗杰斯加速的时候，萨拉查也随即跟着加速——两个人就像是在玩“我和我的影子”游戏一样。有那么一阵儿，面对拖不垮、打不烂的“新秀”，罗杰斯似乎已经无计可施了。萨拉查步步紧跟，不让这位前辈离开自己的视线范围。

温度越来越高了，湿度也越来越大了。烈日当空，洒下道道金光，很快好戏就要上演了。

最好的时代？最坏的时代？

1978 年适逢美国的巨变和转型之年。这一年，20 世纪 60 年代泛滥的自由主义与反弹日渐强烈的保守主义两股思潮旗鼓相当。这一年的夏季还是教育法修正案第九条（*Title IX*）的实施期限，这条法令旨在消除高校体育场上的性别歧视。然而，就在春天，联邦最高法院对“加州大学董事会诉巴基案”作出的最终判决却给了《平权法案》（*affirmative action*）沉重一击。最高法院判定加州大学戴维斯分校设置的少数族裔录取定额构成了“逆向歧视”。这一年，迪斯科开始席卷各大音乐排行榜，《周末夜狂热》（*Saturday Night Fever*）中的3首原声歌曲先后占据排行榜首位，著名的新浪潮乐队（New Wave）的“金发女郎”发布了新专辑《平行线》（*Parallel Lines*），销量保持在2 000万张以上。这一年，有着深远影响的朋克乐队“性手枪”（Sex Pistols）进行了最后一场公演，同年年底乐队的贝司手席德·维瑟斯（Sid Vicious）因谋杀女友南希·施庞金（Nancy Spungen）而遭逮捕。这一年，“王子”普林斯乐队（Prince）、“范—海伦”乐队（Van Halen）和“警察”乐队（the Police）都发布了自己的首张专辑。与此同时，雷蒙斯乐队（Ramones）、传声头像乐队（the Talking Heads）以及埃尔维斯·科斯特洛（Elvis Costello）这些音乐人则统治着“地下音乐市场”。在电影方面，第一部以探讨越南战争为主题的主流商业电影《猎鹿人》（*The Deer Hunter*）一举斩获奥斯卡最佳影片、最佳导演及最佳男配角等大奖。但你千万不要因为这些就认定美国人已经变得严肃并开始反思了：也是在这一年，搞笑喜剧片《动物屋》（*Animal House*）和《万圣节》（*Halloween*）同样大为卖座。

这不见得是最好的时代，但也不至于是最坏的时代。年轻一代被一种不安感和错位感所笼罩，他们已无法再对伍德斯托克（Woodstock）精神产生共鸣，而未来看起来也不再那么有吸引力了，尽管经济已有了复苏的迹象。他们的父辈逃离了都市，如今的城市空虚又孤立，乡村更是乏味而无望。要不了几年，20世纪60年代的“空谈理想”就将被80年代的“勇往直前”所取代，嬉皮士颓废又混乱的爱情将成为过去，取而代之的是“垃圾债券”和“日出而作”的生活方式。然而，在1978年，美国仍处在矛盾之中：内部分化日趋激烈。乍一看，迪斯科舞厅光怪陆离；但浮华之下，朋克摇滚正暗流汹涌。

然而，路跑却是有限而真实的，没有那些种族、阶级或文化上的模棱两可——计时器以0.1秒的精确度计量着时间，终点线清清楚楚划在那里。终究，胜利将属于最强者。

真正的较量

一上海浪大道，跑者们的视野就变得开阔起来了。接下来是约2.5公里长的直道。他们跑下一道短坡，绕过一片盐沼地，来到了海滩边。这里金光闪耀，却也暗藏"杀机"——第一梯队的人数已从10个减少到了4个，仅剩下萨拉查、罗杰斯、克雷格·维金和迈克·罗奇。之前山上的那些小手段都不作数了，现在，在平地上，真正的较量开始了！温度又升高了几度，白晃晃的阳光射穿了薄雾，他们的身后有微风吹过，但并不能对速度产生帮助，更难以为他们带来丝毫凉意。

罗奇和罗杰斯并排跑在前面，维金和萨拉查紧随其后。罗奇自信满满，一开始就冲到了最前面，争夺第一个800米的领先权。这恐怕是个致命的错误，他现在得为过早的爆发付出代价了——罗杰斯再度加速，这次罗奇跟不上了。

不止罗奇，维金也一样。在此前的一个月中，维金在欧洲大陆上9次刷新了个人纪录。他无疑是个杰出的跑者，4人中就数他步频最快了，并且对他来说法尔茅斯路跑赛的距离也极为理想。但一路跟着经常突然加速的罗杰斯跑却使他身心俱疲，加之刚经历了漫长的越洋飞行，此刻，他已到了极限。他一度试图控制节奏、保存实力，但一边应对陌生复杂的前半程路线，一边同一流的对手较量，实在很难做到。现在，他确定自己无法再跟上去了——不到60秒，罗杰斯已领先他15米之多了。

只有萨拉查还不肯认输。和其他跑者一样，萨拉查的肌肉现在也已分泌了大量的乳酸，他的身体亟须更多的氧气，因此，他的心脏跳动得更卖力了。而什么时候慢下来全由大脑说了算——大脑在分析了所有生理数据并得出慢下来是对身体最好的选择时，才会下此指令。除非拉伤或撕裂，肌肉是不会自己停下来的，它们遵照大脑的指令。萨拉查的大脑命令他的膝盖抬起、小腿弯曲、大腿伸展。肌肉已酸痛难耐，但大脑仍命令它们继续跑下去："你决不会再被打败了！"

罗杰斯自然不知道萨拉查的脑子里在想些什么。他的大脑告诉他，已经成功甩掉了两个跟跑者，但还剩一个死咬着不放。更糟糕的是，这一个还是俄勒冈大学公认的明星，就连罗杰斯本人都曾说过萨拉查会是"明日之王"。比赛即将进入最后阶段，如果自己在接下来 1.5 公里左右的路程中还是无法甩开萨拉查，那么在冲刺阶段胜出的机会将十分渺茫。生平第一次，罗杰斯对是否能赢得比赛、保住自己的王者头衔产生了怀疑。在朝着海浪大道尽头靠近的时候，罗杰斯能感到萨拉查就在自己的身后，一步一步紧跟着自己。

正是在这个时刻，萨拉查上前问罗杰斯是否要由他来领跑。对罗杰斯来说，这可谓致命一击——没希望了，萨拉查赢定了！"去吧，你来领跑吧。"他说。

但这却是他最后一次看到萨拉查。萨拉查非但没有加速超到最前面去，反而像是一台无人驾驶的汽车那样左摇右晃起来。罗奇超过了他，维金也超过了他。观看比赛的人们就这样看着他在路上一会儿跑到左边，一会儿跑到右边，名次掉到了第 5 位、第 6 位、第 7 位、第 8 位。一定出了什么状况，但没有人知道该做些什么。萨拉查早已意识全无，但他的双腿依然载着他机械地向前跑着——他的大脑已经无法对他的身体下达任何指令了。

最前面，罗杰斯进一步扩大了领先优势。摆脱了最后一个挑战者，他轻轻松松地跑过游船码头，转过最后一道弯，向着球场跑去。经过人群时，他露出微笑，轻轻地挥了挥手。胜利是令人愉悦的，更令他感到愉悦的是，自己仍是那个王者。

没有人知道萨拉查是怎么跑上最后那座山坡到达法尔茅斯高地的，冲过终点线后，他瘫倒在地。人们将他抬进医疗帐篷，他的体温超过了42℃。医务人员全力施救，将他浸入冰水中降温。他的父亲闻讯赶来，又急又怕。后面的跑者一个接一个地冲过了终点线，但艾伯托·萨拉查依然昏迷不醒地躺在装满冰块的塑料盆里——口中呻吟着，咒骂着，浑身抽搐不止。他的大脑不过是一个身体器官，也会犯错，还很脆弱。他输了——躺在那里，沉浸在失败的痛苦之中。

现在，一位神父走过来摸了摸他的前额，他的父亲握住了他的手。这位年轻的运动员正徘徊在黑暗的边缘，在跑步风潮的鼎盛期，似乎未来尚未开始，就已经结束了。

KINGS OF THE ROAD

第二部分

跑步风潮·人物

他们奔跑，只是因为他们不得不奔跑。他们跑步不为名利，仅仅出于对这项运动最单纯的热爱。

1972

KINGS OF THE ROAD

第2章

风潮伊始

> 是跑步让我知道自己想要过什么样的生活，是跑步让我感觉自己做完了、做好了一件事。
>
> ——弗兰克·肖特

恐怖分子是在黎明破晓前到达的——他们身穿红色训练服，提着大旅行袋，翻墙而入的时候还得到了几名美国运动员的协助。这里的安保措施十分松懈，就算有人看见了也懒得上前多问一句，更别说阻拦了。因为，这一回德国人想要苦心营造出宽松友好的气氛，办成一届“友好运动会”，好教人不再想起在希特勒“赞许”的目光下举办的1936年柏林奥运会。所以，对于在外面喝个通宵、凌晨再翻墙溜回宿舍这种事，大家早已见怪不怪了。现在，这8个巴勒斯坦人正悄悄靠近康纳利街31号——那里是乌拉圭、中国香港和以色列选手的驻地。他们都是恐怖组织“黑色九月”的成员。这会儿是1972年9月5日凌晨4点10分。

恐怖分子一脚踹开了第一间公寓的门，吵醒了以色列籍摔跤裁判约瑟夫·古特弗罗因德(Yossef Gutfreund)。古特弗罗因德飞扑过去，奋力抵住大门，大声提醒他的同胞们快逃。与他同屋的举重教练图维亚·索科洛夫斯基(Tuvia Sokolovsky)成功破窗而逃，但其他5名教练和裁判员就没那么幸运了，他们连同古特弗罗因德一起被劫持为人质。恐怖分子将他们绑起来，押到了二楼的一间空卧室里。

随后，恐怖分子又胁迫摔跤教练莫西·温伯格（Moshe Weinberg）带他们去找其他以色列国家代表队的队员。温伯格权衡再三，觉得摔跤运动员和举重运动员对抗起这帮绑匪来胜算较大(第三间公寓里是这类运动员)。于是，他告诉绑匪，第二间公寓里住的是乌拉圭代表队——其实里面住的是以色列的射击、击剑和田径运动员们。于是，绑匪跳过了第二间公寓，直接去了第三间，那里仅有一位摔跤运动员成功逃脱，其他人则不幸被劫持。后来，温伯格和举重运动员约瑟夫·罗马诺（Yossef Romano）试图逃跑，却不幸惨遭恐怖分子开枪杀害。

温伯格的尸体跌落到了人行道上，被一名保安看见了。这名保安随即向德国当局报了案，由此开始了长达21个小时的煎熬。初步交涉下来，恐怖分子提出要转移到埃及后再做进一步谈判。民主德国警方满足了绑匪的要求，派出直升机将恐怖分子连同遭劫持的人质一起从奥运村送到了机场。在那里，警方展开了一次失败的救援行动——交火中，恐怖分子杀害了剩余的所有人质。整场事件共造成11名运动员罹难，1名警察殉职，5名恐怖分子被击毙。

当时，美国长跑运动员弗兰克·肖特就住在以色列代表队宿舍的对街，他从阳台上目睹了整个劫持事件。晚上，在听到当局再三保证被劫持运动员的生命安全后，他才上床休息。然而，第二天早晨醒来后他却听到了残酷的消息。在惨案发生之前，慕尼黑奥运会可以说举办得相当成功：400家企业、6 000名工人耗时6年、耗资8.5亿美元建成了比赛场馆和奥运村；共有122个国家、7 000名运动员参赛；前6个比赛日约有1 200万名观众抵达现场观看比赛；现场的记者人数始终保持在7 000名上下；全球共有8亿观众从电视上观看了开幕式的直播……恐怖分子深知，这里就是全世界最吸引眼球的舞台！这一届奥运会是如此精彩：游泳运动员马克·斯皮茨（Mark Spitz）和娇小的体操运动员奥尔加·科尔布特（Olga Korbut）一炮而红；瑞典游泳名将冈纳·拉尔森（Gunnar Larsson）在400米混合泳项目中险胜美国选手蒂姆·麦基（Tim McKee），胜负差距要数到小数点后第3位；美国男篮28年来首次在决赛中输给了苏联队，比赛过程中误判连连，有人甚至称其为“国际篮球史上最有争议的比赛”；戴夫·沃特尔（Dave Wottle）戴着他标志性的高尔夫帽，在800米跑项目中赢得了一场惊心动魄的胜利——最后200米时，他从最后一名奋起直追，最终以0.003秒的优势夺得了冠军。

肖特和他的队友肯尼·穆尔（Kenny Moore）、杰克·巴切勒都不知道他们的参赛项目——马拉松是否会有变数。而此时，政客们正忙着为是否要继续进行马拉松比赛而辩论争吵：以色列总理梅厄夫人（戈尔达·梅厄，Golda Meir）要求立即中止奥运会，颇具影响力的《纽约时报》体育专栏作家雷德·史密斯（Red Smith）也发出了相同的呼吁；另一方面，阿拉伯国家却在集体抵制为罹难运动员举行的纪念仪式。继续比赛似乎对死者不敬，但中止比赛也无济于事。毕竟，跑步能赋予谋杀什么意义呢？况且，不跑似乎也同样毫无意义。无论怎么做都于事无补，人死不能复生。

肖特尽己所能保持好状态迎战马拉松。在此之前，他还参加了 10 公里跑项目，获得了第 5 名。比赛使他既疲惫又紧张，为了放松，他同穆尔、巴切勒一起绕着奥运村的边界线慢跑。他既不是什么政治家，也不能改写历史，他所能做的就只有跑步而已。

没名气的夺金热

肖特来自新英格兰，是一位医生的儿子。他打小就很有主见，对想要做的事自有主张。他一开始玩的是滑雪，后来因偶然读到一篇报道，说法国滑雪队因为在淡季训练跑步战胜了奥地利队，于是，他转向了跑步。他成功说服了体育老师，在其他孩子玩橄榄球的时候，允许他绕着球场跑圈。很快，他就连上学都用跑的了——3 公里的路程，穿上低帮科迪斯（Keds）运动鞋，把课本往胳膊底下一夹，就上路了。

肖特生平第一次参加跑步比赛，是在马萨诸塞州诺斯菲尔德市的赫蒙山私立学校（Mount Hermon）。这所学校有一个传统—— 一年一度的“苹果派赛跑”（Pie Race），全长大约 7.3 公里。凡是能在 33 分钟内跑完全程的男生，或在 40 分钟内跑完全程的女生，都能获得一只苹果派作为奖励。参赛者以高年级学生居多，他们比肖特年长，也更加训练有素，但肖特最终还是获得了第 7 名的成绩。在赛程的后半段，他接二连三地超过了许多人，这使他意识到自己不仅有耐力，也有速度。不过，直到进入高三，他才加入了学校的越野队，在那个时候，他对是否要投身这项运动仍然不确定。到了 1964 年的秋天（肖特在赫蒙山私立学校的最后一年）他在越野跑项目上已所向披靡——赢得了这一年的新英格兰锦标赛和学校的“苹果派赛跑”，并且打破了所参加的所有比赛的纪录。最终，他退出了滑雪队。在第二年春天的田径赛季中，他继续保持不败，并刷新了 2 英里跑的学校纪录。

高中毕业后，肖特进入耶鲁大学学习。为了取得好成绩，他成天忙于医科大学的预科课程，跑步变成了次要节目。若没有十分的胜算，他是不会全身心投入一件事的，这一点他可谓完全继承了父亲的勤勉克己，对轻浮享乐嗤之以鼻。但另一方面，他还继承了母亲的浪漫情怀，对于跑步，肖特所知甚少，经验尚浅，即便如此，在大三升大四的那年暑假，对跑步的热爱还是促使他下决心去参加生平第一场马拉松比赛。这场比赛恰好就是在科罗拉多州阿拉莫萨举行的全美奥运预选赛，它吸引了举国上下的顶尖跑者。长距离、高海拔（海拔超过 2 000 米）和炎热的天气都令肖特难以适应，再加上他的跑鞋是借来的，小了半码，在跑到 24 公里时他不得不退出了比赛。尽管如此，这次经历却使肖特了解到在奔跑过程中，跑鞋很重要，一定要适合自己的脚。

肖特回到耶鲁校园，依然在浪漫与务实之间徘徊不定。为此，他向鲍勃·吉根加克（Bob Giegengack）教练求助——想知道自己到底能做到多好。吉根加克曾执教过 1964 年的美国奥运代表队，是全美顶尖的田径教练。他回答道：“如果你下定决心，并进行刻苦训练的话，是有机会入选奥运代表队的。”

这正是肖特需要听到的。寒假期间，他把训练量翻了一番，周跑量增加到了近130公里。毕业在即，他将目光投向了在田纳西州诺克斯维尔举行的全美大学生室外锦标赛；他赢得了10公里跑项目，比第二名足足快了32秒；在5公里跑项目中，他仅以1秒之差屈居第二。这两场比赛使肖特跻身“全美最有前途的长跑运动员”之列。

但人总是要生存的。对一名耶鲁毕业生来说，“职业长跑运动员”可算不上什么职业。事实上，在1968年，它对任何人来说都不能算是个职业——那时可没有什么球鞋合同，赢了比赛也拿不到奖金，更没有赞助商来承担训练、交通和住宿费用。这时，肖特务实的一面便占了上风。当时，他的父母已搬去了新墨西哥州，肖特便考入了位于该州阿尔伯克基市的州立大学医学院。

于是，肖特白天上课、学习，夜晚和清晨跑步。这样的生活持续了6周，由于教务处不同意他更改学习进度计划，跑步成了问题。这一次，激情战胜了理性——他选择了退学。其实，这个决定也是相当理智的：肖特知道自己是一名优秀的，甚至杰出的跑者。在他看来，还没尝试过能将自己的天赋发挥到什么程度就放弃，是不理智的。医学院可以等上几年再念，但跑步的最佳年龄却是等不起的。

就这样，肖特搬去了父母所在的陶斯镇（Taos），当起了建筑工人。干活的间隙，他就在这个贫困小镇的小径和土路上跑步—— 一个骨瘦如柴的白人小子，身高还不足1.75米，一看就是个很好欺负的家伙。一次，他被小镇上的一群拉丁裔小混混给盯上了，他穿街走巷好不容易才摆脱了他们的追赶。这件事发生后，再去跑步的时候，他父亲便开了辆皮卡跟在后面，身旁放把点三八（相当于9毫米）口径的手枪。当小混混们再度靠过来时，肖特的父亲朝他们头顶上空放了几枪，把他们给吓跑了，从此以后，他们再也没有招惹过肖特。

肖特漫无目的地跑着，每天 20~25 公里不定，跑到哪里算哪里。就这样自顾自跑了 7 个月后，他意识到一个人跑步对提升速度毫无帮助。于是，他决定去找杰克·巴切勒——巴切勒曾在佛罗里达接力赛（Florida Relays）的 2 英里跑项目中战胜过自己。他此时正住在盖恩斯维尔市，一边攻读昆虫学硕士学位，一边继续跑步。肖特不请自到，不久，两个年轻人就双双加入了佛罗里达州田径俱乐部（Florida Track Club，简称 FTC），开始同俱乐部的一小队运动员一起训练。

佛罗里达州田径俱乐部是由佛罗里达大学的田径教练吉米·卡恩斯（Jimmy Carnes）于 1965 年创立的。该俱乐部建立的初衷是为了给转校生提供一个相互竞争的平台，因为他们往往要等上一段时间才会被正式纳入大学校队。巴切勒是第一个加入该俱乐部的非本科学生——当时他已经是研究生了。不久，佛罗里达州立大学的硕士研究生杰夫·加洛韦（Jeff Galloway）和正在攻读法学学位的约翰·帕克（John Parker）也报了名。紧接着，是未来在 1 500 米项目世界排名第一的马蒂·利阔里（Marty Liquori）。盖恩斯维尔温度高、湿度大，并不是最理想的跑步地点，尽管如此，它依然成了中长距离跑的圣地。盖恩斯维尔连同马萨诸塞州的波士顿以及俄勒冈州的尤金市一起，被誉为“跑步风潮兴起的中心地”。波士顿和尤金市的气候条件同样不理想。

肖特与帕克成了室友，帕克后来还著有畅销书《曾为跑者》（*Once a Runner*）。在帕克的力劝下，肖特也报读了法学院——每季度每学分的学费才 2.4 美元，再穷的跑者都能读得起。

1970 年 6 月，肖特在 AAU 业余锦标赛中赢得了 3 英里跑和 6 英里跑两个项目的冠军。于是，他受邀参加在列宁格勒举行的年度美苏对抗赛，同苏联人较量。肖特以“黑马之姿”爆冷夺得了 10 公里跑的冠军，并因此登上了《体育画报》(*Sports Illustrated*)——对长跑运动员来说，这算得上罕见的殊荣了。在10公里跑项目中获得第二的是俄勒冈大学的毕业生肯尼·穆尔。穆尔和肖特随后成为挚友，也正是穆尔说服肖特去跑马拉松的。穆尔后来曾开玩笑说，他之所以会建议肖特去跑马拉松，仅仅是因为这样一来，他就能跑赢肖特了。

一年后，在尤金市举办的AAU业余锦标赛上，穆尔也确实在马拉松项目中战胜了肖特，但这却是最后一次。在8月的泛美运动会（Pan American Games）上，肖特赢得了他生平第一个马拉松冠军头衔。同时，还拿下了10公里跑的金牌。12月，在著名的福冈马拉松赛上，肖特更是击败了诸多世界级好手夺魁，并将个人最好成绩缩短了5分钟。

一夜之间，肖特成了世界排名第一的马拉松选手——尽管他在美国国内毫无名气，却一举成为全美最有希望的奥运夺金热门。要知道，距离美国上一次夺得奥运会马拉松金牌已经过去了整整64年！

复活、救赎和胜利

1972年5月底，肖特从盖恩斯维尔搬到了科罗拉多州的韦尔市。在那里，他同巴切勒和加洛韦一起进行高海拔训练，他们每天都要跑两次——有时甚至三次，每次至少跑30公里。肖特每晚睡10个小时，白天，在几次长跑的间隙，会再加一次午休。他们的训练强度很大，更困难的是，这些训练都是在高海拔地区进行的，那里空气稀薄，含氧量低于平地。6月1日，他们跑了16个400米，每回用时都在60~64秒之间，两个中间休息不超过30秒。这样的训练节奏差不多相当于在一次训练中跑4个1.6公里，每回都跑进4分钟以内。他们还跑了32个200米冲刺跑，两个中间只休息极短的时间（差不多15秒）。肖特像训练赛道比赛一样训练着马拉松，并且逐步增加每次的跑步距离，同时缩短中间的间歇时间。在所有跑马拉松的运动员当中，肖特是第一个意识到速度几乎同耐力一样重要的人——他正是通过间歇训练获得了不可超越的优势。

在美国奥运会预选赛上，肖特参加了 10 公里跑和马拉松两个项目。每个项目预选赛的前 3 名将正式进入国家队，第 4 名则成为替补。选拔过程严格无情，不容一丁点儿失误，且存在偶然因素——无论是发挥失常，还是受伤、感冒，甚至只是在比赛过程中不小心摔了一跤，你就与奥运会无缘了。如果肖特成功入选国家队，就意味着他必须在两个月之内用一流的水平跑两场马拉松，这无疑又增加了疲劳和受伤的风险。尽管如此，在 35℃的高温天，当 10 公里跑预选赛的枪声响起时，肖特仍然头也不回地奋力冲了出去。在马拉松项目预选赛上，肖特和肯尼·穆尔刚出发就一路领先，最终两人并列第一。而巴切勒也轻松击败了杰夫·加洛韦获得了第 3 名。不过，加洛韦此前已经入选了 10 公里跑的国家队。

现在，这三位好朋友正在奥运村焦灼地等待着消息，看他们为之付出艰苦努力的项目是不是会被取消。在这种时候，无论是尊重逝者中止比赛，还是对自己更为有利的继续比赛，他们都无能为力。穆尔事后曾说，他们（运动员）一直都生活在象牙塔里，远离“外面那个庞大的、堕落的世界。在那个世界里，小到个人，大到国家政府，都拒绝遵守最起码的道德准则”。然而现在，在慕尼黑，那个世界硬是闯了进来，推倒了为运动员们竖立起来的“人工边界”，将一切都涂抹上了死亡的昏暗色调。

当听到国际奥委会主席埃弗里·布伦戴奇（Avery Brundage）宣布奥运会将继续进行时，奥林匹克球场内的运动员们不禁欢呼雀跃。但以色列随即撤回了剩下的所有运动员，以示抗议。马克·斯皮茨也带着他的 7 枚奥运金牌回到了美国，以个人名义抗议这个决定。组委会为剩下的犹太裔运动员提供了特别的保护——奥运村仿佛变身成了占领区，荷枪实弹的警察四处巡逻。一夜之间，“友好运动会”变成了“致命运动会”。

由于要为罹难运动员举行纪念仪式，马拉松项目的比赛时间从 9 月 9 日推迟到了 9 月 10 日——田径项目的最后一个比赛日。英国名将罗恩·希尔（Ron Hill）对这项变动大为不满，甚至在赛后宣称正是由于临时改期使他丢掉了本该到手的奖牌。但对肖特来说，这却是个利好消息——他刚刚跑了两个 10 公里，多一天休息时间对他来说大为有利。恐怖袭击也使媒体加大了对后续赛事的报道力度，于是，全世界的注意力都聚焦到了马拉松项目上。ABC（美国广播公司）主持人吉姆·麦凯（Jim McKay）曾经这样描述当时的情形：马拉松比赛的开始标志着奥林匹克体育场的“情绪转变”——观众们在惨案发生后第一次“放下了悲伤”。讽刺也好，残酷也罢，慕尼黑大屠杀就这样完美地应合了耶稣基督“复活、救赎和胜利”的故事线，情节跌宕起伏，引人入胜。对 ABC 来说，简直找不到比这更合观众胃口的情节设定了。

马拉松是个另类的项目，当时在美国本土并不怎么受关注。直到 1921 年，马拉松的标准距离才被正式定为 42.195 公里。在此前举办的 7 届奥运会上，因举办地地貌的不同、历史巧合、要照顾英国皇室成员的需要（为了让皇室成员拥有更好的观赏比赛的角度），等等，共出现了 6 种不同的距离，从 38~44 公里不等。美国运动员约翰尼·海斯（Johnny Hayes）曾在 1908 年获得过冠军，那是一场有争议的比赛：当时第一个跑完全程的是意大利人多兰多·皮埃特里（Dorando Pietri），但他在进入奥林匹克体育场后转错了方向，之后又不止一次地摔倒，最后被赛事官员半搀半扶着冲过了终点线。赛后，美国代表队提出抗议，最终，奥委会取消了皮埃特里的冠军资格。于是，金牌给了海斯。

如今，距离海斯的胜利已经过去了整整 64 年。在这 64 年间，美国再也没有获得过马拉松赛金牌。事实上，在 1 500 米以上距离的所有中长距离跑项目中，美国只在 1964 年拿过 5 公里跑和 10 公里跑的金牌，除此之外，再没有赢过。美国的体育文化重视橄榄球、棒球和篮球，因此，更容易出短跑选手而不是长跑选手。因为要一名橄榄球运动员在休赛期去跑赛道比赛并不难，但要想成就一名长跑选手，除了一个人孤孤单单在公路上跑步之外，很少再有其他方式了。在这一届奥运会上，美国人曾对史蒂夫·普利方坦寄予厚望——普利方坦是肖特的朋友兼队友。他喜欢积极领跑，人又长得帅，魅力十足，名气也不小。然而，在 5 公里决赛中，普利方坦虽然一路领跑，却在最后 150 米败在了冲刺上，最终屈居第 4，与奖牌失之交臂。

现在，所有希望都落在了肖特身上。尽管肖特当时排名世界第一，但博彩公司的赔率却更青睐英国选手希尔——希尔在波士顿马拉松赛中跑出了 2 小时 10 分的好成绩，将该项赛事的纪录缩短了 3 分钟（当时的世界纪录保持者是澳大利亚人德里克·克莱顿 [Derek Clayton]，成绩是 2 小时 8 分 33 秒）。希尔和克莱顿都不看好肖特：克莱顿认为肖特“抬腿过高”；希尔则觉得肖特刚跑完 10 公里，肯定已是强弩之末了。ABC 预测这场比赛将非常激烈，因此在全程都布置了摄像机。除麦凯之外，ABC 还聘请了小说家埃里奇·西格尔（Erich Segal）为比赛提供生动的讲解。西格尔教授著有《爱情故事》(*Love Story*）等畅销书，并曾在耶鲁大学教过肖特古典文学。除此之外，他本人还是一位业余马拉松选手，但却从未当过播音员——这一点很快就被看了出来。

你已经赢了！

开赛时间是下午 3 点整。这天天气很暖和，湿度也很高，不过，这对肖特来说又是一个利好消息，因为他早已习惯了盖恩斯维尔的炎热与潮湿。比赛的线路是奥运会吉祥物腊肠犬瓦尔迪（Waldi）的轮廓线：选手们从小狗的后颈处出发，先通过比较平坦、背阴的居住区和公园；下半段则有很长一段蜿蜒的砾石路——比赛前一天，曾有运动员抗议说这段路的路基太过松软；之后，还要再绕回奥林匹克体育场跑最后一圈。

来自 39 个国家的 74 名运动员获得了参加马拉松项目决赛的资格。现在，在 6 万名观众的注视下，他们站上了起跑线。一位赛事官员对参赛选手宣读完最后的指示便快速退到赛道一边，发令官举起了发令枪，参赛选手各就各位：低头，屈膝，绷紧手臂。枪声响起，选手们如离弦之箭一般径直冲了出去，开始跑第一圈。虽然在起跑时争先是毫无意义的，但很少能有人抵挡住体内迅速分泌的肾上腺素，或者那瞬间即逝的荣耀所带来的诱惑。现在，他们转过了最后一道弯，跑上了直道，紧接着便穿过入场隧道，来到了大街上。希尔和克莱顿一开始就领先了，其他选手则尽量不让他们从自己的视线范围内消失。尽管接下来还有许多公里的路程可以缩小差距，但事实上，有许多比赛恰恰就输在了前面的人再次提速自己却追不上的时刻。任何一个想要争夺冠军的人必须要做的一件事就是：决不能让那两个领跑的人离自己的视线太远。

希尔和克莱顿轻轻松松跑过了 10 公里标记处，用时 31 分 15 秒。肖特比他俩慢了 10 秒，此时，他前几天才放入阿迪达斯平底竞赛鞋里的新鞋垫已经把脚磨出了水泡。但肖特不顾疼痛，继续向前跑着。在第一个饮水点，他拿起一只标有“辐射危险”的瓶子，里面装的是可口可乐。他和肯尼·穆尔得到许可，已事先将可乐里的气放掉，这么做可以避免二氧化碳带来胃痉挛的危险。糖分和咖啡因给了肖特动力，就好像是喝了便宜的能量饮料。现在，他感觉好多了，肌肉放松了下来，呼吸也渐渐平稳了。

现在，克莱顿一马当先，肖特则身处克莱顿身后约 50 米的小集团之中。快到 15 公里的时候，众人的速度不约而同慢了下来，于是，肖特开始领跑。

正如赛后他自己所说的，当时他意识到，除非刻意减速，他自然而然就能成为领跑者——这一招是有风险的，因为时间过早。但当时，肖特决定跟着自己的势头跑。他这样写道："我自己做出了选择，就是现在——时机到了。我告诉自己尽量将领先优势扩大，因为我确信，一旦有了足够多的优势，就没人能超过我了。我不知道在那个时候，除了我之外还有没有人会冲到前面去。在马拉松比赛当中，5 秒或 10 秒的领先优势没什么大不了的，尤其是当时还剩下二十六七公里没跑呢。"当时温热的环境让肖特感觉十分舒服，这似乎也正是甩开对手的好时机，肖特本来也喜欢控制比赛节奏。在福冈马拉松和奥运会预选赛上他都是这么跑的：在较早的时候就取得领跑位置，并且加快节奏。这样一来，任何想要赢他的人都必须跟着他的节奏来跑。这等于扔下了一道战帖，看其他参赛者谁敢来应战。

在 15 公里处，肖特的领先优势仅为 5 秒，到 25 公里时，扩大到了 57 秒。现在，轮到其他选手快要看不到肖特了。尽管依然还剩下十几公里要跑，但肖特的胜算正在一步步加大。其他人现在再想要超过他，除非祈祷肖特自己支持不住了，不然，就非得尽快赶上他才行。

到了 30 公里的时候，肖特的领先优势进一步扩大了。与此同时，穆尔跑到了第 2 位，巴切勒则在第 6 的位置，仅落后穆尔 38 秒。在连续 64 个年头的"金牌荒"之后，转眼间美国就要迎来"丰收年"了。肖特跑得十分稳健，步频紧凑，步幅也控制得很好，从他的脸上看不出丝毫费力的表情。他简直就是个完美的生物力学分析范例：没有不必要的动作，没有多余的内耗。撇开克莱顿带有偏见的观察结果不论，肖特的抬腿动作堪称完美，他的身体微微向倾，头部保持平稳，双臂有力地摆动着。

沿途的观众里三层外三层，他们为领先的美国运动员欢呼加油。肖特身穿白色背心，上面印着红色的"美国"字样，号码布上印有大大的"1014"号。

一辆媒体大巴喷吐着柴油废气紧跟着肖特，但肖特看上去并未受到难闻气味的干扰。他以绝对的领先优势率先来到了英国花园（the English Garden），从这里开始，就是长达 6.5 公里的碎石路了——这一段简直像盘山小路般难行。肖特知道，一旦率先抵达英国花园，他的对手就很难再赶上他了，因为在蜿蜒的小道上，他们就连看见他都很困难。此刻，肖特尝到了先前策略的甜头：他不仅保住了领先位置，更进一步将优势扩大到了 90 秒。虽然前面还有 7 公里多的路程，但这一刻，肖特已然感觉到胜利在望了。这美好而辉煌的愿景，为肖特带来了迄今为止最大的满足感。尽管他知道，这只是多巴胺在“作祟”，但它确实带来了极乐的感觉。

肖特现在只有一个目标：跑回体育场。最后的几公里尤为艰难，但肖特心里有底，因为他的对手想要赶上他，除非在接下来的路程中平均每公里比他快十五六秒——在马拉松比赛的最后阶段，这种可能性微乎其微。即使自己在最后 1 公里把速度降到 4 分 22 秒，照样胜券在握。肖特像念经一样一遍遍地对自己重复着这些话，这些话就像经文一样给予了他的双腿继续迈动的力量。如今，要不要输掉比赛全由他说了算，而他不想输！

已经能看见体育场了：黄昏下那一片钢筋混凝土！当快要跑进入场隧道时，他听到场内爆发出一阵巨大的欢呼声，有那么一刹那，他迷茫了：他们在为什么欢呼？跳高比赛吗？还是有谁打破了世界纪录？随着他进入隧道，四周霎时一片寂静。对肖特而言，这是奥运会的标志性时刻，这一刻将长久地留在他的记忆中：入场隧道连接着外面的世界和里面的终点线，也象征着马拉松的终结。好一条阴凉昏暗的、通向胜利的甬道！

当肖特终于出现在场内跑道上的时候，他听到了……一片寂静。这太奇怪了，他想，但他没去理会这些，而是专心朝着终点线冲刺。就在他这么做的时候，寂静转变成一片嘘声，乍听上去，这似乎是东道主在对美国人的胜利嗤之以鼻，但实际上他们是在抗议另一件事：奥委会宣布取消德国学生诺伯特·苏德豪斯（Norbert Sudhaus）的马拉松冠军资格。原来，这家伙在马拉松比赛的最后时刻闯进了赛场——想一想前两天刚发生的恐怖袭击和德方宣称特别加强的安保措施，这简直太匪夷所思了！苏德豪斯肌肉发达，加上他像模像样穿着短裤和背心，成功骗到了全场观众——他们还以为德国人要赢得马拉松金牌了。

而此刻的广播室里，埃里奇·西格尔大叫起来："那不是肖特！那不是肖特！他是个骗子！把他赶出赛场！奥运会怎么能发生这种事情？！简直太雷人了！快把那个家伙赶下去！肖特在那儿！那儿的那个才是肖特！加油，肖特！你已经赢了！"西格尔这段毫不专业但率性可爱的怒吼几乎与肖特的胜利一样牢牢抓住了公众的注意力：这完全是真情实感的迸发，既契合长跑的竞争精神，又充分展现了长跑爱好者们的激情。

转过最后一道弯的时候，肖特已经精疲力竭，几乎神志不清了，但他仍然保持着约每公里 3 分钟的速度。离终点线还有 100 米，嘘声转为欢呼声，肖特举起右拳向观众致意，这是自比赛开始以来他第一次允许自己分散注意力。再跑几步，就要冲线了，肖特的脸上终于浮现出了笑容。他将双臂垂下，然后高高举向天空，紧接着又马上抱住了头，仿佛不敢相信自己的成绩，激动到不能自已。

整整 64 年之后，美国迎来了第二位奥运会马拉松冠军。正是在这个仍被死亡阴影笼罩的时刻，跑步风潮诞生了！

1973

KINGS OF THE ROAD

第3章

男人·计划·路跑赛

起跑线旁一家酒吧，终点线旁又一家酒吧。得赛如此，夫复何求？

——汤米·伦纳德

汤米·伦纳德曾经是一名有奔跑障碍的嗜酒者。他在波士顿做酒保时，就是人们口中所谓的“人物”——没有人不认识他，也没有他不认识的人。就算他现在还不认识你，在给你端上一杯啤酒之后，你很快就会成为他一辈子的兄弟。伦纳德身体结实，脸颊红润，留着八字胡，完全不符合人们心目中典型跑者的形象。相反，他看上去更像是电视连续剧《小淘气》（*The Little Rascals*）里面那些喜欢打架的爱尔兰小孩长大后的样子，不过那双“竹竿腿”却出卖了他。

伦纳德很早就与“跑”结下了不解之缘。小时候在马萨诸塞州韦斯特菲尔德市时，他就曾钻出娱乐室的窗户爬到富兰克林大街上，跑离了第一家收养所——那时，他才 6 岁，父亲因长期酗酒导致身体状况不断恶化，贫穷的母亲无力抚养他和妹妹。年复一年，伦纳德跑离了一家又一家收养所，跑离了那些好心却不富裕的寄养家庭。最终，“跑”代替“停留”成了他的天性。

读高中时，伦纳德很自然地受到了田径运动的吸引。但在百米短跑赛中，他只得了倒数第二名，于是，他认定自己更适合长跑。从那时开始，跑步就成了他的终身爱好——只有跑步能使他（相对）清醒，不致招惹麻烦。后来，在海军服役期间，他还曾在南波士顿举行的一次第一海军军区越野赛中获得了第二名。除此之外，他还在另外一些比赛中取得过成绩。退役之后，他继续跑步，坚持每周跑 55~65 公里。诚如他自己所言，跑步是“治疗宿醉的全球最佳疗法”。

波士顿的跑者酒吧

在20世纪60年代的美国，当其他人都在为摇头丸和大麻神魂颠倒的时候，伦纳德偏偏对跑步上了瘾。

他跑得并不快，但他的耐力足以弥补速度上的欠缺。这些年来，他一共跑了26次马拉松，其中22次是在波士顿。伦纳德不仅知道该如何安排配速，也知道该如何狂欢——有些人跑步是为了内啡肽，他跑步却是为了啤酒。“路跑赛就是一场移动的街头派对，”伦纳德曾经这样说过，“每一场比赛的终点都有冰镇啤酒在那儿等着。”

他自己正是专门负责倒酒的。在联邦大道和马萨诸塞大道的转角处，有一间脏兮兮的小酒吧，名叫“埃利奥特厅”，他就在那里做酒保。埃利奥特厅离波士顿马拉松赛的终点很近，离芬威公园（Fenway Park）也不过几个街区。按照《波士顿环球报》的说法，它的装修风格就像“祖父家的老阁楼”。1972年，伦纳德刚受雇那会儿，埃利奥特厅几乎快要倒闭了，成天门可罗雀，安静到客人们都可以在吧台上下象棋。多年以后，《体育画报》刊登了查尔斯·皮尔斯（Charles Pierce）为其写下的讣告：

> 曾经，有这么一个地方，一天晚上，走进来一匹马，人们却连眼睛都没眨上一眨。那匹马逐一问候了酒吧里的每位客人，足足8个人才把它给弄了出去，而在场的人丝毫不觉得这有什么大惊小怪的，他们觉得那匹马挺懂礼貌的。曾经，有这么一个地方，斯坦福乐队（the Stanford band）奏着《开着卡车跑》（*Trunkin'*）踏着军步进来，又奏着《磕了药的白朋克》（*White Punks on Dope*）踏着军步出去。曾经，有这么一个地方，“糊涂蛋”佐勒尔（Fuzzy Zoeller）在临近午夜时分想进来喝上一杯，结果却在吧台帮忙一直到凌晨4点……曾经，有这么一个地方，一位未来的奥运跑步冠

军度过了他的波士顿马拉松“疯狂之夜”——到处乱咬陌生人的屁股，除此之外，他还吹了会儿小号。

在伦纳德刚到那会儿，埃利奥特厅还远未脱离苦海。伦纳德的工作是日间酒保，他把自己对跑步的那股热忱劲儿带到了这份普普通通的差事上——热情溢满吧台，为阴暗的小酒馆点起了温暖的炉火，营造出一种家的感觉。

在埃利奥特厅工作的头一年，伦纳德就为每一位参加波士顿马拉松赛的跑者免费提供一杯啤酒。他住得离波士顿大学田径场不远，偶尔会去那里锻炼，一来二去就结识了同在那里训练的大波士顿田径俱乐部的成员们。于是，伦纳德自然而然地邀请他们去埃利奥特厅喝酒。没过多久，俱乐部教练比尔·斯奎尔斯[①](Bill Squires)也开始频频出现在酒吧的非正式“教练角”那儿，为所有前来咨询的人免费提供跑步建议了。至于伦纳德，只要有他在，啤酒就不会停下来。

就这样，埃利奥特厅成了波士顿的跑者酒吧、人们的必去之所，尤其是在跑完波士顿马拉松赛之后。光顾这里的不单是跑者，还有其他运动员。埃利奥特厅俨然成了一家最红火的运动酒吧，干杯的声音此起彼伏。1975 年世界职业棒球大赛期间，当波士顿红袜队（美国职棒大联盟球队）的投手比尔·李（Bill Lee）被问及与有望进入“名人堂”的唐·格莱特（Don Gullett）对抗有何感想时，他打趣道：“让他去他的名人堂好了，我反正要去我的埃利奥特厅！”比尔·罗杰斯在拿下他的第一个波士顿马拉松赛冠军头衔后告诉记者：“我要去埃利奥特厅来一杯‘蓝鲸’（一种混合了库拉索酒、伏特加、杜松子酒、朗姆酒，外加几颗樱桃的混合酒）。”埃利奥特厅成了运动爱好者们的迪士尼乐园、胜利者（以及失败者）们的神奇归宿——人们跑去那里纪念自己付出的艰辛，同伦纳德一起分享喜悦。正如比尔·希金斯（Bill

① 传奇教练比尔·斯奎尔斯教练关于波士顿马拉松的建议可参阅《朝圣波士顿马拉松》一书。——编者注

Higgins）在《科德角时报》（*Cope Cod Times*）上写的那样："和伦纳德泡在一起，准能让你笑出来，除非你是具行尸走肉。伦纳德永远都那么乐观，他的杯子里总是盛着半杯吉尼斯黑啤。"

伦纳德把埃利奥特厅当成了自己的家，但就像波士顿的每一个"派对达人"那样，他在科德角的避暑地也有着自己的投资：四兄弟酒馆。四兄弟酒馆坐落在法尔茅斯高地，俯瞰温亚德湾。暑假期间，大学生们蜂拥而至，这里成了他们的大本营。正因为有了四兄弟酒馆和附近的海滨赌场，法尔茅斯高地的大街小巷总要热闹到深更半夜，警察们则常常忙着四处逮捕那些闯入私家草坪乱撒尿的酒鬼们。

伦纳德的梦想

1972 年 9 月 10 日午后，正是在四兄弟酒馆，伦纳德把电视频道调到了奥运会马拉松赛的直播。当时已过了避暑旺季，游客们走得差不多了，不过伦纳德仍有几个自己的常客，这个星期天的下午也不例外。这寥寥无几的几名常客多是些不合群又要面子的家伙，经常宿醉不归。除了伦纳德，没人对马拉松感兴趣，但他可不管这些，兀自闭门谢客，到比赛前不再供应啤酒。客人们抱怨了几句，也没真当回事儿。况且，有伦纳德在总是好的，他看比赛时那激情澎湃的样子实在太逗、太有感染力了。伦纳德绘声绘色地自行充当着解说，随着比赛的进行，美国选手弗兰克·肖特开始领跑，伦纳德的讲解越来越生动了。看着电视机里的那些人迈着沉重的步伐，一公里又一公里地前进，酒吧里除了伦纳德谁都感受不到那种震撼。但他们不得不承认，当看到肖特胸前的美国国徽时，内心还是相当激动的。每前进一公里，美国人距离赢得全球最大体育赛事的冠军就更近一步，观赛者的热情也就更高涨一分。

“总共多少公里来着？”有人问。

“42 公里。”有人回答。

“42.195 公里。”伦纳德纠正道。

当肖特抵达英国花园时，伦纳德几乎激动到不能自已——他的神经紧绷，连椅子都坐不住了。除非飞来横祸，美国就要夺得 64 年来的第一枚马拉松金牌了！伦纳德仿佛看见他最钟爱的体育运动正随着肖特的脚步高奏起凯歌，神气活现地走进千家万户，走进健身房和酒吧。自幼时在收养所的日子起，跑步就成了自己的生命。现在，看着肖特快要赢了，就像是他自己快要赢了一样。这已经不仅仅是场比赛了，伦纳德觉得自己多年来的艰辛努力、四处奔波都是为了这一刻！

当肖特快跑到体育场时，酒吧里的人们已近乎疯狂。但为什么体育场里的观众却那样安静？就在这时，诺伯特·苏德豪斯出现在慕尼黑的跑道上，看台上爆发出雷鸣般的欢呼声。“搞什么？！”伦纳德附和着电视里的埃里奇·西格尔大叫起来。直到警察上前把那个闯入者拖出了赛场，四兄弟酒馆里的嘘声才变为欢呼声（而这时在体育场里，欢呼声却变成了嘘声）。紧接着肖特出现了，伦纳德牢牢抓住了吧台的栏杆，手指生疼。最后 300 米冲刺！肖特跑得很轻快，动作干净利落。终于，微笑浮上了他的脸庞，这是只有肖特本人和伦纳德才懂的秘密—— 一场比赛，可以让时间停止，也可以振奋士气，还可以为最黯淡的心灵带来喜悦，甚至可以改变世界！

比赛终于结束了！伦纳德面红耳赤、满头大汗，好像刚跑完的那个人是他自己。“累死人了！”他说。聚在一起的人们听了之后大笑起来——不管有意还是无心，伦纳德总是能让人发笑。

他也跟着大伙一块儿笑了起来。那天晚上，他自言自语道：“假如能让弗兰克·肖特来法尔茅斯跑上一回，岂不是太棒了？”于是，这个念头成了伦纳德的梦想。

政治和经济的漩涡

尽管肖特赢得了金牌，但那一年美国最著名的跑者却是一匹名叫“秘书处”（Secretariat）的马—— 一匹光彩夺目的栗色种马，站直了能有 16 掌（一手之宽）高（约 1.6 米）。它是 25 年来首次夺得“三冠王”称号的赛马。要是比 1 英里跑，“秘书处”准能轻松击败弗兰克·肖特，但要是比马拉松，它就完全不是肖特的对手了。

正当“秘书处”绕着赛道撒欢而肖特沿着大道慢跑的时候，水门大厦发生了一起拙劣的盗窃事件。这一事件直接威胁到了尼克松的连任：尼克松的高级助手霍尔德曼（H. R. Haldeman）和约翰·埃利希曼（John Ehrlichman）率先引咎辞职，白宫顾问约翰·迪安（John Dean）也被解除了职务。随后，尼克松更是解雇了独立检察官阿奇博尔德·考克斯（Archibald Cox），由此导致了司法部长埃利奥特·理查森（Elliot Richardson）和第一副部长威廉·拉克尔肖斯（William Ruckelshaus）双双辞职。后来，发生在周末的这一系列变故被媒体称为“星期六之夜大屠杀”。水门事件尘埃未定之际，时任副总统的斯皮罗·阿格纽（Spiro Agnew）受到了与水门事件无关的腐败指控。阿格纽辞职时，尼克松发表了一句著名宣言：“我不是骗子！”但这句话很快就被推翻了。

1973 年 1 月，联邦最高法院对罗伊诉韦德案做出了判决，承认堕胎权是宪法赋予女性的权利，这是有史以来最高法院做出的最倾向自由激进主义的判决。5 月，武装抗议者占领了南达科他州的小镇翁迪德尼，抗议联邦政府对待美国原住民的政策，在经历了 71 天的对峙和数人死亡之后，双方终于解除了武装，但这场占领早已引起了全国性的关注。演员马龙·白兰度

（Marlon Brando）因出演《教父》（*The Godfather*）荣获当年的奥斯卡最佳男主角奖，但他却委派全身穿戴阿帕奇族服装的“小羽毛”（Sacheen Littlefeather）替他出席颁奖礼，拒绝领取小金人，以抗议美国原住民受到的不公平待遇以及好莱坞电影中对原住民形象的不当描绘。

海外方面，美国终于结束了对越南的军事干预，尽管此时距离北越攻占西贡、战争正式结束尚有两年的时间。美国国务卿亨利·基辛格（Henry Kissinger）被授予了当年的诺贝尔和平奖，获奖理由是其在促成停火协议中发挥了重要作用——这引发了公众的愤怒，两位诺贝尔委员会委员因此辞职。叙利亚和埃及在犹太教的赎罪日发兵攻打以色列，大大打击了犹太民族自 1967 年六日战争大获全胜后建立起来的军事优势，并彻底改变了整个中东地区的势力均衡。由于美国对以色列的支持和军事援助，石油输出国组织（OPEC）切断了对美国的石油供应，导致了汽油价格第一次（但不是最后一次）飙升。

然而，在政治和经济的大漩涡中，艺术却得以蓬勃发展：托马斯·品钦（Thomas Pynchon）发表了他的杰作《万有引力之虹》（*Gravity's Rainbow*）；年轻的作家托妮·莫里森（Toni Morrison）凭借她的第二部小说《苏拉》（*Sula*）获得了美国国家图书奖提名；库尔特·冯内古特（Kurt Vonnegut）则写成了《冠军的早餐》（*Breakfast of Champions*）一书；导演马丁·斯科塞斯（Martin Scorsese）和乔治·卢卡斯（George Lucas）分别凭借《穷街陋巷》（*Mean Streets*）和《美国风情画》（*American Graffiti*）声名鹊起；朋克音乐俱乐部 CBGB 在纽约东村开张营业，从此迎来了一个多产的音乐“实验时期”。

而在路上，一场革命也正悄无声息地来临——男性先行者们并非革命者，后继而起的女性才是真正意义上的革命者。在外人看来，她们似乎正在与未来背道而驰。实际上，她们却正奔跑着迎向未来。

在路上的革命者

在法尔茅斯市中心，娱乐中心后面的盖伊·富勒运动场里，只有一棵树。露西娅·卡罗尔（Lucia Carroll）就是坐在那棵树下的长凳上看着她的丈夫约翰·卡罗尔（John Carroll）训练塔米·亨尼穆思（Tammy Hennemuth）的，亨尼穆思刚刚通过了青少年奥林匹克运动会 400 米短跑资格赛。天气很热，树荫很少，她每向前迈出一步，煤渣跑道就会扬起一股黑烟。

亨尼穆思是在穿过操场时被卡罗尔发现的。当时她刚进入高中，由于平时经常打曲棍球、篮球和网球，她看上去很健美。尽管她的哥哥是位短跑运动员，但她自己却从来没朝那方面想过。“嗨，”卡罗尔叫住她，“你想跑越野赛吗？”亨尼穆思被诱惑了，在此之前，她还没碰到过谁想要招募她入社呢。但真正让亨尼穆思点头的原因是，她能逃掉坚信礼课了。

亨尼穆思很快就发现，在卡罗尔手下训练可不是闹着玩的——每次赛前，全队都要对竞争对手进行评估，并讨论比赛时要采取什么样的策略和节奏；赛后，还要开会讨论重点问题，分析比赛中犯的错误和暴露出的弱点。卡罗尔为队中的每个女生都量身打造了一套培训计划，并由他本人密切监督计划的实施。她们常在周末参加比赛，有时星期六甚至要跑上五六场，这些比赛就像是额外训练，能帮助她们在更大型的赛事来临之际达到巅峰状态，譬如全美锦标赛和 AAU 业余锦标赛等。几乎所有的训练方法她们都尝试了，只除了一样——观看比赛录像，那是因为卡罗尔预算有限，请不起摄影师。

约翰·卡罗尔在高中时代曾三次夺得 800 米跑的州冠军。他胸肌发达、双臂有力、大腿健壮，是个天生的比赛型选手——速度快、耐力强，冠军正是属于这种能拼到最后的人。卡罗尔带着径赛奖学金进入了波士顿大学，之后虽屡获胜利，但并未突出到令人瞩目的地步。本科毕业后，卡罗尔前往巴格达旅行，在当地一所耶稣会高中给伊拉克学生上了两年英文课。

然而，对径赛的渴望依然在他的血液中流淌着——他热爱速度带来的感觉，热爱弯道加速、鞋底敲打煤渣路面，甚至肋骨撞上别人胳膊肘时的感觉。在欧洲期间，卡罗尔曾与威尔·克洛尼（Will Cloney）相处过一小段时间——克洛尼是个传奇人物，是波士顿马拉松赛的赛事主管，当时正在执掌美国田径队。那段时间，卡罗尔还接触到了比利·米尔斯（Billy Mills）、汤姆·法雷尔（Tom Farrell）这样的奥运选手。同时，他还看到欧洲的女性会在跑道和公园里训练，而这是他从未在美国见到过的。这一段短暂的经历对卡罗尔产生了深远的影响。

回到美国后，卡罗尔在康涅狄格州哈特福德的一所公立学校找到了一份兼职教练的工作，并在那里结识了一位褐发女郎——露西娅·博纳奥图（Lucia Bonaiuto）。一年后，卡罗尔和博纳奥图结了婚，1971 年秋天，卡罗尔夫妇搬到了法尔茅斯。卡罗尔在当地的高中教授英文并担当径赛教练，博纳奥图则做过数次办公室文员。然而在那时，跑道仅仅意味着男生专属的跑道，法尔茅斯高中也没有设置任何女生项目。教务处无法想象哪个年轻的女孩子会自愿投身于绕着跑道跑圈这种既辛苦又单调的事情，更没有人愿意为跑步可能给女孩带来的肌肉、骨骼和卵巢上的伤害承担责任。

卡罗尔并不想自找麻烦。但是他在欧洲看见过跑步的女性，她们和男性一样能跑，一样投入，一样热情，并且也跑得很快。下面要讲的事情，更多是出于他对跑步运动的热爱，并非代表他有任何女权主义倾向。

1972 年秋天，卡罗尔招募了 12 名女生参加越野跑。又过了一年，他手下的女生增加到了 30 名。卡罗尔顶着教务处的压力，让这些女生同田径队的男生一起训练，还让她们去参加各式各样的室内和室外比赛。他为她们报名参加在离家很远的地方举办的运动会，有时得开上六七个小时的车。路上，女生们就在卡罗尔的大众牌小货车后面学习和休息。尽管那时 800 米以上的女子跑步项目少之又少（奥运会直到1972年才增加了女子1 500米跑项目），卡罗尔依然坚持让他的女生们去参加长距离跑比赛，甚至还让他的短跑选手去跑越野赛。他常和她们一起跑，当她们落后时，他会使用激将法，告诉她们“不行的话就放弃好了”，而这么做往往会激起她们继续跑下去的斗志。训练结束后，卡罗尔会开车送女生们回家，因此常常错过晚餐时间。当队员们去纽约附近参加比赛的时候，她们就住在博纳奥图的父母位于康涅狄格州的家中。博纳奥图负责为全队人做上一顿热腾腾的饭菜，卡罗尔则带着女生们去位于曼哈顿上城华盛顿高地的军械库运动场训练。他告诉她们在旧的木制跑道上跑步时要保持肘部朝外，避免被别人挤下跑道。当她们摔倒时，他会替她们拍掉粘在膝盖上的碎砂石。

没过几年，卡罗尔就有了一支高水平的运动员队伍——这些女生最初完全不知道自己能做到什么程度，是卡罗尔将她们的潜能给激发了出来。约翰娜·福曼（Johanna Forman）赢得了全美女子高中生室内1 500米跑的冠军，并在纽约范科特兰公园（Van Cortlandt）线路上跑出了第三名的好成绩。塔米·亨尼穆思所在的1 500米跑接力队打破了全美女子高中生纪录。南希·罗宾逊在全美400米短跑中成功晋级决赛。要知道，这些女生的对手可是朱迪·希莱尔（Judi Hilaire）、琼·贝努瓦·萨缪尔森和琳恩·詹宁斯（Lynn Jennings）这些美国未来的女子跑步明星。她们从未怀疑过自己，因为卡罗尔告诉她们她们无所不能——卡罗尔对此深信不疑，她们也从未怀疑过。她们从中学到的东西将受用终生！

博纳奥图为丈夫感到自豪，为他全身心投入帮助女生们获得成功感到骄傲。她知道，卡罗尔从不娇惯她们。相反，他会像训练职业运动员一样训练她们——难度更高、强度更大。以塔米·亨尼穆思为例，尽管没有约翰娜·福曼那样的天赋，但她肯吃苦，无论卡罗尔交给她什么样的训练任务，她都能完成，甚至超额完成。亨尼穆思勇敢而坚定，她将每一次失败都看作需要更加努力训练的理由。这样的价值观正是卡罗尔培养出来的，因为他深知要取得胜利，光靠好基因是不够的。他不断激励着队员们再多跑一公里，多跑一段路，多跑一场比赛。

那个坐在博纳奥图身边汗流浃背的大块头似乎也被眼前的景象触动了。他问博纳奥图，在那边执教的那个人是不是她的丈夫。博纳奥图点头称是，接着骄傲地向他说起了亨尼穆思取得的成绩。博纳奥图还提到了青少年奥林匹克运动会，这使得伦纳德又开始谈论起肖特在慕尼黑奥运会上取得的胜利来。他告诉博纳奥图自己打算组织一次马拉松赛——从伍兹霍尔到法尔茅斯，从基德船长酒吧到四兄弟酒馆。

“那点距离可够不上马拉松呀。”博纳奥图计算着。

“我对组织这类活动一窍不通，”伦纳德对距离倒并不十分在意，“你觉得你的丈夫会愿意帮忙吗？”

伦纳德满头大汗、面红耳赤，但看上去不像是个坏人，挺像一个被困在了动感单车上的圣诞精灵。组织一场路跑赛对卡罗尔来说不成问题，他可是组织过有 700 名会疯狂尖叫的高中生参加的全天田径运动会。“当然可以。”博纳奥图替自己的丈夫答应了眼前这位唠叨的大叔。

训练结束后，博纳奥图介绍他们两人认识。伦纳德像是在观看现场直播一样描绘了肖特的胜利，而现在，他更想为法尔茅斯的孩子们做点什么：用他们自己的路跑赛来激励他们！卡罗尔觉得这是为自己的女子田径队筹集资金的好机会，不过这个点子也有可能是伦纳德提出的，因为后来连这两位当事人都记不清楚了。他们达成协议——由卡罗尔负责让他的队员们前去帮助开展报名登记和后勤工作，伦纳德则负责将比赛消息散布到法尔茅斯以外的跑步社团中去。最后，两人握了握手，谁都没有意识到把自己扯进了什么样的事情里。

路跑赛的历史

作为一项运动同时也是一个喝酒的借口，路跑赛有着一段漫长却不怎么光彩的历史。史上记载最早的赛跑发生在公元前 2035 年古巴比伦的苏美尔，参赛者均为信使，比赛结束后还要进行祭祀活动。古希腊的奥运会则始于公元前 776 年，起初只有 200 米跑一个项目，公元前 720 年又加入了 400 米跑和约 5 公里的长跑项目。尽管马拉松起源于古希腊，但古希腊的奥运会上却从未有过马拉松这个项目。古希腊人参加运动会时均是赤足裸身，很可能正是出于此，到了穿衣习惯不那么奔放的古罗马时代，奥运会逐渐变得不再流行了。古罗马人认为，不是为了军事训练而进行的跑步都是白费力气。

荷马在《伊利亚特》中首次记录了一位参赛者在跑步比赛中通过心理战术击垮对手的事迹：“珀琉斯（Peleus）的儿子随即拿出奖品，那是要赏给跑步比赛的参赛者们的……埃阿斯（Ajax）几乎立刻抢到了前头……尤利西斯（Ulysses）紧追不放，在埃阿斯留下的脚印尚未被扬起的尘土覆盖之前就再次踏了上去。埃阿斯向前飞奔着，时刻都能感觉到尤利西斯呼出的气息就喷在他的后脑勺上。”最终，因为分心，埃阿斯踩到了牛粪上，滑倒在地，输掉了比赛。

中世纪的时候，赛跑成为各种节日庆典的重要组成部分，花样也层出不穷——麻袋比赛、独轮车比赛、犹太人赛跑、老年人赛跑、妓女赛跑，等等。到了 18 世纪末 19 世纪初，贵族们开始为赛跑和竞走下赌注，赌他们的男仆跑完或走完某段距离需要多长时间。很快，工人阶级也喜欢上了这项运动，并把它称为“徒步”，甚至有一些著名的徒步者为了赢得竞赛而进行专门的训练，譬如“船长”罗伯特·巴克利·阿勒代斯（Robert Barclay Allardice）。1808 年，巴克利“船长”在 1 000 小时内徒步了 1 600 公里，平均 1 小时前进 1.6 公里，而在将近 42 天的时间里，他每次小憩都不超过一个半小时。

巴克利有个著名的对手叫亚伯拉罕·伍德（Abraham Wood），据专门研究跑步历史的专家爱德华·西尔斯（Edward Sears）称，伍德有一次与别人打赌，说自己可以（在1小时内）“在公路上抓到一只鸭子，拔光毛，烤熟了吃掉，然后在5分钟内跑完1.6公里”。他赌赢了——他就着一升麦芽酒吞食了一整只鸭子，之后花了4分56秒跑完了1.6公里。

沃尔特·汤姆（Walter Thom）曾经对巴克利的训练方法进行了整理归类，并把它写进了书里。这本书出版于1813年，是世界上最早的跑步书籍。根据汤姆的描述，徒步者应该在清晨5点起床，然后：

1. 全速上坡跑800米；
2. 中速步行10公里；
3. 约上午7时进早餐（半生的牛排或羊排，配以放置了几日的面包及陈年老啤酒）；
4. 中速步行10公里；
5. 赤身裸体在床上躺1.5个小时；
6. 步行6.5公里；
7. 下午4时进晚餐（同早餐一样，牛排、羊排，配面包及啤酒）；
8. 吃完晚饭立即全速跑800米；
9. 中速步行10公里；
10. 晚上8点上床睡觉；次日重复第1~10条。

尽管有人会质疑用装满牛排和陈年老啤酒的身体全速跑800米的训练方法，但和切除脾脏比起来，这已经有了明显的进步。脾脏切除术是17、18世纪常用的方法，因为在当时，人们认为正是脾脏限制了奔跑速度。

人们对徒步运动的狂热，再加上巴克利“船长”的声名远播——跑步很快发展成了一项体育竞技运动。大多数的比赛都伴有赌局，每个冠军背后都有无数在他们身上下重注的赌徒。比赛场地一般设在被临时封闭起来的露天游乐场，通常会收取入场费。随着计时和测距技术的发展，人们开始对比赛成绩进行计时了。于是，就产生了比赛纪录，而尝试打破前人创造的纪录就成了后人努力的目标。

对跑步的狂热很快就席卷了美洲大陆。1835 年，著名的赛马主约翰·史蒂文斯（John Stevens）自掏腰包做出承诺，无论是谁，只要能在 1 小时之内跑完 16 公里，就能获得 1 000 美元的奖赏。虽然只有 9 个人前来挑战，但比赛却吸引了大批观众，轰动一时。最终，亨利·斯坦纳德（Henry Stannard），一位来自康涅狄格州的农民，用 59 分 44 秒跑完了全程并拿到了奖金。之后，按照早期绕场一周庆祝胜利的习俗，他跳上一匹马，绕场飞奔起来。这场比赛带来了许多模仿者，其中一场美国人对抗爱尔兰人和英国人的比赛，足足吸引了 30 000 名观众。

很快，跑步在中小学和大学里也流行开来，牛津大学和剑桥大学纷纷组建起了自己的赛跑队进行对抗。然而，这些大学生跑者却不太愿意和那些“职业跑者”同台竞技，因为那些人大多来自社会底层。“业余跑者”的概念由此诞生，专指那些不以赢取奖金为目的、不靠体育谋生的运动员。专业跑者与业余跑者的代沟在整个 20 世纪都存在着，并且迫使那些被划定为“业余跑者”的选手们为了谋生不得不采取隐蔽的方式来隐瞒自己获得的奖金。

到了 19 世纪末，大西洋两岸都有了各种距离的跑步比赛，其中包括在纽约麦迪逊广场公园（Madison Square Garden）举行的一项女子六日赛。这项比赛规定参赛的女性运动员必须身穿笨重的天鹅绒连衣裙，并在脚上穿上靴子或舞鞋。伯莎·伯格（Bertha Berg）在 6 天内连走带跑，总共徒步 599 公里，赢得了首届比赛的胜利。次年，埃米·霍华德（Amy Howard）以 658

公里的成绩夺魁，这一纪录直到102年之后才被打破。六日赛的赛制风靡一时，有些赛事甚至让马与人同台竞技，在芝加哥举行的一场著名的比赛中，迈克尔·伯恩（Michael Byrne）战胜了赛马“投机客”：“投机客”在最后一个比赛日死在了马厩里，而伯恩则继续前进，共徒步了930公里，超过了他的“对手”达到的906公里的成绩。

正是在这股对跑步的狂热中，第一届现代奥运会在法国人巴龙·顾拜旦（Baron Coubertin）的努力下于1896年开幕，顾拜旦视奥运会为促进友谊和世界和平的契机。截至那时，绝大多数比赛仍是按英制单位计算的。但法国人用的是公制，于是，他们将英制的220码转换成了公制的200米，440码转换成了400米，880码转换成了800米。220码与200米的差距微乎其微，所以转换进行得相当顺利，但1英里跑被转换成1 500米跑后，距离便足足缩短了109米，100码短跑在变成100米短跑后距离竟增加了近10%。因而，1英里跑项目被单独保留了下来，因为1英里是否能跑进4分钟线意义非同寻常，但100码短跑并没有这种重大意义，所以被转换成了100米。

在第一届现代奥运会上，人们为纪念古希腊人设置了马拉松项目。马拉松的距离被设定为40公里，并模拟当年斐力庇第斯向雅典人报捷时曾跑过的路线——从马拉松到雅典城。共有25名运动员参赛，其中21人为希腊籍选手。最终，斯皮里顿·路易斯（Spiridon Louis）以2小时58分50秒的成绩夺魁。路易斯获得的奖品包括“一套新制服、终身享受免费刮脸和每天两杯免费咖啡、每天一顿免费晚餐（为期1年）、终身免费的洗衣服务”。

美国本土的第一场马拉松赛是在次年的10月进行的。比赛线路是从康涅狄格州的斯坦福德到纽约市的哥伦布圆环（Columbus Circle），获胜者为纽约人麦克德莫特（McDermott）。首届波士顿马拉松赛于1897年4月19日举行，共有15名选手参赛，这一次的获胜者依然是麦克德莫特，尽管整个过程中他 5 次中断了比赛，其中有一次是因为经过马萨诸塞大道（Massachusetts Avenue）时遇上了一支送葬队伍。整场马拉松跑下来，他足足掉了 4.5 公斤的体重。赛后，麦克德莫特发誓他再也不跑马拉松了：“我也不愿意被人说是半途而废的懦夫，但你们看看我的脚！”

不过，他第二年又卷土重来，并获得了第 4 名的成绩。

第一届“法尔茅斯马拉松赛”

1973 年 8 月 15 日，星期三，汤米·伦纳德 40 岁的生日。也就是在这一天，第一届“法尔茅斯马拉松赛”于正午 12 点准时开赛。93 名跑者聚集在伍兹霍尔的基德船长酒吧门前，他们将一路跑到法尔茅斯高地的四兄弟酒馆，全程共 11.3 公里。《法尔茅斯企业报》（*Falmouth Enterprise*）将这天描绘成以增强“身体素质”为目的的“仲夏消遣好时光”。该报还报道到，在比赛过程中，“跑者们会遇到女志愿者们向自己递上盛有‘佳得乐’的饮料杯，这是一种含葡萄糖和盐分的柠檬水饮料，在波士顿马拉松跑者中间十分流行。”该报道还记录了以下几处比赛亮点：“一位海浪大道的救生员主动请缨，在跑者快跑到沙滩时，负责告诫沙滩上的游人。海岸警卫队则安排了几只小船停在近海岸处，当跑者抵达终点时，他们会在船上用‘华利’信号枪发射一些照明弹来烘托气氛。”此外，报道还特意提到，有一些跑者“极其重视比赛，在跨过终点线前坚决不沾香烟和啤酒”。

伍兹霍尔镇新上任的娱乐中心负责人里奇·舍曼（Rich Sherman）为比赛准备了海报，还帮忙拿到了赛事许可证。舍曼曾是一位中距离跑运动员，和约翰·卡罗尔一样，被伦纳德的魅力所折服加入了进来。在 8 月这样的三伏天里，来上一场比赛再合适不过了。连续几个礼拜的高温酷暑，再加上劳动节（美国劳动节为 9 月的第一个星期一）将近，这都为暑假的喜悦蒙上了一层阴影。伦纳德靠着啤酒、热狗和赛后的大派对，吸引了一大群人前来参赛。舍曼的身材保持得很好，看上去精瘦干练，他决定亲自参加比赛。之前，舍曼常组织些像宾果游戏、乒乓球锦标赛之类的比赛，这次的长距离路跑赛对他来说可以算得上新体验。

然而，一场倾盆大雨却给这场人们期盼已久的盛事降了温——尽管考虑到比赛是从正午开始的，没准这场大雨能使跑者远离中暑的危险。伦纳德的车陷入了近 1 米深的积水当中，差点因此错过比赛。最终，最坚定的那几个人还是按时站上了起跑线。约翰·卡罗尔为他们做了赛前指示，然后退到了一旁的雨伞下，举起了发令枪。“预备！”他喊道。

枪声响起，跑者们冲出了起跑线——像淋透了的“落汤鸡”，但好在天还挺暖和的。有几个小镇居民看见了这幅光景，怀疑他们是不是疯了。不过伍兹霍尔向来不缺怪人，大家早就见怪不怪了：就在不久前，研究生们在 7 月 4 日国庆节的游行上就曾以“光合作用”和“有丝分裂”作为着装主题。所以，眼前这些半裸着的、湿透了的瘦男人，再加上那几个屈指可数的女人，不足为奇。选手们跑过了吊桥，爬上了第一座山坡，经过邮局，在图书馆那儿拐了个弯儿，消失在了人们的视野中。

39 分 16 秒之后，中央密歇根大学的四年级学生戴维·杜巴（David Duba）率先冲过了终点线。杜巴是在前一天晚上和朋友们一道喝酒的时候才听说有这么一场比赛的，结果，他就这样误打误撞地成了跑步风潮历史上的一个注脚。伦纳德跑了第 13 名，里奇·舍曼则跑了第 30 名，用时 50 分 30 秒。在赛前，舍曼还从未亲眼见过他的联席赛事主管卡罗尔呢。

比赛结束后，便是在四兄弟酒馆举行的派对了。冠军获得了以下奖品：1 台搅拌机、4 杯威士忌、1 张海鲜店的礼品券。雨渐渐小了下来，星星出来了，12 个小时下来，跑者们依然神采飞扬——他们跳着吉特巴舞，唱着“我

相信音乐 / 我相信爱情”。这可真是完美一天的完美谢幕，是法尔茅斯小镇送给伦纳德的一份生日礼物！伦纳德高兴极了，只除了一个小小的遗憾（肖特没来参加比赛），不然他一定会更开心的。此刻，我们的奥运冠军正忙着购买课本和注册课程——弗兰克·肖特即将迎来他在法律学校的最后一年学习生涯，这可比在周中去马萨诸塞州一个毫不起眼的科德角小镇参加一场路跑赛重要多了。

1974
KINGS OF THE ROAD

第 4 章

“威尔·罗杰斯”和他的那台车

> 你所参加的每一场比赛，你所踏出的每一步，都将开启一段旅程。一旦出发，便无人可挡。
>
> ——比尔·罗杰斯

每个星期二和星期四的晚上，在波士顿大学田径场训练完后，大波士顿田径俱乐部的队员们都会来到埃利奥特厅聚会。汤米·伦纳德会为大家倒上啤酒，队员们边喝酒边听比尔·斯奎尔斯教练侃侃而谈。这场比赛、那场比赛、这个冠军、那个冠军……尽管他们都只是些“小池中的小鱼”，但这并不妨碍他们去谈论那些“大鱼”。

比尔·罗杰斯听得多，说得少——他刚经历了一次糟透了的加州之行。在去加州之前，他第一次参加了波士顿马拉松赛，那次初体验同样糟透了——他对马拉松的超长距离准备不足，加上比赛那天天气十分炎热，才跑了20公里他就退出了比赛。罗杰斯把表现不佳归罪于炎热的天气，于是，他下决心同女友埃伦·拉洛恩（Ellen Lalone）一起搬去加州，以便能在温暖适宜的环境下进行训练。他们开了辆小货车横穿美国，晚上就睡在休息站里，一路开到了帕萨迪纳市。这次搬家很快就被证明是个错误！他们既没有钱，又找不到住处。加州的车流、人流，甚至气流，都让罗杰斯讨厌。结果，只待了两天，他们就又掉头一路开回了波士顿。

两个人靠着政府发放给失业者的食品券过了6个月，之后，罗杰斯找了份照顾残疾人的工作。当时，罗杰斯已经跟随波士顿体育协会（Boston Athletic Association，即后文的BAA）跑了一段时间了，体育协会的教练乔克·森普尔（Jock Semple）因曾在1967年的波士顿马拉松赛上试图将唯一一名女子参赛选手凯瑟琳·斯威策（Kathrine Switzer）拽下跑道而臭名昭著（后来斯威策的男友上前将森普尔揍翻在地，帮助女友顺利跑完了比赛）。

同大波士顿田径俱乐部的朋友们接触后，罗杰斯意识到自己对长距离跑更感兴趣，很快就和他们打成了一片。但在1973年的下半年，罗杰斯还没有正式加入俱乐部，因此，他只是坐在埃利奥特厅喝闷酒，任由其他人滔滔不绝。

不包含"比赛"的跑步梦想

坐着不动对罗杰斯来说可不容易。孩童时代，他就喜欢成天在大草坪上扑蝴蝶：虎凤蝶、赤蛱蝶，还有那些带着红色斑点的紫色蝴蝶。他还喜欢在露天广场上奔跑，喜欢赤着脚感受草地。那时，他还是个金发碧眼的小瘦子，头发常常会飘到前面遮住脸。除了奔跑，他还踢足球，也喜欢用BB枪打松鼠和野鸭，或者去附近的高尔夫球场捡上几颗球，去当地的农场偷上几根玉米，又或者和朋友们一起到森林里玩耍。在课堂上，他很难集中注意力，老爱望着窗外做白日梦，就等着放学铃响，好去外面撒欢。

高二的体育课上，罗杰斯发现自己是班上1英里跑跑得最快的。随后，他加入了越野队和田径队，在1英里跑和800米跑项目中分别跑出了4分28秒和2分07秒的成绩——这样的成绩在当地算得上出类拔萃了，但从全美来看却排不上号。事实上，罗杰斯超级懒，他总试图找借口来逃避训练：天气太冷，下雨，甚至连约了理发师这种借口都用过。他每天最多跑3~5公里，多数时间都花在了在跑道上跑些较短距离的间歇跑上。即便如此，在别人看来，像他这样在街上跑来跑去已经够怪的了——那还是1963年，没有人会到街上去慢跑。除了奥运会之外，大概只有在赶火车或者逃避警察追捕的时候才会用跑的吧。奔跑使罗杰斯感到快乐，但比赛却令他憎恶，他对任何竞争都毫无兴趣。如果可以的话，他情愿像那头名叫费迪南[①]（Ferdinand）的小牛一样，成天在花丛中玩耍。

① 出自曼罗·里夫的著名童话《爱花的牛》。费迪南天生有成为斗牛的资质，但它只喜欢安安静静闻着花香，甚至在上了斗牛场后，仍然拒绝争斗。——译者注

后来，他离开家乡来到康涅狄格州的米德尔敦，进入了卫斯理安大学。对于是否继续跑步这件事，罗杰斯没怎么仔细想过。当时，卫斯理安大学的规模很小，只有1 400名本科生和250名研究生，但该校的SAT（Scholastic Assessment Test, 美国高考）平均成绩却能排进全美前5%，是全美最有竞争力的学校之一。卫斯理安大学、威廉姆斯学院和阿默斯特学院一道，被称作全美文理学院的“小三强联盟”。这三所学校都以学术能力而非运动能力见长，而且，因为处在NCAA的第三级别（即最低级别），它们是不允许发放体育类奖学金的，所以它们在招募新生的时候更注重学生的学习成绩而非体育能力。在当时的人们看来，“小三强”毕业生的出路无非就是医生、律师和银行家，投身专业体育事业的人简直屈指可数。

尽管如此，1968年，卫斯理安大学一位名叫安比·伯富特（Amby Burfoot）[①]的大三学生却成了波士顿马拉松赛的冠军。这是一场了不起的胜利，而伯富特完全是靠自我训练获得成功的，这就更了不起了！伯富特每天跑两次，周跑量在160公里以上。他的高中生涯是在格罗顿度过的，他的跑步知识全部来自于高中时的教练，那位教练本人也曾获得过波士顿马拉松赛冠军。在他的指导下，伯富特成了菲奇高中（Fitch Senior High School）的佼佼者，并在高二时赢得了2英里跑的州冠军。

在康涅狄格州的比赛中，罗杰斯曾与伯富特的弟弟有过多次较量——基本上都是罗杰斯取胜，因此，他很不招伯富特家的人待见。罗杰斯刚进卫斯理安大学就打破了学校的越野跑纪录，可这并没能帮他站稳脚跟，因为隔周伯富特就上场破了他的纪录——他可不想被新生抢了风头。不过，跑步终究胜过了血缘！很快，罗杰斯就和伯富特就成了形影不离的好朋友。后来，当罗杰斯讲述自己的故事时，我们可以看到伯富特对他的影响十分重要。

① 你可以在《马拉松训练宝典》中了解到更多关于安比·伯富特的故事和他的跑步建议，该书已由湛庐文化策划出版。——编者注

罗杰斯有多自由散漫，伯富特就有多专注守纪。除了之前说过的每天两次训练以外，伯富特每个星期天的早晨还要加跑 40 公里。而罗杰斯往往在周末晚上喝足了酒、抽够了烟，这个时间，他通常还在睡懒觉呢。不过，当伯富特跑过操场的时候，罗杰斯会起床、出门，跟着他跑最后的十五六公里。有一次，罗杰斯甚至跑完了全部的 40 公里。他自知做不到伯富特那么勤奋，也认为自己没有伯富特的天赋，但他觉得跑步能使自己神清气爽——他越来越喜欢跑步了。

1968 年伯富特赢得波士顿马拉松赛这件事并未对罗杰斯产生什么直接的影响。事实上，撇开名气不说，波士顿马拉松赛不过就是在一座寒冷的城市里跑上一大段距离罢了——没有任何电视报道，只有少数几份报纸提到了这件事。罗杰斯的跑步梦想中并不包含“比赛”这个词，更别提要跑得多好了,但朋友的胜利或多或少影响——他仍然觉得自己不能和伯富特比,但“我曾和赢了波士顿马拉松赛的那个家伙一起训练过”的念头还是在罗杰斯的心中生根发芽。终有一天，它会见证一位冠军的诞生。

彻底不跑了！

罗杰斯并不是没有天赋，但他跑起步来却无的放矢。他确实同伯富特一起训练，和全队人一起赛跑，但除此之外，他并没有再多花一分力气——既不勤奋拼搏，也不做规划。尽管父母都是教师，可他却胸无大志，只喜欢四处闲逛，跑跑步，抽抽烟，睡睡懒觉。他对待学业和跑步一样不上心，甚至对和其他同学们一样去走进大公司工作的路线，也毫无兴趣。对此，他的“哲理”是:“太多人因为拥有了一点点普通的生活智慧就太忘乎所以了。”罗杰斯认为，智慧是件复杂的事，远不止考出好成绩或拿个研究生学位而已。

决不参加越南战争，是罗杰斯唯一确定的事情——他不认同发动这场战争的动机,因此拒绝为之效力(不止效力,甚至还有付出生命的可能)。一时间，这件事占据了他的生活重心，使得包括跑步在内的其他一切问题都显得微不足道起来。罗杰斯甚至一度想到了逃离美国，去新西兰的货轮上工作，永远地离开自己的家人和朋友。战争使国家两极分化，像罗杰斯这样的年轻人首当其冲。此时，征兵是强制性的，兵役不再是一个抽象的概念——超过 5 万名美国士兵死在了东南亚（一同失去生命的还有上百万越南人和柬埔寨人）。而在美国本土的大学校园里，反对美国军事介入越南战争的呼声愈来愈高涨，在肯特州立大学有 4 名学生死在了国民警卫队的枪下，在自由主义盛行的卫斯理安大学，学生们纷纷佩戴起黑色臂章，来到广场中央哀悼逝去的生命。

大四时，少了伯富特的敦促，罗杰斯的跑步动力进一步消退着。到了 1 月，他彻底不跑了！跑步到底有什么意义呢？再过几个月，就要变天了，跑步即将成为过去，同自己的捕蝶网和旧胶靴一起被扔进地下室里。他将全部精力都投入到了申请“出于良知拒服兵役者”一事上，这是除了延期毕业和医疗豁免之外唯一能让他安全地留在国内的办法了。如果申请失败，他恐怕就真的只能出逃了。

春天到了，罗杰斯的申请获得了批准，这使他大大松了一口气——他被允许通过在国内做社区服务来替代海外服役。在一个朋友的帮助下，罗杰斯在波士顿彼得·本特·布里格姆医院得到了一份工作。他瞬间有种死里逃生的感觉。

然而，这却是一份普通到不能再普通的工作，罗杰斯很快就讨厌起它来。他的工作包括将血液样本送往实验室、到处推送病人、将尸体运到停尸房，等等。周薪 75 美元，而且医生们对他态度恶劣——罗杰斯认为，这全是因为他不想去越南的缘故。他对普通的打杂工作并不排斥，但他鄙视那些待他凉薄的“大人物们”。简而言之，就像他后来所说的，当时的他“情绪低落、没有目标、毫无斗志，不知该何去何从”。

罗杰斯唯一的宣泄工具就是一台花了足足 1 000 美元买来的摩托车，这几乎花掉了他的全部家当。他骑着摩托车游荡了一整年，什么都不做，什么也不想，只是成天在波士顿闲逛，抽抽烟，喝喝酒。他还留起了长发，同哥哥查理、兄弟俩的发小贾森·基欧（Jason Kehoe），还有自己的女朋友埃伦·拉洛恩一起混日子——罗杰斯和拉洛恩是在剑桥市的一家酒吧结识的。

跑步成了他的救星

1971 年 4 月，罗杰斯住在波士顿交响乐大厅附近——那里恰好就在波士顿马拉松赛的线路上。之前，他从未到现场观看过比赛，生平第一次，面对巨大的人海和狂欢的气氛，他受到了深深的震撼。他看到他的几名前队友和前竞争对手参加了精英组的比赛——这不只令他振奋，也使他反省。那时，他每天抽两包烟，指望他去跑马拉松，还不如指望一只乌龟。

随后发生的两件事彻底改变了他的人生。首先，他的摩托车被偷了，丢掉了交通工具，罗杰斯开始慢跑 2.5 公里去上班。但没过多久，他就被医院解雇了，理由是他试图组织不承认工会的雇员闹事。

丢掉了工作又丢掉了健美的体型，眼看着冬天就要来了，罗杰斯还欠政府 6 个月的社区服务时间。但他现在背着“出于良知拒服兵役者”的身份，又被上任雇主有理由地解雇了，想要再找到一份工作，可能性微乎其微——不会再有像样的雇主雇用他了。没办法，他只能靠救济，外加拉洛恩微薄的收入来贴补生活。作为一个男人，这简直太丢人了！罗杰斯明白，要是不想患上抑郁症，把生活过得有条理些，自己必须找些事情来做。于是，他重新开始跑步，正如他所说的：“这是我唯一会做，也是唯一能做的事了。”

没有钱买服装，他就穿着牛仔裤和破汗衫跑步。他的饮食习惯一向古怪——布朗尼蛋糕配番茄酱、比萨饼配蛋黄酱、花生酱配腌肉碎，所以在路边摊狂吃小餐包这种事发生在他身上不足为奇。他还加入了当地的基督教青年会，在那里的室内小跑道上跑步，1 公里就得跑上七圈半。跑道歪歪斜斜，地面也很不平整，但罗杰斯毫不在意，他专注于这单调之中，一跑就跑个 120 圈，任由尼古丁和绝望随着汗水排出体外。

很快，他就升级到绕着波士顿牙买加平原区的牙买加池塘跑步了。绕池一周约 2.6 公里，他一圈圈跑下来，最多能跑 14 圈。直到后来罗杰斯才知道，身处波士顿这样的城市，不沿着查尔斯河和牛顿山跑，偏偏选择绕着市内的一个小池子跑圈，其实就是患上了所谓的“注意力缺陷多动障碍”。这与人们对罗杰斯的评价不符，因为在人们眼中罗杰斯自由散漫、做事没条理，甚至连波士顿马拉松赛的赛事主管都曾说过“罗杰斯很走运，因为整条比赛线路只有 5 道弯”。注意力缺陷多动障碍的一个常见症状恰恰就是注意力过度集中—— 一旦遇上喜欢的事情，患者往往无法将注意力转移到另一件事上去，他们可以花上几个小时完全沉浸在当前的活动中。在运动员中，这通常被称作“进入了状态”。罗杰斯怎么会患上注意力缺陷多动障碍呢？

而这恰恰可以解释罗杰斯为何偏好单调的长距离跑，却厌恶速度训练。在赛道上跑短距离跑，既需要不停地启动和停止，又需要保持固定的步频，除此之外，还有一只秒表在那儿计时——这一切都是厌恶转换注意力、组织能力有问题的人最抵触的东西。与弗兰克·肖特和艾伯托·萨拉查不同，罗杰斯在 5 公里跑或 10 公里跑项目中从未跻身过前 10，1 公里跑的速度也只比马拉松跑的平均速度快了几秒。

但一旦跑起来，就再也没有什么能让罗杰斯停下来的了。重拾跑步不到 1 年，他就在一场 32 公里的比赛中获得了第 3 名（冠军则是安比·伯富特）；1 个月后，他在新英格兰 AAU30 公里锦标赛中名列第 2；又过了几周，他赢了一场 19 公里跑比赛，并且跑进了 60 分钟——平均每公里用时少于 3 分

09 秒。罗杰斯在路上跑步的样子，甚至会让人觉得一阵风就能把他给刮出跑道——顶着个鸡窝头，步伐软绵无力，个子不过 1.75 米，体重不足 60 公斤。他跑步时微微有些"外八"，头像小鸡啄米似的前摇后晃，但双腿摆动得很快，并且他的个子对长距离跑者来说再理想不过了。

尽管在大学里游手好闲惯了，罗杰斯却很讨厌失业——失业使他同拉洛恩的关系极其紧张，也令他为自己的无能感到愤怒。医院的经历使他变得激进，他因为政府把自己逼到了赤贫的境地而愤愤不平。他曾在阿贝兹快餐连锁店里找了份工作，但由于受不了那傻里傻气的制服和低到不能再低的时薪，只干了一晚就甩手走人了。比起戴顶无聊的帽子和有汉堡包吃，罗杰斯宁愿要他的尊严，跑他的步。

现在，他将目光投向了 1973 年的波士顿马拉松赛。弗兰克·肖特在慕尼黑奥运会马拉松项目上获得的胜利振奋了整个跑步界，罗杰斯可不敢拿自己同肖特相提并论，但他觉得马拉松似乎是一件他也能做到的事情——也是他必须去做的事情。他将马拉松视作一次超长距离跑，在大学时代伯富特就曾跑过这么长的距离，现在轮到他了。罗杰斯训练的时候，速度一直保持在每公里 4 分 22 秒，他没进行过任何速度训练。他觉得既然自己曾经用低于每公里 3 分 07 秒的速度跑过一场 19 公里的比赛，那么现在要做的，不过就是继续保持这个速度再多跑 23.195 公里罢了。马拉松给了他一个明确的目标，同时也是一种补偿，补偿他生命中这段糟糕又令人沮丧的时光——什么看起来都不对劲，身边的一切都土崩瓦解了。跑步成了控制这瞬息万变、疯狂混乱的世界的手段，成了他的救星。

但比赛简直糟糕透了！罗杰斯在炎热的环境中从来没跑出好成绩过。由于没有进行过速度训练，在这场 42.195 公里的比赛中，领跑者刚过半程就开始加速着实给他来了个措手不及。跑到 32 公里的时候，他遭遇了"撞墙"

并退出了比赛。罗杰斯带着痛苦和羞愧回到了波士顿——他在赛前赋予了这次比赛极为重大的意义，因此失败便变得尤为沉重，而中途退赛的不利影响也被相应地放大了，感觉比行为本身更加严重。这次经历就像一股难闻的气味般阴魂不散，最终导致了那次冲动而鲁莽的加州之行。

从加州回来的时候，他已经很久没跑步了。6 月的波士顿风和日丽、气候宜人，查尔斯河两岸树木茂盛，头顶晴空万里，罗杰斯像个蹒跚学步的孩童一样在户外走了几步，发现自己的腿还行。波士顿的跑步圈子很小，关系紧密——尽管波士顿体育协会同大波士顿田径俱乐部的运动员之间存在着竞争关系，但这种竞争却是友好的，双方成员之间常有往来。即使在跳槽去了大波士顿田径俱乐部之后，罗杰斯仍会在路上加入波士顿体育协会的行列中去。

冬天来临之际，他感到自己的训练强度恢复到了加州之行前的水平。11 月，他在马萨诸塞州的洛厄尔赢得了生平第一个马拉松冠军，用时 2 小时 28 分。比赛中，他刻意有所保留，把精力更多地放在完成比赛而非刷新纪录上。但无论是何目的，完成比赛使他信心大增，他意识到马拉松距离并非遥不可及。1974 年 1 月 8 日，在东北大学举行的室内 2 英里跑比赛中，他以 9 分 8.5 秒的成绩获得了亚军。1 月 9 日，他踏着超过 20 厘米厚的积雪，绕着牙买加池塘跑了 32 公里。次日，积雪达到了 30 厘米，他又跑了 32 公里。他在训练日志里写道：他的双腿“又酸又痛”，但“所幸雪踩上去很轻”。

如今，再也没有什么东西拦在他和波士顿马拉松赛之间了。他同大波士顿田径俱乐部的队友一起到心碎坡（Heartbreak Hill，波士顿马拉松全程线路第 25~32 公里之间的 4 座连续的山坡）进行训练。他同全队一起在赛道上跑步，逼着自己进行速度训练。他一遍又一遍地熟悉着地形，直到对每一段下坡、每一段上坡、每一处视线不良的弯道和每一条视野开阔的直道都了如指掌。他夜以继日地跑着——不是在路上跑，就是在梦里跑。

4月15日，他终于第一次跑完了波士顿马拉松赛——用时2小时19分34秒，名列第14。比赛过程中，他在前半程排在第4位，只是在最后10公里的时候名次才掉了下去。生平第一次，他同最优秀的跑者同台竞技且毫不逊色——这使他相信，如果能进行更合理的训练，如果能再多加把劲，如果比赛日的天气能再适宜一些，自己是有希望夺冠的。机会比预想中来得还要快，出现在始料未及的地方！

速度与耐力同等重要

比尔·罗杰斯的跑步训练杂乱无章——他的指导原则就只有公里数一条。至于速度，他不过匆匆了解一下就扔到脑后了。直到斯奎尔斯教练出现，罗杰斯才真正接触到了严谨的间歇训练。在那之后，一切都大不相同了。虽然他一点也不喜欢严格的计划，但同队友一起训练能使他集中精神，并且克服对秒表的那种与生俱来的厌恶感。

伟大的芬兰长距离跑运动员帕沃·鲁米（Paavo Nurmi）是最早锻炼速度的人之一。他使用“平台训练法”进行训练——高强度训练和休息交替进行，一天两次。在1924年的奥运会上，鲁米在拿下1 500米跑金牌的56分钟后，又赢得了5公里跑金牌。此外，他还收获了10公里跑越野赛和3公里跑团体赛两枚金牌。他的训练方法后来被瑞典人所效仿，并由此发展出了法特莱克训练法，即使用不同的速度不间断地进行较长距离的跑步训练。

现代训练的真正突破来自德国蒂雷纳大学的体育教授沃尔德玛·格施勒（Woldemar Gerschler）。20世纪30年代，格施勒与心脏病专家赫伯特·赖因德尔（Herbert Reindel）共同发现，使心脏激烈跳动一小段时间随即恢复正常，能使跑者的心肌得到锻炼，耐力得到增强。这种所谓的间歇训练法要求跑者先全力奔跑使心率达到约每分钟 180 跳，随后进行 90 秒的恢复，期间心跳应恢复到每分钟 120 跳或以下。一旦降不到 120 跳，则终止训练。格施勒表示，经过 21 天的间歇训练法训练，跑者的心脏容量可以增加 20%。

间歇训练法最著名的拥趸或许要数捷克斯洛伐克运动员埃米尔·萨托佩克（Emil Zátopek）了。他的训练程序包括多个 200 米和 400 米重复跑，通常每回做 30 个，还曾一度每天跑 60 个 400 米重复跑，连跑 10 天。同鲁米一样，他的训练原理十分简单：尽最大努力，跑最长距离。萨托佩克以其奇丑无比的跑姿出名：跑起步来歪斜着身子、摇头晃脑。有位评论家曾这样写道："萨托佩克跑步的样子就像是刚被人往心脏上戳了一刀。"但他跑得确实很快，在 1948 年的奥运会上，他摘得了 10 公里跑金牌和 5 公里跑银牌（只比金牌得主落后了 1 米）。1948—1952 年间，他赢得了每一场有他参加的 5 公里跑和 10 公里跑比赛。在 1952 年的奥运会上，他不仅将 5 公里跑和 10 公里跑两枚金牌收入囊中，更在最后时刻决定出战马拉松（他之前从没跑过）。结果，他不仅赢得了这场马拉松赛，还创造了新的奥运纪录。直到今天，萨托佩克仍是唯一一名在奥运会的赛道项目和马拉松项目中同时获得金牌的运动员。

人们应当感谢鲁米、萨托佩克以及瑞典跑者冈德·哈格（Gunder Hägg）、阿恩·安德森（Arne Andersson），在人类向 1 英里 4 分钟这个"屏障"发起的进攻中，他们起到了至关重要的作用。经过 4 年多的时间和一系列的比赛，1945 年的时候，哈格与安德森将世界纪录从 4 分 6.2 秒降到了 4 分 1.4 秒。但也就在同一年，他们两个因为从跑步中获得了过多收入而被归为"职业运动员"。此后，过了近 10 年，人类向 1 英里 4 分钟发起的挑战才得以继续。而这一次的进步，很大程度上是由罗杰·班尼斯特（Roger Bannister）在 1952 年奥运会上争夺 1 500 米跑冠军失利引发的。

班尼斯特是 1951 年世界排名第一的 1 英里跑运动员（当时，他的个人最好成绩为 4 分 7.8 秒）。但是，在 1952 年的奥运会上，由于临时增加了一场 1 500 米跑预赛，使得班尼斯特不得不连续三天跑上三场比赛。当时，班尼斯特还是医学院的学生，没有足够的时间进行训练，多出来的那场比赛拖了他的后腿。决赛中，他只跑了第 4 名，与奖牌失之交臂。为了出人头地，也为了一雪前耻，加上他很清楚一旦成为医生将不可能再有机会参加下一届奥运会，班尼斯特将目标锁定在“成为史上第一个 1 英里跑进 4 分钟的人”上。

课间，班尼斯特仅有 30 分钟的时间用来跑步，因此，他的间歇训练内容就是在 400 米跑道上跑 10 圈，每 2 圈间休息 2 分钟。他相信，如果能把每圈都跑进 60 秒，他就能突破 4 分钟大关了。一开始，他平均每圈用时 63 秒，到了 1954 年 4 月，这个数字降到了 61 秒。带着不能进一步提高成绩的沮丧，班尼斯特和他的训练搭档克里斯·布拉舍（Chris Brasher）一起参加了一趟为期 4 天的攀岩活动。攀岩归来，他发现自己能跑到每圈 59 秒了。那时，他知道自己准备好去打破纪录了。

1954 年 5 月 6 日，在英国牛津的伊夫利路赛道上，布拉舍、克里斯·查塔韦（Chris Chataway）与班尼斯特一道参加了一场比赛。他们的计划是，前半程由布拉舍领跑，0.8~1.2 公里这段路则由查塔韦领跑，最后阶段，靠班尼斯特自己冲刺。那天早晨，风大得不得了，还下着雨，看样子谁都不可能跑出好成绩了。但到了距离比赛大约还有 1 个小时的时候，风小了下来，雨也停了。这是一场在英国业余田径协会同牛津大学之间展开的田径运动会，班尼斯特他们参加的 1 英里跑（1.6 公里）比赛正是这次运动会中的一个项目（当时，英国业余田径协会以 64 胜 34 负的战绩领先于牛津大学）。除了班尼斯特、查塔韦和布拉舍，还有 3 名跑者参加了这场比赛。3 000 名现场观众几乎没人知道这 3 个家伙的打算。

第一圈，布拉舍按计划领跑，将大家的速度拉到了 57.5 秒。班尼斯特（错误地）以为节奏太慢了，大叫着让布拉舍加速——他们通过 0.8 公里标记处的时间为1分58秒。接着，查塔韦接过了领跑的担子，带着班尼斯特以3分0.5秒的成绩通过了1.2公里标记处。离终点线还有不到300米时，查塔韦慢了下来（这是在比赛季节每天“仅”抽7支烟的必然结果），只剩下班尼斯特孤军奋战。他开始冲刺，心里清楚最后一圈必须跑进59.5秒，围观的人群渐渐意识到将要发生什么特别的事情了。在一片欢呼声中，班尼斯特冲过了终点线，一头撞进他的朋友，尼古拉斯·斯泰西（Nicholas Stacey）牧师的怀里。

BBC对这场比赛进行了电台直播，担当解说的是哈罗德·亚伯拉罕斯（Harold Abrahams），《烈火战车》（*Chariots of Fire*）[①]的原型人物之一。当体育迷们将班尼斯特团团围住的时候，诺里斯·麦克沃特（Norris McWhirter，后来，此人参与编辑并出版了《吉尼斯世界纪录大全》[*Guinness Book of World Records*]）发表了一则电台通告。为了制造最大的悬念，麦克沃特尽量拖长了声音念道：

> 女士们、先生们，现在播报第9项比赛，即1英里跑项目的比赛结果：第一名，46号参赛选手，班尼斯特，业余田径协会成员，前牛津大学埃克塞特学院和默顿学院学生。其成绩打破了赛会纪录，刷新了赛道纪录，并且，须经批准，将会成为新的英格兰本岛、大不列颠王国、历届参赛者、欧洲、大英帝国，乃至世界纪录。他的成绩是：3分……

接下来的话完全被人群的欢呼声给盖住了。班尼斯特的成绩是3分59.4秒，他成了有史以来第一个1英里跑进4分钟的人。

人类对1英里跑进4分钟的追求，对跑步运动在全世界的发展都有着

① 影片是20世纪80年代的一部体育电影，歌颂了体育竞技精神。曾获第54届奥斯卡最佳影片、最佳原创剧本、最佳服装设计、最佳原创音乐4项大奖。——编者注

深远的影响，不亚于18年后肖特在慕尼黑奥运会上夺冠给美国带来的变化。它激发了公众对跑步运动的兴趣，并且证明了对中长跑运动员来说，速度与耐力同等重要。既然它对班尼斯特、萨托佩克和鲁米有效，那么也应该适用于肖特、罗杰斯和萨拉查。现在，全世界都在拭目以待，等着见证革命的到来！

威尔·罗杰斯？比尔·罗杰斯？

1974年8月18日，天气又闷又热。上午10点，太阳像是黏糊糊的蛋黄，天空蓝得透明。法尔茅斯路跑赛的组织者们最初预计会有200人参加比赛，但到了比赛当天，实际参赛人数超过了400人。为了赶在开赛前将每位跑者的注册信息都登记好，志愿者们忙得焦头烂额，娱乐中心一片混乱。里奇·舍曼不得不加急打印完足够多的申请表后，再匆匆赶去参赛。然而，没有一个人抱怨。时值盛夏，每个人都穿着短裤背心，空气中弥漫着冒险的气息。只要花上两块钱，就能参加一场移动的街头派对！派对结束后，还有冰啤酒、汽水、热狗和西瓜在那儿等着！约翰·卡罗尔承诺会设立若干不同级别的奖项，他对大伙说："可千万别因为我们请到了几个跑步好手就不来参加比赛啊。"

汤米·伦纳德说服了法尔茅斯镇将比赛安排在一个星期天，尽管这样会影响到通往海滩的交通。他写信给弗兰克·肖特，诚挚地邀请他来参赛，但肖特的父亲替儿子礼貌地回绝了邀请（当时，肖特正在波兰华沙参加比赛）。尽管伦纳德未能如愿邀请到他的明星跑者，但成功得到了马蒂·利阔里和吉姆·莱恩（Jim Ryun）的参赛承诺。利阔里是1971年1英里跑项目世界排名第一的运动员，莱恩则是当时全美1英里跑成绩最好的选手。利阔里的哥哥史蒂夫（Steve）是埃利奥特厅的常客，伦纳德不停地拿啤酒灌史蒂夫，直到他同意说服利阔里来参赛。伦纳德保证届时会有"身穿比基尼的美女"分发饮料；基德船长酒吧将会准备一浴缸的蛤蜊周打汤，所有跑完全程的人都能免费享用；另外，还会有一支乐队在终点线那儿演奏《当爱尔兰的眼睛在微笑》(*When Irish Eyes Are Smiling*)。伦纳德还承诺，假如参赛人数不足 500 人，他就从伯恩大桥上往下来个燕式跳。

利阔里从新泽西州赶来参赛。有 6 个星期的时间他都在欧洲参加比赛，在瑞典，他曾跑出了 1 英里 3 分 56.2 秒的好成绩。利阔里是唯一一名击败过传奇跑者莱恩的美国选手，也是有史以来第 3 个 1 英里跑进 4 分钟的高中生，他后来还成了全美最好的 5 公里跑选手。事实上，在法尔茅斯路跑赛前没几个月，他刚在 AAU 全美锦标赛中跑了第 5 名，还计划参加 1976 年奥运会的 5 公里跑项目。所以，尽管很多报道都说法尔茅斯的距离超过了利阔里的能力范围，但他显然对这样的距离早已有所准备。不仅如此，他还是最被看好的参赛选手。

比赛最大的赢家当属大波士顿田径俱乐部：最终有 3 名俱乐部运动员跑进了前 5，8 人跑进了前 20。比尔·罗杰斯和埃伦·拉洛恩一同驱车前来，罗杰斯和他的队友们都是被伦纳德说服来参赛的。那个时候，想要游说几位全美顶尖运动员开两个小时甚至更久的车来参加比赛，是件多么容易的事啊！对罗杰斯来说，有“身穿比基尼的美女”就够了；对利阔里来说，则是因为能免费入住科德角酒店；对其他很多人来说，也许是有机会来跑跑新的比赛，也许是同朋友比比看谁跑得更快，又或者只是单纯来冒冒险。路跑赛从来不承担参赛者的费用，即使在波士顿马拉松或纽约马拉松这样的大赛中获胜，得到的也不过就是一块纪念牌。业余运动员规则不允许这些赛事接受资金赞助，所以没有一项比赛有现成的资金来源。这一次，为了给予法尔茅斯路跑赛获胜者奖励，伦纳德沿着小镇的主街挨家挨户去争取五金店、面包房、餐馆和干洗店的赞助。

前来参赛的跑者们都是根据闷热的天气状况来着装的。据当地报纸描述，大多数跑者穿戴着"头带、T 恤、宽松的阔腿短裤和昂贵的、垫有软垫的低帮跑步鞋。现在，所有拿跑步当回事的人，都是这样穿戴的"。可是，比赛结束后，还是有 6 名选手被抬进了医院，其中两名年轻人甚至进了 ICU。

至于比赛本身，则完全没竞争可言。1 英里时，罗杰斯稍稍领先；2 英里时，他大约比第二名快了 100 米；到达海岸大道时，这个距离增加到了近 300 米。之后，罗杰斯继续领先。他跑得很轻松，甚至还有所保留，最终比第二名快了 1 分多钟。他在跑步日志里写道："轻取利阔里！哇哦！多么光荣！"他的成绩是 34 分 16 秒，比之前的赛会纪录足足少了 5 分钟。

作为冠军，罗杰斯获得了一只烤面包机、两张前往马萨葡萄园岛的船票以及波士顿中世纪庄园酒店的一顿双人晚餐。在正式的赛果报告中，他的名字被写成了"威尔·罗杰斯"，由此可见，他在当时是多么不出名。这个错误被乔·康坎农照搬上了第二天《波士顿环球报》一篇题为《罗杰斯追上了 1 英里跑好手利阔里？！这不科学！》（*Rogers Catches Miler Liquori Out of Natural Element*）的文章。这篇文章中只有两段是关于"威尔·罗杰斯"的，其余 9 段都在写利阔里。罗杰斯对此表现得十分大度，他同那些好心祝福他的人以及比赛对手们一起来到四兄弟酒馆喝酒庆祝，欣赏乐队的现场演出。最后，他发现自己的车被法尔茅斯警察给拖走了，即使面对这样一份临别礼物，罗杰斯也毫不介意。

1965~1975

KINGS OF THE ROAD

第5章

自由古巴

我从来不认为自己跑得有多快，我只是比较能忍。

——艾伯托·萨拉查

跑道上的这个16岁男孩瘦得吓人：1米82的个子，吃饱了饭都不到60公斤。现在，他正瞪着一双黑色的眼睛，眉头紧蹙地站在起跑线上。1975年7月4日，内布拉斯加州跑道上的温度高达50℃。一个月前，艾伯托·萨拉查在田纳西州诺克斯维尔市举行的青少年室外锦标赛中获得了第二名，仅次于来自北卡罗来纳州的跑步好手拉尔夫·金（Ralph King），那次的成绩使他获得了参加这次比赛的资格。现在，在5公里跑项目中，他又与金碰面了，一起参与竞争的还有苏联青少年国家队的选手们。萨拉查现在是韦兰高中所有距离跑步项目的纪录保持者，他还打破了马萨诸塞州2英里跑的校际纪录。他早已扬名新英格兰，但还从未参加过国际性赛事，也从未在像7月的内布拉斯加州这样炎热的环境下跑过。

其他选手并不了解他的实力。尽管他怒目而视，但看起来仍毫无威慑力，甚至连前几周刚击败过他的金也只是觉得这孩子很有天赋，但要成为真正的威胁，还得再等上几年。然而，萨拉查可不在乎别人想些什么，他从不在乎。他不是那种狡猾的选手——他不做假动作，不声东击西。当然，他也不是什么小心思都没有。比赛一开始，他就拼了命地狂奔，留下对手们去研究他在想些什么。

证明自己

萨拉查是在新英格兰长大的，他早已学会了如何忽略那些来自中产阶级家庭的同学的奚落——他们觉得萨拉查的家庭很奇怪，和普通人家不一样。萨拉查的父亲曾经是菲德尔·卡斯特罗的好朋友，他同卡斯特罗和切·格瓦拉一起参加了古巴革命。但当革命从民主走向独裁，卡斯特罗更是将古巴变成了没有宗教信仰的马克思主义国家时，何塞·萨拉查（José Salazar）越来越震惊，也越来越失望。1960 年 10 月，他从古巴逃到了迈阿密。接下来的六个月时间，他都在为入侵“猪湾”（Bay of Pigs）[①] 而训练。当入侵行动被卡斯特罗的军队粉碎了之后，他成了被遗弃在一片陌生土地上的陌生人，一个图谋反攻故土的流亡者。他放弃了借助佛罗里达州来推翻卡斯特罗的念头，但并未放弃他的理想。1968 年，他的家人也移民到了美国，他携家人一同北迁，搬到了马萨诸塞州的韦兰市。

萨拉查正是在父亲的执念中成长起来的。在家里的餐桌上，总是可以见到操着西班牙语大喊大叫的愤怒男人，他们的手指被香烟和咖啡渍熏染得黑黢黢的。有一回，有个男人从他家离开后随即又带了挺机关枪回来。这些人给萨拉查和他的兄弟姐妹们带来了很大的影响。萨拉查一天天地长大，对于父亲的信仰，既感到窘迫又为之骄傲，而他自己的性格也变得既害羞又激烈——既想避开别人的注意又想出人头地。他既想过美国孩子正常的童年生活——热狗、通心粉加芝士，又想证明自己的能力让父亲为自己感到骄傲。

但萨拉查的家永远都不会像左邻右舍那些被白色栅栏围起来的房子那样。更糟的是，萨拉查长得又瘦又高又笨拙，和金发碧眼的橄榄球队队长形象有着天壤之别。在学校里，同学们戏称他为“敞篷卡斯特罗”。他的大哥里卡多（Ricardo）和萨拉查一样有着深色的眼眸和橄榄色的皮肤，但他天生就是个运动好手。作为一名 1 英里跑选手，里卡多赢得了安纳波利斯美国海军学院的奖学金。萨拉查在家里排行第三，比里卡多小 4 岁，比小何塞（José Jr.）小 2 岁——他总是需要付出更多的努力才能得到父亲的注意。即使到了

① 1961 年，一些古巴流亡分子在美国中央情报局的支持下，从猪湾（即科奇诺斯湾，Bahía de los Cochinos）登陆，试图推翻卡斯特罗政府。该行动以失败告终。标志着美国反古巴行动的第一个高峰。——译者注

高中，在接二连三地打破纪录时，他也未能真正同那些出身于富裕的银行家和律师家庭的男孩女孩们打成一片。

多年以后，朋友们说萨拉查之所以能取得成功，是因为他始终想要取悦他那个专横的父亲、超过他那个优秀的大哥。萨拉查的大学室友兼队友鲁迪·查帕是墨西哥移民，他曾说过，他们两个都有着所谓的“移民心理”：脾气火爆，急欲证明自己。萨拉查在大波士顿田径俱乐部的一位较年长的队友柯克·弗朗戈（Kirk Pfrangle）认为，萨拉查的父亲将这个世界简单地分为黑与白、教会与国家。在弗朗戈看来，正是父亲的独断专行造就了萨拉查坚忍的性格。萨拉查本人也说，他从小到大都怀着一股无名的怒火，训练时他的父亲会在场边对着他大叫：“如果你是萨拉查家的种，就决对不许放弃！”

萨拉查在他的回忆录《14 分钟》（*14 Minutes*）里曾经讲述过这样一件事：在他弟弟的生日派对上，有几个男孩打破了一只电灯泡。他的父亲“气疯了”，怪罪当时才 9 岁的自己，因为先前母亲让他来“负责”组织游戏。父亲一定要马上把电灯修好，于是出门去商店买灯泡。他走了之后，一辆警车从家门口飞驰而过，原来是几个男孩在索尔特斯池塘（Salters Pond）玩橡皮艇时，其中一人不小心撞到了脑袋，不幸溺水了。

参加派对的孩子们一哄而散。萨拉查跑去了池塘边，他看到潜水员找到了那个溺水的男孩，全力施救却未能成功。当时的情景给年幼的萨拉查带来了心理创伤：那闪耀着的蓝色警灯，溺亡男孩惨白的皮肤，一片漆黑、深不见底的池水……当突发事件最初的“魅力”消退后，萨拉查哭着跑回家找妈妈。但父亲回家后，却把那个男孩的死归咎于小萨拉查：如果不是萨拉查让弟弟的朋友打破了电灯泡，身为父亲的他就不必出门买新灯泡来换，那样他就能救起那个溺水的男孩了。

萨拉查原谅了父亲“扭曲的逻辑”。他这样写道：这是“震惊于那起可怕的事故，加上因自己对电灯泡被打破一事反应过度而感到尴尬，又为自己当时不在家而觉得内疚”所产生的综合结果。像任何一个会察言观色的孩子一样，萨拉查从中学到了一点：取悦父亲是唯一能避免他发火的办法。而在萨拉查看来，再没有什么事情比他跑步更能令父亲感到高兴的了。于是，他跑啊跑，然而他所追寻的幸福却怎么也抓不到。

性格是天生的，萨拉查也不例外。少年时，在比赛失利之后，他常会陷入极度的沮丧之中，怀疑自己到底该不该活在这个世界上，几天几夜吃不好、睡不着。中年时，他饱受抑郁症发作之苦，必须服用药物才不致恶化到彻底绝望。他的情绪很不稳定，一会儿暴怒，一会儿低落。他的名声也不怎么样——他拒绝接受记者采访，总是有所保留，而且对笨蛋（或任何人）零容忍。对萨拉查来说，跑步是一种自我治疗的方法，能使他的身体产生大量的神经传递素，从而免受抑郁之苦。他渴望跑步所带来的情感涌动，但随着时间的推移，要获得同样的快感，他必须跑得更长、更远、更拼命。

明日之星

从进化论的角度来看，跑步也是必须之举。人类或许不是地球上速度最快的动物（事实上，我们跑得比疣猪、灰熊和普通家猫还慢），但却是为数不多能长距离奔跑的动物之一。我们的脚本身是没有弹性的，但却可以通过足弓来发力和缓冲。我们腿部的肌腱可以储存并高效地释放能量。我们的腰部纤细，臀部肌肉则相对较宽，可以帮助我们保持直立姿势并且站得平稳。更重要的是，我们的毛发退化了，全身有200万个汗腺，还能通过嘴巴进行呼吸，这使得我们的祖先能在长距离追捕猎物的过程中保持清爽，直到把猎物累趴在地。

人类大脑的发展正是这种“耐力狩猎”的直接结果，因为长距离追踪猎物需要机智，所以自然选择更青睐智力而非蛮力。耐力狩猎同样需要毅力，还有承受抓不到猎物所产生的巨大痛苦的能力。动物学家伯恩特·海因里希（Bernd Heinrich）曾经这样描述道："即使猎物翻过了山丘，或跑进了迷雾之中，我们仍能'看'到猎物就在前方。这样的时刻，正是这种'幻视'激励着我们继续追捕。是幻想的力量使我们迈向未来，无论我们的目标是追趴一只猛玛象，还是写一本书，或是在一场比赛中创造新的纪录。"

萨拉查的想象力毋庸置疑，将他带上跑步之路的正是他的大哥里卡多。里卡多总是手拿一块秒表，计算着邻里的孩子们比赛 50 米冲刺或绕房子一周所用的时间。萨拉查并不是跑得最快的那个，但是当其他孩子都气喘吁吁跑不动的时候，他却还能继续奔跑。在捉人游戏中，萨拉查也总能赢，因为追他的人追着追着就烦了。没有里卡多作陪的时候，他会绕着街区或穿过家附近的空地跑步。在鲍尔斯小学六年级的时候，他赢得了 550 米跑的第一名；八年级时，他参加了两次青少年预备队越野跑比赛，都赢了。他后来写道："正是那个时候，我知道自己要当冠军，要成为全世界最棒的跑者，还要拿奥运金牌。"

跑步的时候，他不再是"敞篷卡斯特罗"，而是美国冠军。里卡多在当时是最好的高中越野跑选手之一，大哥的光环激励着萨拉查训练得更刻苦、跑得更快。进入高中后的第一年，他报名参加了家附近举行的一场 32 公里路跑赛。没有一个教练建议他跑这项比赛，但对萨拉查来说，这不仅是向里卡多，更是向父亲证明自己勇气的机会。尽管有一半时间是靠走的，他还是完成了比赛，并且发现在熬过巨大痛苦的同时还有巨大的快感。或许他并不具备大哥的快缩肌纤维，但却有一颗殉道者或圣徒的心。

上高中的第二年，他获得了马萨诸塞州丙级越野赛的冠军；第三年，他在 2 英里跑项目上刷新了所在年龄组的全国纪录。他的名字在跑步界变得广为人知，《田径新闻报》（*Track & Field News*）甚至将他誉为"年轻的长跑天才……必将成为明日之星"。

就在这个时候，萨拉查引起了柯克·弗朗戈的注意。弗朗戈是名不错的准精英跑者，他会纯粹出于好玩就跑去观看高中生田径比赛。在一场室内的 2 英里跑比赛中，尽管萨拉查跑起来就像只鸭子（屁股下压，两脚外八），但他还是赢了所有对手。萨拉查韦兰高中的队友们和他明显不在一个档次，他的教练已经指导不了他了。对弗朗戈来说，这就好比本来打算看场少年棒球联赛，结果却发现游击手是德瑞克·基特（Derek Jeter，美国职棒大联盟的选手，现为纽约洋基队队长）。这可不仅仅是对其他选手公不公平的问题了，这简直完全改变了整场比赛的节奏！

当时，弗朗戈正在波士顿的一家俱乐部训练。他上前询问萨拉查是否愿意同他们一起跑。萨拉查耸了耸肩，说他得先问问父亲。老萨拉查对弗朗戈充满怀疑——这个从看台上冒出来说要开车把他儿子带去波士顿的家伙是谁？在他看来，什么可能性都是存在的：弗朗戈可能是个鸡奸犯，一个双重间谍，甚至一名刺客。几年后，当萨拉查去苏联参加比赛的时候，他的父亲也坚信他将被古巴特工劫持为人质——流亡者的妄想症，透露出的是深深的恐惧。但萨拉查最终说服了父亲同意他去俱乐部跑步，很快，弗朗戈就开始开车带他去塔夫茨大学和波士顿大学参加大波士顿田径俱乐部的训练了。

大波士顿田径俱乐部

和佛罗里达州田径俱乐部一样，大波士顿田径俱乐部是那些非大学生跑者想要参加训练和比赛为数不多的选择之一。在那个年代，跑步俱乐部和寿司店一样，随处可见，但人们还是会觉得它很古怪。斯奎尔斯教练白天在波士顿大学上班，业余时间免费为他们训练——斯奎尔斯是田径圈里的传奇人物，既是权威，又是个怪咖。听他说话就好比徒手捉鱼，就在你以为自己抓到了的时候，它偏偏又溜走了。在开车去纽约参加米尔罗斯运动会的途中，他会坐在后排一路提供建议；比赛结束后，在布拉尼石（Blarney Stone）餐馆用餐时，他一边喝着啤酒，一边继续滔滔不绝；随后，在回家的长途车上，所有人都睡着了，只有他还在那里同司机聊天。不过，斯奎尔斯教练的喋喋不休正是他手下这些跑者们所需要的——要是没有他的唠叨来填补空白的时间，他们准会神经紧张、胡思乱想。

关于跑步，斯奎尔斯自有一套理论，尽管有时表达得不够清楚。在他手下训练过的跑者对他最深的印象是，他对他们的全盘信任以及他的信条：投入，坚持和山地跑。他不仅指导他们进行训练，更重要的是，他就像一条纽带将整个俱乐部串在了一起。斯奎尔斯是那个时代的乔·托瑞（Joe Torre）：拥有一支令人难以置信的天才运动员队伍——不管由谁来训练，他们都会获得成功。当然，他的知识可以避免他们在运动中受伤。

把萨拉查叫作“新手”的，正是这些队员。这并不是多有创意的绰号，但却可以提醒他们，当着他的面可得注意自己的措辞。在一个星期二的晚上，当萨拉查第一次随着弗朗戈出现时，斯奎尔斯并未对他留下深刻的印象——萨拉查精瘦精瘦的，看上去一副营养不良的样子，跑姿又丑得要命。斯奎尔斯将他放到了乙组，看看他能不能跟得上。但他的表现要好得多，很快，他就超过了乙组中的所有人。之后的一周，他开始同全队最好的跑者一起训练，内容是机械的 900 米重复跑。这种节奏使他筋疲力尽，但他没有退出——他从不退缩，也从不半途而废。后来，他这样写道：“长距离跑者所不能做的事情，头一件就是放弃。”

这个 16 岁的男孩就这样开始同那些年纪比他大一轮的队友们一起训练了。对此，他毫不担心。在一些队友的眼中，他“冷漠”、“不太友好”。另一些人则认为这是一个 16 岁的男孩面对比他大十几岁的男人所产生的天生的排斥感。在那个时候，萨拉查就自认比大波士顿俱乐部的所有队友们都要厉害——那可都是些将会凭自己的实力夺得冠军头衔的人。所有人，除了比尔·罗杰斯。

当时，在新英格兰跑步圈以外的地方罗杰斯还没什么名气，但他已经开始在路跑赛中频频获胜了，而且，毫无争议，他是全队最好的长距离跑者。萨拉查效仿着这位前辈的训练方式。在牛顿山跑步时，他紧紧地跟着罗杰斯，斯奎尔斯则踩着辆自行车在一旁计算着每一段距离。罗杰斯是值得他关注的人，也是他想要打败的人。他躲在罗杰斯的背后，跟着他的训练计划一起跑。

6 月，斯奎尔斯教练让萨拉查去参加在诺克斯维尔市举行的青少年室外锦标赛。尽管他在 5 公里跑项目中只得了第二名，输给了拉尔夫·金，但金要比萨拉查年长 3 岁。此外，萨拉查的成绩还平了之前由克雷格·维金创下的 16 岁世界纪录。一夜之间，他不再只是马萨诸塞州或美国国内的跑步好手了，他成了同 NCAA 和 10 大越野赛冠军维金一样的世界纪录保持者。现在，他真正证明了自己确实比大波士顿田径俱乐部的大多数队友跑得快。不过，这并不能阻止他们依然把他叫作“新手”。

因为这场比赛的成绩，几个星期后萨拉查站上了内布拉斯加州的跑道，挑战金和苏联青少年国家队。他的父亲像唾弃古巴一样唾弃苏联，不仅因为这个邪恶的帝国也不信神，更因为要不是它在背后替卡斯特罗撑腰，那个该死的政权早就该灭亡了。当萨拉查赢下比赛的时候，老何塞将之视为邪不胜正的证明，同时也象征着萨拉查家族在不同领域推翻专制暴政的决心。

至于小萨拉查，他在赛后就被送进了医疗帐篷，手臂上插上了一支静脉注射针。这是萨拉查第一次在死亡线上转了一圈，但却不是最后一次。也许他的父亲是对的：上帝确实垂青他们姓萨拉查的。

1975 KINGS OF THE ROAD

第6章

天妒英才

> 我始终有一种幸存者的内疚感……当时，要是我能同他多说上哪怕30秒钟的话就好了。
>
> ——弗兰克·肖特

当弗兰克·肖特从慕尼黑回到盖恩斯维尔的时候，法尔茅斯路跑赛已经是很遥远的事情了。现在，他是货真价实的奥运会金牌得主了，可他却不是马克·斯皮茨——他不会接到总统来电，也不会有人掏钱拿他的照片做 Wheaties 麦片包装盒的封面。跑步风潮正在暗中酝酿着，但当时肖特想的却是“我还不如去赢块射箭、自行车或古典式摔跤的金牌回来呢”。

事实上，奥兰治县县长路易斯·米尔斯（Louis Mills）却在肖特的家乡米德尔敦为他大摆纪念筵席。出席人数超过了 200，肖特还被授予了“城市之匙”。他的朋友和老邻居们连马拉松是什么都不知道，但对他们来说，知道这个本地男孩干成了件大事，这就足够了。

想跑就跑，谁都无权置喙

肖特声称自己对此不感兴趣，他并不是为了出名才跑步的。他想要的只是充足的经济收入和高度的认可，让他可以想做多久运动员就做多久。去慕尼黑之前，他是个怪人—— 一个不好好找工作，偏偏要跑步的瘦子。从慕尼黑归来，他成了冠军，这足以使许多以为“法特莱克”是个脏词的人肯定了他的选择。如果这样能让自己有更多的时间训练，并能让法律学校的教授和同学原谅自己的缺课的话，他就觉得挺值了。只要能让他跑步，怎样都可以。

可是，肖特有多努力强作冷漠，就有多在乎别人的看法——他为自己戴上了完美的面具，几乎从不流露真情实感。他很小就学会了这招！在外人看来，他是陪着当医生的父亲出诊的乖孩子。他在自传中这样描绘了当父亲驾车 3 500 公里赶到米德尔敦参加纪念筵席时自己的心情："在一片掌声中，大家都站了起来，接着米尔斯这样向人们介绍我的父亲——'这是我所认识的最伟大的人道主义者'。那一刻，我的眼中满是泪水，我感觉自己离父亲是那样的近。"

但肖特的心底其实一直都藏着一个秘密，一个在几十年后才终于说出口的秘密：幼年时，他曾遭受到身心的双重虐待，而这个施虐者正是其他所有人眼中的救命恩人——他的父亲，塞缪尔·肖特（Samuel Shorter）医生。他动不动就暴打肖特和他的兄弟姐妹们，甚至还强奸了他的两个姐妹。

直到 2011 年，这一切已经过去了很多年后，肖特才对《跑者世界》讲述了他的故事。在无数次的全国演讲中，他也一再提到：半夜三更，父亲因为一些小事在厨房里盘问母亲时制造出的动静；他上下楼时发出的重重的脚步声；从门口传来的他的沉重的呼吸声；他呼出的酒气；接下来，最糟糕的，皮带抽打男孩的后背所带来的疼痛。他的父亲会无缘无故地失去理性、怒火中烧，惩罚起人来丝毫不加选择，任何一个孩子都有可能成为他的出气筒。当肖特得以幸免的时候，他只能安安静静地听着皮带抽向自己的兄弟姐妹时发出的呼啸声以及他们痛苦的呻吟声。肖特很快就意识到，试图阻止父亲只会给自己也惹来一顿暴打。

跑步成了他逃跑的方式。他在机械的日常训练中不仅找到了安慰，还能不再去想那些可能会毁了自己的念头。他依靠纪律和秩序来抵挡痛苦，并将它们转化为奔跑——跑步既是他发泄恐惧和愤怒的出口，也是克服它们的方法。至少在跑完这 42.195 公里之前，父亲手中愤怒挥舞着的皮带扣同马拉松的无情节奏比起来简直不值一提。

然而，跑步也是肖特向父亲证明自己和取悦对方的一种方式，尽管他永远都未能真正如愿。如果父亲是因为孩子们偷懒才责骂他们的，那么他可以更勤奋努力；如果跑步使他看上去像个逃避学业的懒鬼，那么他就去上耶鲁大学；如果赢得 AAU 业余锦标赛也不作数，那么他就报名去上医学院；如果一块金牌还不够，那么他就再去念一个法律学位。

从童年到大学，他的父亲始终未曾到现场看过他的一场比赛。肖特参加奥运会时他也没去现场，他声称自己讨厌坐飞机；他连电视直播都没看，他说自己太紧张了。当听说肖特赢得了马拉松金牌的时候，他只说了句："这下他可要得意忘形了。"肖特越跑越快，但他的父亲却依然闷闷不乐。

肖特并没有打破世界纪录。他想，如果自己能打破世界纪录，就可以获得父亲的尊重了吧。因为那样的话，他就不仅是全世界跑得最快的人，更是有史以来跑得最快的人。

福冈马拉松距离慕尼黑奥运会结束只有 5 个月的时间，肖特早早就调整好了状态。他去年已经赢过一次了，因此对比赛线路有所了解。慕尼黑马拉松赛路线蜿蜒，需要巧施战术；而福冈的线路却很直，可以撒开了跑，因此也就具备了挑战世界纪录的理想条件。肖特之前的训练搭档们都已经开始了新的生活：杰克·巴切勒拿到了一份博士后奖学金；杰夫·加洛韦则当上了老师。只有肖特一人回到了盖恩斯维尔和佛罗里达州田径俱乐部。他从课堂、论文和考试中挤出时间来跑步——在路上进行长距离跑，在跑道上进行间歇训练。

法律学校的一些同学十分崇拜肖特，尽管他们不可能达到他的成就，但也开始学着他跑起步来。然而，更多的人则认为他有强迫症，有些人的想法甚至更糟——觉得他简直是在虚度生命。法律学校的学生们大多来自本地的中产阶级或工薪阶层家庭，有些家庭甚至需要省吃俭用才能供孩子们上学。在这些学生看来，不好好学习，却将大把的好时光虚掷在路上跑步，无疑太过任性了，或许还有点疯狂，甚至算得上误入歧途！看着肖特从眼前跑过，他们喜忧参半，“还好，”他们告诉自己，“他损害的只是他自己的未来。”

肖特早就对他人奇怪的眼神和含蓄的谴责习以为常了。他已经懒得去向世人解释自己的行为了。在路上，他独自一人握块秒表，像发条闹钟一样用相同的时间跑完一公里又一公里—— 一天都不曾间断，一刻都不曾慢下来。他父亲的脾气有多不稳定，他就有多稳定，如果生活是混乱又无序的，那么跑步就是精确而克制的。在路上，想领跑就领跑，想跑多快就跑多快，谁都无权置喙！

但到了比赛当日，福冈的风速却比肖特预想中的要大。尽管跑到 21 公里时肖特打破了半程马拉松的世界纪录，但是后半程他却慢了下来。他的最终成绩为 2 小时 10 分 30 秒，创下了新的美国纪录，但却比德里克·克莱顿所保持的世界纪录慢了约 90 秒。结果令自己失望，但肖特劝自己尽量看开一点。他告诉自己，马拉松不是短跑冲刺，需要的是耐力和毅力，这两样他的父亲都不具备。等下回运气再好些，条件再适宜些，他是能打破纪录的。

精英运动员们穿的鞋

拿到法学学位后，肖特在科罗拉多州博尔德市找了份从事法律研究的兼职工作，这份工作的好处在于不需要直接接触客户。工作条件非常合适：既为肖特提供了一份工资，又能让他的谋生技能得到锻炼，还给予了他充足的时间进行训练。当时，美国并未针对奥运会马拉松项目金牌获得者设立的经济资助，所以如果肖特一心想要打破世界纪录，就必须自己承担一切开销。距离下一届奥运会仍有一年多的时间，肖特决定通过参加几场 5 公里跑和 10 公里跑比赛提升自己的速度。到了 1974 年年底，他在 5 公里跑项目上排到了第 10 名；而在 10 公里跑项目上，他在伦敦水晶宫举行的一场比赛中以 0.1 秒的差距输给了英国选手布伦丹·福斯特（Brendan Foster），丢掉了第一名。不过，在这场比赛中，肖特跑出了 27 分 46 秒的个人最好成绩（在当时，计时仅被四舍五入到整数。所以，肖特的个人最好成绩实为 27 分 45.91 秒）。那个时候，肖特跑得很快，达到了巅峰状态，几乎无人能敌。

肖特的朋友史蒂夫·普利方坦在尤金市组织了一场与芬兰田径队之间的对抗赛。应他的邀请，肖特开了辆租来的搬家车，带着妻子和他们的狗一起来到了尤金市。尽管在奥运会上普利方坦未能有所斩获——在 5 公里跑决赛中，他先是在前 3.5 公里一路领先，随后与拉塞·维伦（Lasse Virén）难分伯仲，但最终只落了个第 4 名。但在那之后，普利方坦接连刷新了 2 英里跑、3 英里跑、5 公里跑和 10 公里跑的美国纪录。他就像个摇滚明星，他的粉丝们身穿印有"冲啊！普利！"字样的 T 恤衫四处追着他，那情形简直和歌迷果粉追逐"感恩而死"乐队（The Grateful Dead）如出一辙。肖特有多内向，普利方坦就有多外向；肖特有多寡言少语，普利方坦就有多健谈。肖特比普利方坦年长 4 岁，就像是个长出了白发的老手，普利方坦则是他的继承人——他们两个站在一起是如此不协调！小胡子似乎成了他俩唯一的共同特征。但其实他们两人都只是表面的理想主义者，骨子里均为实用主义者。他们对跑步倾注了同样的热情，都是美国长距离跑步复兴的代表人物。

当时，普利方坦正在一家新公司任职，这家公司名叫耐克，坐落在俄勒冈州的比弗顿市。参加 1972 年奥运会时，普利方坦穿的就是一双耐克鞋，这也是耐克公司首次花钱请人为自己的品牌做宣传。普利方坦的工作就是游说其他顶尖跑者来穿耐克运动鞋。1975 年 4 月 9 日，普利方坦给当时还默默无闻的比尔·罗杰斯去了封信，随信附上了一双耐克"波士顿人"（Nike Bostons）。12 天后，罗杰斯穿着这双新鞋参加了波士顿马拉松赛——鞋子大了半码，比赛过程中鞋带还散了，尽管如此，这双鞋还是比他之前穿的先进多了。

那个年代的绝大多数跑鞋比冰河世纪末期那种用艾草编制而成的人类最早的鞋好不到哪儿去。19 世纪中叶，一双鞋子是用同一个鞋楦做出来的，不分左右脚。19 世纪 90 年代，锐步公司的前身大胆革新，专门针对跑步比赛进行设计，第一次在皮鞋的底部加上了鞋钉。但是这种鞋子很笨重，对训练毫无益处（尽管它们确实提高了抓地力）。硫化橡胶的诞生引发了制鞋业的革命，制造商开始用它来做鞋底，并将这些鞋称为“溜底鞋”或“跑鞋”（可能是为了表现出穿上它们，走起路来是多么的轻盈）。1916 年，美国橡胶公司开始生产一种跑鞋，公司一开始想将它命名为“派兹”（Peds），可惜这个名字已经被注册了，于是，最终改为了“凯兹”。直到 1936 年柏林奥运会期间，后起的阿迪达斯和彪马品牌的创始人阿道夫·达斯勒（Adolf Dassler）和鲁道夫·达斯勒（Rudolf Dassler）兄弟才开始为不同尺寸的脚码和不同的跑步项目手工制作专门的跑步钉鞋。当时，许多运动员都穿达斯勒兄弟制作的鞋子参加比赛，杰西·欧文斯（Jesse Owens）就是其中之一。

1949 年，鬼冢喜八郎（Kihachiro Onitsuka）创立了鬼冢公司（鬼冢公司后被“亚瑟士”公司收购），生产鬼冢虎篮球鞋，这种鞋的鞋底有着独特的像章鱼一样的触角。不久，鬼冢公司也开始制作起鬼冢虎跑鞋来，其中就有经典的“墨西哥 66”和“海盗船”等鞋款。后来，根据《跑者世界》编辑乔·亨德森（Joe Henderson）的调查，1970 年，近 70% 的美国跑者拥有至少一双鬼冢虎鞋，排名第二的跑鞋品牌则是阿迪达斯。亨德森为自己穿过的鞋专门写过一本跑鞋日志，从中可以看出当时不断变化的口味：

1970 年——鬼冢虎“波士顿”，利迪亚德“路跑者”
1971 年——鬼冢虎“马拉松”
1972 年——鬼冢虎“马拉松”，阿迪达斯“龙”
1973 年——鬼冢虎“波士顿”，鬼冢虎“马拉松”
1974 年——鬼冢虎“波士顿”，阿迪达斯“龙”，鬼冢虎“松鹰”
1975 年——鬼冢虎“蒙特利尔”

1976 年——纽百伦 320，纽百伦 305

1977 年——纽百伦 305，布鲁克斯“胜利者”

1978 年——布鲁克斯“胜利者”，因托尼“街头霸王”，布鲁克斯“优胜者”

1979 年——布鲁克斯“优胜者”，布鲁克斯“RT-1”

鬼冢虎在美国的成功很大程度上要归功于菲尔·奈特（Phil Knight）。在俄勒冈大学念书时，奈特是个中等水平的中距离跑运动员，他的教练比尔·鲍尔曼（Bill Bowerman）喜欢对手下运动员的跑鞋做些小修改，甚至还自己动手制作过跑鞋。鲍尔曼常常拿奈特当小白鼠做试验，他一直在寻找能让跑鞋再减掉几十克的方法，因为他明白，随着比赛的进行，这几十克的重量累积起来可相当于好几百公斤。鲍尔曼将各种品牌的跑鞋拆开，研究其内部构造，并使用不同的面料进行测试。为了使鞋子更轻便灵活，他连袋鼠皮和鳕鱼皮都用过。

大学毕业后，奈特去了斯坦福商学院。他对鲍尔曼的追求念念不忘，因而写了一篇名为《日本运动鞋能像日本相机对德国相机所做的那样对德国运动鞋做出点什么吗》（*Can Japanese Sports Shoes Do to German Sports Shoes What Japanese Cameras Have Done to German Cameras*）的论文。他的论点是，美国公司可以从海外进口物美价廉的跑鞋，并借此对阿迪达斯形成价格竞争。1962 年，奈特去日本旅游，他在那里发现了鬼冢虎品牌。凭借三寸不烂之舌，奈特成功说服了鬼冢公司，当上了鬼冢虎跑鞋在美国的经销商。他寄了一双鞋给鲍尔曼，鲍尔曼提出要同奈特合伙。两人达成协议，共同创办了蓝带体育公司。最初，他们只能将鞋子装在奈特汽车的后备箱里，载到比赛现场去兜售。但到了 1967 年，他们已经在加州的圣莫妮卡市开了第一家零售店。

鬼冢虎跑鞋很不错，但比起阿迪达斯还是稍逊一筹，鲍尔曼也始终在寻找改进的方法，他向鬼冢公司提供的许多新设计都被用到了后续开发的鞋款上。1972 年，鲍尔曼将液态聚氨酯倒入妻子的华夫烤炉中，从而发明了华夫鞋底——这种鞋底不单轻巧，还比当时市面上任何一种鞋底的抓地力都强。然而，由于对经销协议理解上的分歧以及对“海盗船”（又叫“科尔特斯”，取决于谁作为销售方）鞋款产权的争议，蓝带体育公司和鬼冢公司的关系变得越来越紧张。最终，鲍尔曼和奈特从鬼冢公司分离出来，并将自己的公司重新命名为“耐克”。很快，耐克牌“华夫底综合训练鞋”就成了任何一名职业跑者的必备鞋款。

赤足跑

如今有一种流行趋势，提倡彻底抛开跑鞋的技术优势，赤足跑。尽管如此，却并没有任何数据支持所谓不穿鞋跑步能减轻伤害或提高成绩的说法。赤足跑时，跑者通常会采用较小的步幅，但因此增加的双腿摆动频率对身体造成的累积冲击其实和穿鞋跑步时足跟落地造成的冲击是一样的。不仅如此，最近的一项研究发现，赤足跑也许会增加“跖屈肌的拉伸应力”以及“跖骨部位的接触应力”。换句话说，不带缓冲保护进行跑步会给我们的足部带来伤害，甚至有受伤的风险。所以，赤足跑也许反而会使我们跑得更慢。科罗拉多大学的学者得出的研究结论是：赤足跑比起穿着轻便的、具有缓冲作用的跑鞋，并不具备什么优势。甚至，研究者还发现，对于参与研究的多数被试而言，尽管跑鞋增加了重量，但穿着轻便的、具有缓冲作用的跑鞋跑步比赤足跑消耗更少。就连早期的赤足跑提倡者，哈佛大学生物学家丹尼尔·利伯曼（Daniel Lieberman）后来也承认，赤足跑并不是什么避免受伤的灵丹妙药。

不过，也许对赤足跑说最有力的驳斥是：精英运动员们全都穿鞋。正因为一双好的跑鞋可以使跑者跑得更快，人们才有了开发更好的鞋款的动力。在过去，赤脚跑步或穿着穿了等于没穿的鞋跑步是很容易受伤的。如果没有跑鞋的进步，更刻苦地训练和跑得更快都只能是句空话。在今天，只有傻子或疯子才会赤脚进行马拉松训练，而会赤脚去跑马拉松比赛的精英运动员不多不少正好为零。即使曾经名噪一时的赤脚跑者，譬如南非的佐拉·巴德（Zola Budd），到头来也因为不断受伤穿上了跑鞋。肯尼亚和埃塞俄比亚的运动员们因为经济状况不允许，从小不得不赤脚跑步，但长大以后，他们没有一个人再次穿上自己曾穿的第一双“跑鞋”。和所有精英运动员一样，他们知道赤脚跑步只会使自己在竞争中处于不利。

普利方坦再也看不到改变了

现在，普利方坦和肖特都穿着耐克华夫鞋，为即将举行的同芬兰人之间的 5 公里跑比赛做着热身。普利方坦本想请维伦一起跑的，但维伦在最后一刻以腿部受伤为由谢绝了他的邀请（尽管同一天，他在赫尔辛基参加了一场 5 公里跑比赛）。肖特刚开了长途车，很是疲劳，声称自己状态不佳，但当发令枪响后，他立即冲到了最前面，前 1 500 米都处于领先位置，速度为每公里 2 分 40 秒。普利方坦在半程标记处追上了肖特，之后，两人并驾齐驱，将其他选手远远甩在了身后。全场观众都站了起来，肖特从未听到过如此震耳欲聋的欢呼声，这激励着他不断奋勇向前。但普利方坦可是 1 英里能跑到 3 分 54 秒的好手，他对自己认准的目标坚定不移，绝对不允许自己在主场被肖特打败。在这条跑道上，他从未输过一场 1 英里以上距离的比赛。他再度发力，连续 3 个 400 米分别用时 63 秒、64 秒和 63 秒。最终，他跑出了 13 分 23.8 秒的成绩，仅比他自己保持的美国纪录慢了 1.6 秒。赛后，两人相互拥抱，肖特掩饰了自己的失望之情——毕竟，这本来就是普利方坦的比赛，他请自己来不过是借用一下自己的名气，让自己为他领跑。不过，在赛场上的那 13 分钟里，肖特确确实实想过要赢。

比赛结束后，普利方坦开车带肖特去参加派对，他们在派对上大谈要整肃跑步运动，取消矫情的“业余运动员”与“职业运动员”的划分。之后没过多久，肖特便在负责奥运会运动项目的总统委员会面前宣称自己是名“职业运动员”，这句宣言将他卷入了AAU的调查之中。在他所就职的法律公司的帮助下，肖特驳回了质询，但他被这次调查激怒了，决定采取更激进的手段。很快，AAU就陷入了同这位牙尖嘴利的小律师的对抗之中。他扭转局势，质疑AAU组织对田径运动控制的合理性。最终，美国国会于1978年通过了《业余体育法》(*Amateur Sports Act*)，根据这项法令，成立了美国奥林匹克委员会接替AAU体育运动管理者的角色。

然而，普利方坦却没能亲眼看到这些改变。1975年5月30日，就在那场派对结束之后，他开车把肖特送到了肯尼·穆尔家。仅仅两分钟后，他的敞篷车失去了控制，撞上了一堵石墙。就这样，车祸夺去了普利方坦年轻的生命。

KINGS OF THE ROAD

第三部分

路跑之王·征战

这是检验跑者信念的地方，也是跑者再度归来挑战他人与自我的地方。

1974~1975

KINGS OF THE ROAD

第7章

波士顿比利

> 我赢了第一场波士顿马拉松赛那会儿，连自己都不清楚到底是为了什么而训练。我只是越跑越长、越跑越远了而已。
>
> ——琼·贝努瓦·萨缪尔森

比尔·罗杰斯并没有因为1974年法尔茅斯路跑赛上的夺冠一举成名，甚至离出名还差得远呢。主流媒体不单把他的名字写错了，它们根本就对一场地方性路跑赛的冠军没多少兴趣。虽然肖特使长距离跑登上了《体育画报》的封面，普利方坦又赋予了它几分浪漫情愫，但对绝大多数人而言，长距离跑仍然是那些营养不良、与“运动”毫无关系的嬉皮士们玩的东西。

拉下金字塔尖的“独孤求败”

罗杰斯又回到了老日子：白天工作，工作之余绕着牙买加池塘跑圈。多数时间他靠吃花生酱和比萨饼度日，没有足够的钱置办好一点的跑步装备。9月，罗杰斯第一次参加了纽约马拉松赛，和其他几百号有希望跑完全程的人一起绕着中央公园跑了4圈。半程时，他的领先优势多达3分钟，但随后，他因为腿部肌肉痉挛一步步跌到了第5名。“长距离训练不够，”他在训练日志里这样写道，“从现在开始，每周至少进行一次30~40公里的长跑！！”纽约马拉松赛的经历如流星般划过，中央公园仍是一片鸽子与黑帮成灾的光秃秃的荒地。第5名，这一回罗杰斯连个烤面包机都没有赢到。

但在新英格兰地区，罗杰斯却名声渐长。他先是在新罕布什尔州曼彻斯特市拿下了新英格兰AAU业余锦标赛的15公里跑冠军。一个月后，又在波士顿的富兰克林公园赢得了新英格兰AAU业余锦标赛9.6公里越野跑冠军。除了总里程数不断累加外，在斯奎尔斯教练的严格要求下，他的间歇训练也得到了加强。他用每公里 2 分 55 秒 ~3 分 01 秒的速度跑 1.6 公里重复跑或 1.2 公里重复跑，每两次间休息 2 分钟——他非常不喜欢这种训练，但他知道这是提升速度的唯一方法。下午，他会跑上 15~30 公里的轻松跑。那年秋天，他的日跑量好几次超过了 50 公里，周跑量则保持在 200 公里上下，最高时曾达到过 243 公里。

如今，距离他恢复正式跑步训练已经差不多有 18 个月了。1974 年 12 月 1 日，他有了第一次突破——赢得了费城马拉松赛。他的速度并不是特别快（2 小时 21 分钟 57 秒），但还是成功打破了赛会纪录，而且比赛那天很冷，还下着雨。在经历了波士顿马拉松赛和纽约马拉松赛的失利之后，这次胜利使他重拾信心。当 12 月接近尾声时，他和他的朋友汤米·伦纳德一起跑了几回长距离跑——他们先绕着波士顿大学跑上 26 公里，然后再沿着查尔斯河跑 20 公里。糖浆都流得比伦纳德快，但罗杰斯却毫不介意——他喜欢听伦纳德讲故事。每次同伦纳德跑完，他还会一个人用快得多的速度再跑上 20 公里。有伦纳德在罗杰斯就不会因为新年的到来感到惆怅了，伦纳德总能使他摆脱忧郁和自我怀疑。

大波士顿田径俱乐部的队友们也都支持罗杰斯，罗杰斯十分享受每隔一周同他们一起在塔夫茨大学室内跑道上进行的训练。在他们面前，他不再是一个勉强受雇的看门人，而是一队非常有竞争力的运动员中的最强者。在这些人中间，有杰克·富尔茨（Jack Fultz）、兰迪·托马斯（Randy Thomas）、鲍勃·霍奇（Bob Hodge）这些将会统治新英格兰跑步舞台长达 10 年之久的人。当时，罗杰斯的潜力已展露无遗，之前的胜利使他成了一名备受关注的跑者。在训练中，斯奎尔斯教练对罗杰斯要求尤其严格，还鼓励他去参加盖恩斯维尔举行的世界越野锦标赛美国区预选赛。波士顿的天气就像罗杰斯说的那样“冷得要‘死’，典型的新英格兰的鬼天气”，佛罗里达的景色可要美多了！

离比赛还有 4 天的时候，罗杰斯发烧了，烧到了 38.3℃，头晕，犯恶心。但到了 1975 年 2 月 9 日那天，烧退了下去，他又有了力气。此时，室外温度为 18℃，湿度不大，对恢复精神来说再适合不过了。

现在，在世界排名第一的马拉松选手弗兰克·肖特的带领下，全美最好的长距离跑选手们都汇集到了起跑线后面。这其实是肖特和罗杰斯第二次在赛场上碰面了。第一次是在卫斯理安大学同耶鲁大学的校际比赛上，当时的冠军是安比·伯富特。罗杰斯自然认得肖特，也记得大学时代的那次交手。但对肖特来说，压根就不存在罗杰斯这号人物，那只不过是又一个等着在比赛中被他击败的对手罢了。在比赛前半程罗杰斯一路领先，肖特丝毫不担心，他伺机而动，在后半程发力，最终以 14 秒的优势取胜。罗杰斯最终与另一名选手并列第三名，获得了代表美国队前往摩洛哥出征世界锦标赛的资格。斯奎尔斯教练欣喜若狂，把这一切都归功于他说服了自己的队员来南方参赛，罗杰斯则任由他沾沾自喜。

回到波士顿后，罗杰斯加紧训练，在出国前的 3 周分别跑了 253 公里、200 公里和 238 公里。接着，他便飞往了摩洛哥首都拉巴特。在奥运会上，跑者的天赋可以呈现在 6 个不同的项目上。但在越野锦标赛上，无论你平时是跑马拉松还是跑 1 500 米跑，都将在同一个战场上进行较量。在跑者们心中，这也许算得上最著名的长距离跑赛事了。参加当天比赛的选手有新西兰伟大的 1 英里跑运动员约翰·沃克（John Walker）和奥运会铜牌得主伊恩·斯图尔特（Ian Stewart），当然，还有肖特。

罗杰斯理应被吓傻了才对，但并没有！他累积了足够的里程数，感觉自己已经准备好了。再加上在刚退烧的第二天，他就在盖恩斯维尔的越野跑中一度领先肖特。虽然在翻越最后几座小山的时候他落到了肖特后面，但这仍足以向罗杰斯证明肖特并非不可战胜。如果换一天，自己身体状况更好一些，他就能击败肖特。至于肖特，他丝毫没有把自己的同胞队友当成过威胁，他已在预选赛中轻松取胜，表现很好，因而更关注那些欧洲选手和新西兰选手，认为那些人才是需要自己战胜的对手。

摩洛哥的比赛条件十分理想：湿度不高，温度适中。罗杰斯感觉棒极了！他还是一如既往地散漫大意，这次竟忘了带比赛用鞋。所幸，他从队友加里·塔特尔（Gary Tuttle）那儿借到了一双，还合脚得很。罗杰斯起跑速度很快，早早地就跑到了最前面。他从没回头去看肖特在哪里，只是全力以赴地跑着——上坡也不减速，下坡更是加速狂奔。最后，他得了第 3 名，创下了美国运动员曾获得过的最佳名次。肖特却比罗杰斯晚了 1 分钟多，排在了第 20 名。

尽管越野锦标赛太小众，并未引起美国国内媒体多大重视，但对美国长跑运动而言，罗杰斯第一次战胜肖特却预示着一场翻天覆地的变化。突然间，奥运会金牌得主不再是站在金字塔尖的“独孤求败”了——肖特说罗杰斯是“半路杀出来的程咬金”，一个击败了世界冠军的无名小卒。同罗杰斯比起来，肖特依然是更优秀的跑者；在罗杰斯自己看来，肖特也依然是一个令人生畏的对手。但是现在，是时候把视线转向路跑赛了。

勇往直前，决不停下或回头看

罗杰斯带着胜利的喜悦回到了美国。随后，他又在一项 30 公里的路跑赛中获得了第 2 名，他本有希望夺得冠军的，但最终却输在了肠胃不适上——这是很多跑者都经历过的倒霉事，罗杰斯不得不在一片小树林里停下来“方便”一下。赛后，他又回到了波士顿和“新英格兰那刮不完的风、融不完的雪、连狗都嫌弃的鬼天气”中去了。

到目前为止，罗杰斯已经是跑者中的佼佼者了。摩洛哥的那场比赛无疑树立了他的地位，但是也存在这样一种可能性：罗杰斯很有可能一辈子都只能赢赢长距离的小众比赛,在国内始终不会有多少知名度。对此,他并不在意,他从没指望过自己的名气会冲破跑步狂热分子闭塞的小圈子。当在寒冷的波士顿大街上迈着疲惫的步伐，渴望着突破，忍受着在发生故障的行车道上被溅了一身泥，或者突然转弯时被身边的小孩和老人咒骂时，他并不知道自己的身后,正跟着一场跑步运动。而这一切都在1975年4月21日这一天到来了。

要赢得一场比赛，单靠训练有素是不够的，还需要天时、地利、人和。如果在大赛当天早晨醒来时发现自己感冒了，运动员就只能自认倒霉。除了无法控制病毒，他们也不能左右天气和道路状况，或者有谁会在最后一刻突然发力。跑步不是踢足球、打橄榄球或者打棒球，在那些运动中，场上有一半的运动员都是赢家——但跑步比赛只有一个赢家，其他所有人都是失败者。

在第79届波士顿马拉松比赛日的早晨，罗杰斯一醒来就感觉到金牌在向自己招手。他讨厌下雪天，也同样讨厌炎热。那天早上的天气是“金凤花姑娘”所喜欢的“刚刚好”——既不太热也不太冷。比赛过程中又恰好顺风，空气中微微带着丝凉意。罗杰斯脚穿那双普利方坦刚寄给他的耐克“波士顿人”，上身套了件白色T恤衫——他的女朋友埃伦·拉洛恩用荧光笔在T恤的正面写上了大波士顿田径俱乐部的缩写“GBTC”4个字母。比赛要到中午才开始，于是，罗杰斯吃了些煎饼当早餐，又读了会儿晨报。这段路他已经跑过上百次了，就连同斯奎尔斯教练一起一段一段拆开练习也有差不多上百遍了，但他的比赛策略很简单：如离弦之箭一样勇往直前，决不停下或回头看。

他确实做到了这一点。赛前，英国人罗恩·希尔是赛会纪录保持者和夺冠大热门,加拿大人杰尔姆·德雷顿（Jerome Drayton）也受到了广泛的关注。

开赛后，罗杰斯早早就甩开了希尔。到 15 公里标记处时，就只剩下他和德雷顿了。这时，罗杰斯听到一个观众在为德雷顿加油，这激怒了他——身为波士顿人竟然去支持一个加拿大人！于是，他跑得更卖力了。当跑到那一串著名的上下坡（心碎坡）时，罗杰斯已经独自一人遥遥领先了。整个比赛中，罗杰斯停了 5 次，除了因新跑鞋的鞋带散了一次他停下来把它们给系上，剩下的就是因喝水而停了 4 次，因为他不会边跑步边喝水。这些数字令观众和媒体深感震惊，他们无法相信比赛中停顿了 5 次之后罗杰斯居然还能保持领先！更令人震惊的是，最终罗杰斯竟将罗恩·希尔所保持的波士顿马拉松赛会纪录和弗兰克·肖特所保持的美国马拉松纪录都提高了 35 秒！他因而成为第一个在 2 小时 10 分钟之内跑完全程马拉松的美国人，用时 2 小时 09 分 55 秒，是全世界有史以来第 5 快的马拉松成绩！

当听说自己打破了赛会纪录时，罗杰斯说那“太可笑”、“太荒谬”了，他不可能跑那么快！这话要是从另一名选手嘴里说出来，可能会像是在假谦虚，但罗杰斯确实没有太关注整场比赛中的分段时间。况且，数学从来不是他的强项。斯奎尔斯教练自然知道罗杰斯到底可以跑多快，但他还是被刷新赛会纪录这一事实给惊到了（尽管他坚称自己没有）。至于拉洛恩，在她看来用时不过是个数字，但很快她就会知道这个数字对全世界来说意味着什么，它又将如何改变他俩的生活。

听说这个消息的时候，弗兰克·肖特正在科罗拉多州，想到罗杰斯在世界越野锦标赛上的表现，他对此并不感到惊讶。在摩洛哥，罗杰斯确实证明了自己很能跑，但当时并没有人预见到他将打破美国马拉松纪录，还跑进了 2 小时 10 分钟！事实上，看到自己保持的纪录被一个无名小卒打破了，肖特并非像表现得那样不惊讶，他其实感到很不爽。尽管他们出生于同一年，但肖特俨然是美国长跑界的资深元老，罗杰斯只不过是个半路杀出的乳臭小儿。这种感觉就像是看着自己精心搭建起的一座沙堡却被别的小孩一屁股坐塌了——更何况那还是个连一双合脚的跑鞋都没有的家伙！肖特把这个新纪录全归到了比赛那天的顺风和波士顿的下坡线路上。与此同时，他开始悄悄酝酿起“复仇计划”来。

至于罗杰斯，他来到埃利奥特厅，同教练和队友们一起欢庆胜利。汤米·伦纳德为大家倒上蓝鲸鸡尾酒和啤酒，自动点唱机播放起了他的凯旋之歌。

1975 KINGS OF THE ROAD

第 8 章

在正午时分一决高下

我始终觉得，我给他造成的心理压力比他给我造成的更大。

——弗兰克·肖特谈及比尔·罗杰斯

肖特是玩心理游戏的大师。

——比尔·罗杰斯谈及弗兰克·肖特

罗杰斯在波士顿的胜利使法尔茅斯进入了人们的视野。他不再是那个在一场冷门的长跑比赛中不知走了什么“狗屎运”竟然打败了美国1英里跑明星马蒂·利阔里的无名小卒“威尔·罗杰斯”了。现在，他成了全美最古老、最受推崇的马拉松赛事的冠军，同时还是全美纪录保持者。他有着蓝色的眼睛、顽皮的笑容和沙金色的头发，几乎立刻就成了最受媒体追捧的对象。与理性的肖特和愤怒的萨拉查不同，罗杰斯有着一颗天真淳朴的心，这使他深受记者们的喜爱，瞬间就成了新兴跑步运动的完美代言人。借着罗杰斯的光，法尔茅斯也被照亮了！

汤米·伦纳德这下可高兴坏了！埃利奥特厅摇身一变，成了波士顿马拉松赛和美国马拉松纪录保持者比尔·罗杰斯的官方酒馆；大波士顿田径俱乐部也一跃成为全美最热门的跑步俱乐部；斯奎尔斯教练更是从大师升格成了神。酒吧里觥筹交错，生意无比火爆。那会儿可真是波士顿跑步界最令人陶醉的日子，但凡能沾上一点儿边的人都能感觉到跑步风潮的巨轮已经开始滚动起来了，他们就站在巨轮的边缘，向身边的所有人撒下魔法粉末，好让他们也能健步如飞。

然而，似乎还缺了点什么。当伦纳德、里奇·舍曼和约翰·卡罗尔着手筹备第三届法尔茅斯路跑赛的时候，终于找到了缺少的东西——弗兰克·肖特的缺席。当时，肖特正在横扫非马拉松距离的路跑项目，而法尔茅斯路跑赛的赛会纪录保持者恰恰正是那个破了自己马拉松纪录的家伙。肖特想要在法尔茅斯挑战罗杰斯，这简直太说得过去了——至少对这3个筹备比赛的人来说是这样的。但事与愿违，肖特却似乎另有打算。

献给跑步的大胆告白

在西弗吉尼亚州查尔斯敦市的一场美国田径名人堂开幕比赛上，肖特第一次给了“后起之秀”罗杰斯一记重击——他在 2 英里跑项目中大胜罗杰斯，但考虑到赛事背景和距离，两人都没太将这场比赛当回事。2 英里还不够他们做热身的呢，显然不是他们最擅长的距离。10 天之后，罗杰斯在波多黎各跑了一场 31.6 公里的比赛，即使在比赛过程中“又是中暑，又是呕吐，外加痢疾”，他依然拿下了比赛，还赢得了“一大堆的奖品！包括一箱子优质朗姆酒”。他认为，“这准能卖出个好价钱”！

罗杰斯喜欢派对，也喜欢汤米·伦纳德，甚至愿意为他做任何事情。伦纳德可不只是一个受人喜欢的酒保，或一个临时的（尽管龟速的）跑步搭档而已，他亲身经历了跑步运动的各个环节——他本人再平凡不过了，却总是混迹于精英之中，甚至还与精英中的精英一起开派对。跑步运动对记者们敞开大门，从不藏着掖着，当时，既没有体育经纪人（至少那时候还没有），也没有令人得意忘形、懒散倦怠的大单合同，唯一的“大佬”非 AAU 的官员们莫属了。这正是跑步运动的魅力所在，但在某种程度上，它也成了跑步运动没落的原因。在 1975 年，一个长着罗圈腿的酒保就能说服一位全国马拉松纪录保持者打电话给另一位冠军，让他来科德角一个毫不起眼的小镇参加一场从一家酒吧跑到另一家酒吧的比赛——这场比赛甚至连里程数都还没测准。

正当肖特准备启程去欧洲参加赛道比赛的时候，罗杰斯却带来了伦纳德的邀请。罗杰斯知道肖特将是“一块难啃的骨头”，从私心来讲，他有点不希望肖特出现。事后，他开玩笑说，是伦纳德逼着自己打电话邀请肖特的。但说到底，罗杰斯也渴望着竞争——路跑赛是“把国王拉下马”的最佳场合，而此时的路跑之王依然是肖特。再说，邀请肖特并不会给自己带来什么利益上的损失，他反正已经有一只烤面包机了，再多一件 T 恤衫也没什么意义。

尽管肖特后来总是同盖恩斯维尔和博尔德这两座城市联系在一起，但他毕竟是个新英格兰人。他曾和一位世交一起去马萨葡萄园岛旅行过几次，是知道伍兹霍尔这个地方的。路跑赛本身就挺吸引他，而有机会同那个夺了自己马拉松纪录保持者头衔的家伙一决高下，同样令他很感兴趣——他接受了伦纳德的邀请，不过提出一个条件：付给他出场费，金额与他之前跑10公里赛道跑收到的一样多，整整600美元！此外，赛事主办方还得承担他从科罗拉多州飞来参赛的车马费。伦纳德为此找到了比尔·克劳利（Bill Crowley），克劳利是名商人，是基德船长酒吧和法尔茅斯“桨与锚”音乐沙龙（Oar & Anchor）的老板。克劳利让伦纳德等他清醒的时候再来找他，但伦纳德不屈不挠，最终克劳利同意为肖特埋单，还答应让他住到自己在法尔茅斯的家里。除此之外，伦纳德还找到一家当地企业赞助了一台电视机，作为给肖特的额外奖励。

肖特将会参赛的消息长了翅膀一样传遍了伍兹霍尔和法尔茅斯的大街小巷。《法尔茅斯企业报》预测实际参赛人数将达到650人，最终却来了800多人，比去年的人数整整翻了一番。起码有150人是在最后时刻前来报名的，娱乐中心被挤得水泄不通，现场一片混乱。《法尔茅斯企业报》做了如下报道：“有的选手身穿运动长裤，有的则穿着短裤；有些人的T恤衫上印着一家甚至数家田径俱乐部的名号，有的则印着跑鞋生产厂商的名字；田径鞋的颜色五花八门：亮蓝色、红色、黄色……还有一些用了运动鞋底。”报纸还写着，比赛日的伍兹霍尔，“水街看上去就像是狂欢节中的里约热内卢或正值巴士底日（法国国庆日）的巴黎。人行道上挤满了观众，许多人从窗户中探出头来观看比赛，还有一群人甚至坐到了鱼贩咖啡馆背面塔尖一样的屋顶上”。

报纸的描述也许不乏夸张（甚至还有语法错误），但它富含的热情却足以使这种夸张和错误被原谅。那么多人汇集到一处参与一项体育赛事，这在美国实属罕见。传统理念认为，粉丝本来就该在一旁“围观别人”，而不是

“亲自上阵”。因而，路跑赛并不符合美国人传统的运动理念——传统上，运动就是固定的几队人或几个人参与角逐。连弗兰克·肖特都没见过哪场比赛能有这么多参赛者，他跑过的马拉松赛从来没超出过100名竞争者，赛道比赛参赛者更少，最多只有十来个。《波士顿环球报》用“破天荒”一词来形容这场比赛的阵仗，称它是“献给跑步运动的大胆告白”。用伦纳德的话说，路跑赛“在这困难的日子里，把人们聚到了一起”。

但比赛场地只有那么大，参赛人数虽有所增加，但其中并不乏众多缺乏经验的人。赛会组织者不得不对他们发出严厉警告。查尔斯·蒙哥马利（Charles Montgomery）医生在去年曾诊治过多位中暑的选手，他警告道：“在去年的比赛中，有几位参赛者遭遇了严重的拉伤事故。”他还列举了6名被送去急诊室的选手，其中两人甚至需要接受住院治疗：“当时，那两个人都神志不清了，其中一个直到36小时之后才恢复意识。他们都是成年男性运动员，才20岁出头，平时身体状况极好。”蒙哥马利医生之所以会发出这样严重的警告，恰恰是因为那个年代的人们惊人的无知。可谁都没有把他的话听进去！

小镇官员更关心的是选手人数以及会对公共资源造成多大压力。赛事主席卡罗尔和舍曼同意将终点线从四兄弟酒馆往后挪165米，这样一来，比赛将不再结束于一个急上坡，而是在一个下坡上了。更重要的是，从这段下坡路更容易进入法尔茅斯高地的球场，这样一来，完成比赛的选手很容易就能被引导着离开终点线，到草地上去。如今，对外宣传的赛事里程数从11.7公里变成了11.9公里，但这两个数字最终都会被证明是错的。赛事虽是经过AAU官方批准的，但这并不代表它的测距就是准确的——在当时，赛事里程数一般是通过开车来进行测量的，再准确一些是带上一只计步器骑着自行车来测距。直到1987年，赛事里程数的测距标准和实施方案才最终出台，其中就有一项规定，要求认证机构测量点到点之间的最短距离——通常为切线，而不是一位选手实际可能采用的路线（例如，实际转弯时通常会划一道弧线，而非直切过去）。2007 年，《跑者世界》的特约编辑吉姆·格威克（Jim Gerweck）对法尔茅斯路跑赛的距离重新进行了测量，经过正式认证的里程数为 11.3 公里。

狭路相逢

要到法尔茅斯，肖特先得飞到波士顿的洛根机场。伦纳德托一位当州警的朋友开着巡逻警车去接机。肖特的发型比在慕尼黑时更加杂乱不羁，小胡子看上去也更厚重了，但身为整个候机厅最瘦、最健美的人，他还是轻易就被认了出来。巡逻车闪着警灯一路驰往科德角，当他们抵达时，约翰·卡罗尔正带着那台电视机作为见面礼迎接肖特。这个做法令出资捐助电视机的企业主十分不满，“肖特都还没跑呢！”他抗议道。但说好了这是一份见面礼，不是奖品——严格说来，这份礼物违反了业余运动员规则。不过，针对“不允许给予获胜者奖金”这条禁令，赠送“礼物”是一种常见的规避手段——运动员可以在事后将礼物变卖成现金，那 AAU 可就管不着了（至于肖特那 600 美元的“出场费”，倒确确实实违反了规定）。肖特藏好了他的礼物，又把行李搬进克劳利家，随后，换上了条短裤，将整条比赛线路慢跑了一遍。

尽管汤米·伦纳德为人算不上精明，但却有着身为跑者的敏锐。“酒吧到酒吧”不过是一个营销噱头罢了，从伍兹霍尔到法尔茅斯高地的比赛线路才是“真材实料”。肖特慢跑在线路上，注意到整条线路其实可以分为三段：前 5 公里为树林和小山丘；随后是平直的海浪大道直通法尔茅斯港；最后的 1.5 公里上坡通往高地。和路况均匀的跑道不同，法尔茅斯的线路在不同的阶段会给跑者不同的挑战——有些选手可能拼了命翻过了山丘，但接着就倒在了烈日下的沙滩上；有些则选择在山上保存体力，但等跑到沙滩时，前面连个人影都看不见了。沿途的风景既美丽又不失探索的乐趣，每转过一道弯都会有新的发现：灯塔、盐沼、沙滩、码头、球场……当然，精英选手不是为了美景来参赛的，但这里的景色确实既富有挑战又振奋人心！变化的地形让跑者不得不分分钟调整步频与策略，而现在肖特正在一步步精确地预习着整条比赛线路。

跑完之后，肖特去了“桨与锚”音乐沙龙——赛会组织者在那里安排了一场记者见面会，参加的媒体有《法尔茅斯企业报》《波士顿环球报》和《波士顿凤凰报》。肖特和罗杰斯并排坐在吧台前，回答眼前 45 位记者的提问，赛事志愿者和酒吧顾客则在一边看着。一位记者问肖特是否还有哪个对手让他担心，“事实上，这场比赛就是他和我之间的较量。”肖特边说边对罗杰斯点了点头。当然，他也没有排除“某个毛头瘦小子”可能会冲出跑者群、跑到所有人前面去的可能性。但从他谈论这种可能性的语调里可以听出，他丝毫不担心会输给那个“毛头瘦小子”——他只是不想被他给打乱了节奏而已。在这个距离上，全美国都不会有人打败肖特的，也许除了罗杰斯。

在罗杰斯看来，肖特很酷，并不是十分友善。他们俩在相距还不到 160 公里的两个地方长大，但肖特是一名赛道选手，他在科罗拉多州和佛罗里达州都进行过训练，而自己则是“波士顿比利”，自始至终都在路上跑。罗杰斯生来性格温和，肖特却防卫心重、爱算计，他让罗杰斯猜不透。肖特的旧识中很少有人见过他热心的一面（据他的一位朋友透露，肖特有一次同当时的女友一起跑步，中途女友被绊倒在地，肖特却没有上前扶她起来，只是叫她自己小心点）。但肖特是全世界最好的长跑运动员，他不认为自己有什么理由去讨好任何人。从一定程度上来看，这也是一种策略。肖特后来曾说过：“我总是想让罗杰斯来猜我的心思。”在奥运会上，他用的也是这一套策略：作为领跑者控制住比赛节奏，同时诱使对手把精力都耗费在猜测他的下一步行动上。这样的做法当然不会让罗杰斯或其他运动员喜欢上他。

肖特喝完了啤酒，便回克劳利家休息去了。罗杰斯则同卡罗尔夫妇一块儿留了下来，他计划明天要起个大早，不吃早餐。两个人晚上都睡得很浅，辗转反侧，梦里全都是天亮后要跑的那条线路。

一场美梦的辉煌终结

第二天一早，天色晦暗朦胧，海浪大道上刮着大风。对肖特来说，这可不太理想，因为他讨厌下雨，但起码中暑的危险被降到了最低。娱乐中心里，约翰·卡罗尔和里奇·舍曼正强打精神应付那些在最后时刻如潮水般涌来的报名者。会出现这种情况全都因为汤米·伦纳德！这家伙热情得过了头，最后时刻还在四处鼓动别人前来报名，满口答应他们说没问题，赛事主办方准能应付得过来。但面对 150 名在比赛当日才来报名的选手和他们提出的各式各样的问题，大家显然准备不足。另外，也没有足够的零钱找给一张接一张递过来的 20 美元大钞。火上浇油的是，租来的大巴车排着队停在外面，负责把跑者们送往伍兹霍尔，于是，还得拨出一个人来负责将参赛者领上大巴，抚慰那些没能坐上大巴的选手的埋怨，此外，还要礼貌地拒绝那些想贪便宜搭便车的家伙……就这样，最后一辆大巴到晚了，开赛时间不得不因此推迟。

罗杰斯的策略和上回跑波士顿马拉松赛时一样：一开始就拼命跑，中途保持拼命跑，最后发力拼命冲刺。到了这个时候，他已不再畏惧肖特了，他坚信自己是可以战胜他的。但他也是清醒的：两人之中，肖特的步频更快。罗杰斯将获胜的最大希望放在了一开始就硬把速度给拉上去，并指望这样一来，等跑到法尔茅斯高地的时候，肖特的肌肉就已经疲惫到无法再加速了——即便训练再有素的跑者，在面对生物化学的时候也束手无策。生物化学决定了一旦到达某个时刻，乳酸堆积超过了人体所能消耗它们的能力时，人体肌细胞的 pH 值（酸碱度）就会降低，随之而来的便是酸痛与疲劳。而唯一消除过量乳酸的方法就是减速或停止（减速能比停止更快地降低乳酸浓度，这就是为什么教练会建议在长时间长距离跑后要通过冷身运动来逐渐恢复）。

对肖特来说，他并未低估罗杰斯在世界越野锦标赛上的胜利，但他也很清楚，罗杰斯并不是 10 公里跑好手。他还将自己在越野锦标赛上输给罗杰斯的原因归于胃痉挛。除此之外，这一次的里程数要比世界越野锦标赛少 5 公里，又是一场路跑赛，地势相对平坦，自己能尽情地迈开大步向前跑。肖特的策略是一开头让罗杰斯来领跑，自己则采取跟跑战术，一路上保持不被对手甩开，最后再加速超过他。

两个人的策略都在对方的预料之中，当然，体育比赛的策略本来就是这样。一支进攻型的橄榄球队一定会强调积极跑动、大力进攻，它的对手则会把重点放在擒杀四分卫和“闪电突袭”上。大力发球型的网球运动员会把注意力集中在发球和截击上，他的对手则会尽可能把球回得深一些，好把他压制在底线附近。如果反其道而行之，则无异于扬短避长，只会适得其反。底线型网球选手也许偶尔会上网，但他无法掩饰自己的弱点，假装自己是另一种类型的选手。出其不意的动作只能偶尔为之，并且必须注意力高度集中才能打对手一个措手不及：猛然挥出一记重拳，在最后一刻凌空弃踢，又或者突然来一次后仰跳投。但绝大多数体育比赛都要经过一段时间才能最终分出胜负。

此刻，810 位参赛选手在基德船长酒吧门前排好了队，所有人都在思考待会儿怎么做才能达成自己的目标——有些人仅仅想要跑完全程，11 公里本身就是他们的目标；但大多数人脑子里则有着更为具体的目标，譬如跑出每公里 3 分 45 秒的速度并超过去年的成绩，或者打败某位邻居，等等。多数人对线路很熟悉，知道达成目标需要做些什么——但很可惜，知道却做不到。

一种策略想要成功，不仅需要选手对自己的长处和短处有敏锐的体察，也需要在比赛过程中能够随时重新进行评估。一个平时每周只跑 30 多公里的跑者，却自认为能在 11 公里中始终保持每公里 3 分 45 秒的配速，纯属自欺欺人，但在跑步运动中，这一类自欺心理比比皆是。这可能是因为开头总是很轻松，所以大多数跑者一上来就容易跑得太快；也可能是因为跑者们永远都是乐观主义者，每一次都相信自己能创造新的个人最好成绩——因为在得不到什么回报的情况下，很少有人能承受住痛苦。而精英跑者之所以伟大，在一定程度上是因为他们能在乐观主义与实用主义之间找到平衡点，即使是在试图超越自己极限的时候，也能保持清醒的认识。自信不足会导致失败，过度自信也一样。

发令枪一响，罗杰斯立即跑到了最前面，如今他训练充分，又有着丰富的比赛经验，因而对自己的策略信心十足。在斯奎尔斯教练指导下进行的间歇训练和山地跑训练使罗杰斯相信自己现在的速度是合理的。他的双腿自然而然地就能跑出这个节奏，接下来的事情就只需交给肌肉记忆了。他快步向前，动作干净利落。

罗杰斯到达第 1 公里处的用时为 2 分 58 秒，比同肖特一起参加过的那场 3.2 公里跑中的速度要慢，但要快过他跑波士顿马拉松赛的时间。这比他去年的速度也稍慢一些，但罗杰斯并不担心。他当时跟着利阔里跑，但利阔里缺乏经验，不顾常识，开头跑得太快。一旦肌肉堆积了过量的乳酸，他就不得不慢下来，直到把它们重新吸收掉，而那正是罗杰斯轻松反超的时刻。关于如何在路跑赛中控制好节奏，罗杰斯可比利阔里老道多了。

但肖特可不是利阔里，他离罗杰斯始终不超过一步之遥。两个人一起跑着，却又不是并排前进——罗杰斯跑下小山坡，肖特也跟着跑下去，但却选择一条不同的路线。对观众来说，他们两个人仿佛在跑两场无关的比赛，彼此之间感觉不到对方的存在。他们的双眼始终直视着前方，从未看向两旁或身后，但他们的耳朵却在敏锐地捕捉着对方的呼吸，并借着余光感受对方的存在。

罗杰斯 3 公里处的用时为 2 分 56 秒，他的策略实施得很好，没有太快也没有太慢。这一段线路山道狭窄、七转八弯，时不时还要遇上一段短坡，肖特一路跟跑得很辛苦。这时，肖特宁愿自己来控制比赛节奏，跟在罗杰斯身后令他很不舒服。但罗杰斯奋力前行、毫不懈怠，即使在通过 F. R. 利利路和费伊路时也不曾慢下来，一口气跑上了沙滩前的最后一座小山坡。

每一场比赛中间都会有那么一个时刻，疲劳使大脑再也无法继续下达让身体不断前进的命令。从这一刻开始，形势便急转直下——当对手再度加速时，自己却已无力跟上。这个时刻不仅是生理上的，也是心理上的：体细胞已无法提供所需的能量，中枢神经系统同样做出决定：够了，适可而止吧。意志是在怎样的情况下屈服于生理的呢？激情又是在何时对理性作出了让步？

罗杰斯和肖特跑下了最后一座小山坡，右手边就是那片盐沼地了。此时，罗杰斯仍稍稍领先，但他没能在树林里把肖特给甩掉。如今到了沙滩上，他只能祈祷在跑过之前那艰难的 5 公里之后，肖特的双腿已经不怎么使得上劲了。现在，他们顶着大风，被笼罩在一片灰蒙蒙的雾中。罗杰斯极力保持住状态，他知道每一个不协调的摆臂动作和每一次头部的晃动都是在浪费体力。他继续向前跑着——前脚掌着地，双膝相互碰擦，肩膀微微耸起。

然而，当前路变得平坦之后，肖特感到该由自己来控制比赛节奏了。看着沙滩在他们眼前铺展开去，肖特感到体内升起了一股短跑运动员的力量，仿佛可以就这样一路狂奔下去，把一切都抛到身后。是时候看看罗杰斯还剩下多少实力了！差不多又跑了 400 米之后，肖特拉出了近 10 米的领先优势。到达 6.4 公里标记处时，罗杰斯稍稍追上来一些，但肖特仍有两个大步的领先优势。海浪大道边窄窄的沙滩被观众挤得水泄不通，这还不算，就连木制的沙滩更衣室里也全是人，这些更衣室现在都成了路跑赛的派对小屋了。尽管他们也为肖特的到来而欢呼，但更多人却是在鼓励罗杰斯反超他。肖特是夺过奥运会金牌，但“波士顿比利”才是他们的心之所属。

然而，此刻罗杰斯已经有些跟不上了。比赛还没有结束，但局势显然已经发生了变化。现在，罗杰斯唯一能指望的就是保持住自己目前的步频，并祈祷方才肖特发力太早。罗杰斯不能跑得更快了，但肖特也不可能慢下来。事实上，他俩第 4 个 1.6 公里跑了 4 分 49 秒，比之前都要慢，而罗杰斯以为的肖特加速其实只是回到了他们之前的节奏。在大多数观众眼中一位选手加速拉大差距的时候，往往是他的对手跑得没力气了，肖特并没有加速，这对罗杰斯来说本是他原来期待的好消息，可是这一回，没力气的那个恰恰是他自己。

跑过 8 公里标记处时，肖特的领先优势又扩大了 10 米。现在，就看谁能最先跑过终点线了。和在奥运赛场上一样，肖特只需要保持他的速度就可以了。至于罗杰斯，他确实落后了一两步，但比赛还没完呢。他又花了 5 秒钟放慢速度，直到体力恢复了一点。对大多数人来说，就算单跑 1.6 公里，跑进 5 分钟都不太可能。但对罗杰斯来说，这个速度足以使他恢复体力并准备好反超肖特。

但肖特可不会束手就擒。他回头张望了一眼，发现罗杰斯已落后了近 20 米，心知此时再不彻底击败他更待何时。到目前为止，两人之间仍然“藕断丝连”。不过，肖特决定亲手掐断这缕丝。于是，他又一次加速，并很快就把领先优势进一步扩大到了近 40 米。当罗杰斯到达通向法尔茅斯高地的格兰德大道时，肖特几乎已经消失在了上坡的尽头。这下，罗杰斯被彻底打败了！他知道自己再也不可能追上肖特了，他回头看了看，确保自己第二的位置没有受到威胁。

肖特再次来到海边，向左急转进入了最后一段上坡。风刮得很猛，但肖特跑得更猛——他跑上了山坡，又跑过了赌场和四兄弟酒馆的大门。观众们都已挤上了街道，幸好还有一条细细的绳子拦着，路中间仅留下了两三人宽的空隙,好让选手们通过。肖特穿过了这条狭窄的通道,跑向终点线。里奇·舍曼、约翰·卡罗尔和汤米·伦纳德就在那里朝他微笑。他举起双臂，汗衫上橙色的“佛罗里达”字样闪闪发光。接着，他冲过了终点线。肖特的成绩为33分24秒，将罗杰斯保持的赛会纪录缩短了52秒。

罗杰斯落后肖特约100米，他的成绩也比去年有所进步。又过了将近两分钟，排名第3的选手才到达。

摄影师和记者们簇拥在冠军身边，但肖特在找到罗杰斯并同他握手之前拒绝让他们拍照。随后，两个人才有礼貌地摆好姿势让摄影师们拍了个够。当他们接受记者采访的时候，更多的跑者才刚刚跑上高地。这一回合，肖特赢了，但罗杰斯可没准备就此认输。今天，肖特表现得更出色。而明天，罗杰斯又会回到联邦大道上同斯奎尔斯教练和大波士顿田径俱乐部的队友们一起跑山了。

在跑步人生中寻觅友谊

比赛结束后，紧接着的是颁奖礼。伦纳德把奖品放在临时搭建起来的木台上，与他的两位冠军一起合影留念，他看上去就像是位骄傲的母亲。这是一场美梦的辉煌的终结！3年前，伦纳德在电视上看着肖特在慕尼黑冲过了终点线；3年后，他实现了自己疯狂的、天方夜谭的愿望——他感到腹部有一股暖流涌动（也有可能是啤酒）。肖特的存在就像是伦纳德不幸生活的缓解剂，尽管伦纳德并不是一个多愁善感的人，但这个当年跑离孤儿院的男孩还是允许自己为喜悦流上几滴眼泪的。这就是他活着的目的：在跑步人生中寻觅友谊。伦纳德从未拥有过完整的家庭，而此刻，与800多个分享着他梦想的灵魂相拥让他感到了家一般的温暖。

接下来，伦纳德又回归到他招募者的角色之中，要肖特和罗杰斯保证明年还会来参加比赛。从今年夏天到明年夏天之间还有许多的路要“跑”，其中就有一场蒙特利尔奥运会。但伦纳德就像个小矮妖似的咧着嘴笑，告诉他的参赛选手们自己会确保他们信守诺言的。

在四兄弟酒馆里，派对早已进行得热火朝天。那晚一共喝掉了 1 500 杯啤酒，还有数不清的蛤蜊周打汤。食物源源不断地从厨房送至餐厅，再到大堂。亲朋好友共济一堂，而挤不进去的人一直从山坡顶上排到了山脚下的球场。

然而此时，两位嘉宾却不知所踪了。弗兰克·肖特和比尔·罗杰斯悄悄溜出了派对，一起慢跑了 11 公里，回到了伍兹霍尔镇。

第9章 作弊者当道

> 在肖特和阿贝贝·比基拉（Abebe Bikila）所取得的成就里，没有兴奋剂的污染。
>
> ——比尔·罗杰斯

体育运动的历史有多久，作弊的历史就有多久。

在古希腊的奥运会上，参赛选手会食用一些稀奇古怪的动物，据说这些动物的肉能使人变得更有力气。在还没有染色体检测的年代，古希腊人浑身赤裸着进行角逐，以避免女人乔装成男人来参赛。1807年，亚伯拉罕·伍德宣称在同巴克利“船长”对决的竞走比赛中，他通过服用鸦片酊连续保持了24个小时的清醒状态。1904年的奥运会马拉松比赛前，美国选手托马斯·希克斯（Thomas Hicks）就着蛋清连吞了几剂马钱子碱[①]，之后又接过“教练”查尔斯·卢卡斯（Charles Lucas）递上来的一大杯白兰地一饮而尽。尽管他是第二个到达终点的选手，但事后却成了冠军，因为头一个撞线的家伙——弗雷德·洛兹（Fred Lorz），在赛后被查出至少开着车“跑”了4.5公里。这场比赛是在32℃的高温下进行的，沿途尘土飞扬，甚至有一位选手因呼吸困难导致大出血，几乎赔上了性命——即使在比赛过程中，赛事主办方出动了20台汽车跟着选手们前进，一路替他们清除石块和灰尘，也没起多少作用。希克斯在中途渴得半死，卢卡斯却拒绝给他水喝，反而掏出一块海绵，吸饱了汽车水箱里加热的水，给他来了个温水擦浴。赛后，卢卡斯吹嘘道：“从医学的角度来看，这场马拉松赛证明了在比赛过程中服用药物能给运动员带来极大的好处。”

正是在1976年的蒙特利尔奥运会上，猖獗的药物滥用竟然成了一些国家的“官方政策”。这一届奥运会开幕之前，就有23名美国运动员未能通过

① 一种极毒的白色晶体碱，在医学上作为刺激中枢神经系统的兴奋剂使用。——编者注

药检（尽管他们并未受到处罚）。拉塞·维伦在 5 公里跑和 10 公里跑项目中夺得了“双冠王”，但有关他进行自体血液回输（即将自身的血液抽出，等到临近比赛时，再将血红蛋白重新注回体内）的传言甚嚣尘上。自体血液回输理论最先在环法自行车赛中被证实有效。当时，自行车选手们注射的是 EPO 药物（促红细胞生成素），两者的效果相同。增加血液中的血红蛋白含量能促进肌肉中氧气的生成，从而使身体产生更多力气。维伦在 8 天内跑了 4 场比赛，并且在赢得 5 公里跑冠军后的第二天宣布将参加有生以来的第一次马拉松比赛，企图追平埃米尔·萨托佩克在 1952 年创下的“三冠王”纪录。尽管维伦对指控矢口否认，但众多体育观察员一致认为他之所以能有如此出色的表现，唯一的解释就是借助了生物促进剂。

对于维伦的参赛决定，弗兰克·肖特却丝毫没放在心上。事实上，他认为只要自己不生病，好好地参加比赛就没人能赢过他。此时，他的“马拉松项目第一排名”和“美国纪录保持者”称号已双双被比尔·罗杰斯给抢走了，不过这很大程度上是因为在此前的一年中他刻意没有参加较长距离的比赛。他将蒙特利尔奥运会视作自己匹敌伟大的阿贝贝·比基拉、蝉联马拉松冠军的机会。他知道，历史将通过这场比赛对他作出评价。为此，他辞去了工作，专心训练。他的妻子露易丝（Louise）则接过了养家的担子，因为跑步几乎不能给肖特带来任何收入——他的每一项路费报销金额 AAU 都要过问，波士顿体育协会更是连他飞往波士顿参加马拉松比赛的机票钱都不肯支付。夫妇俩在博尔德过冬的时候，甚至因为安装不起双层保温窗不得不用塑料纸来糊住窗户。

而对比尔·罗杰斯来说，奥运会则是证明自己实力的机会，因为至今仍有人认为他能在波士顿马拉松赛上创下纪录纯属侥幸。罗杰斯后来还参加了福冈马拉松赛，跑了第三名，那场比赛的冠军是杰尔姆·德雷顿。自去年的法尔茅斯路跑赛之后，他只在弗吉尼亚州的林奇堡同肖特交过一次手。那是一场10公里跑比赛，在罗杰斯的提议下，他俩故意跑成了平手——比赛进行到后半段的时候，罗杰斯追上肖特并提出打平的建议，肖特一开始并没有答应。比赛就是比赛，冠军只能有一个！但最后他还是同意了，因为他觉得拒绝罗杰斯的提议只会使他显得气量太小（然而，赛事官员最后却把第一名记到了罗杰斯头上，理由是他们不能把结果记录为平局）。

事实上，面对肖特，罗杰斯仍然存着一分敬畏，他知道自己的经验不及肖特丰富。为了能代表美国队出征，在波士顿冰天雪地的寒冬季节，他坚持每天清晨6点起床，天还没亮就上街跑步去。道路两旁堆满了积雪，昏暗中开车的人很难注意到他。中午，他在他工作的那所学校地下室的厕所里换上运动服，趁着学生们排队就餐溜出去跑上一会儿。回来后没有地方洗澡，他便在水槽中随便冲一下。对他这种强迫症似的行为，他的主管完全无法理解，还问他为什么不多花点时间在“正业而不是副业上”。这可是美国马拉松纪录的保持者啊！然而，在当时，绝大多数美国人觉得他玩的这项运动稀奇古怪、莫名其妙。有人甚至还因从中看到了崇尚“自由性爱”的嬉皮士精神以及“反对政教分离学说”的遗迹，感觉自己受到了威胁。

是时候来场派对了

尽管跑步风潮正暗潮汹涌，但1976年仍然是一个愤怒和困惑的时期。这个国家为了捍卫没什么人真正明白的意识形态而卷入军事冲突之中，已有20年之久。与此同时，国家经济停滞不前，杰拉尔德·福特（Gerald Ford）总统甚至对纽约说：“去死吧”。U2乐队、冲撞乐队（The Clash）和雷蒙斯乐队（The Ramones）以其音乐里充满着的愤怒而风靡一时；《荧光屏后》（*Network*）和《出租车司机》（*Taxi Driver*）这些展现愤怒的电影大行其道；而带着愤怒被掷出的炸弹在索维托、阿根廷、爱尔兰与伦敦等地相继炸响。这一年，实在没有什么值得欢呼的事情发生——即使有人在欢呼，听上去也很勉强，就好像明明看到花车失灵偏离了方向，却还要在一旁摇旗呐喊一样。

但，是时候来场派对了。美利坚合众国200岁了，还有什么比夺得奥运金牌更好的庆祝方式呢？一夜之间，在多年的“金牌荒”之后，美国似乎在拿下马拉松项目上上了“双保险”，也许在其他距离的跑步项目上也一样。尽管美国的国际影响力有所下降，但至少在体育实力上还能聊以自慰。

可惜奥运加冕礼还没开场，不祥之兆就已频现。在申办夏季奥运会的过程中，洛杉矶输给了蒙特利尔市，尽管丹佛市成功申办了冬季奥运会，但其所在的科罗拉多州事后却因为资金不足背弃了承诺。最后，冬季奥运会举办地改到了奥地利的因斯布鲁克。

然而，对肖特与罗杰斯而言，在蒙特利尔跑马拉松赛可要比在洛杉矶跑理想多了——在7月洛杉矶的雾霾中跑上42.195公里，对任何人来说都不会是件好玩的事情。加拿大可以算是“温柔谦和版的美国”，在加拿大，肖特和罗杰斯也大可不必顶着身在主场、非得拿下金牌不可的压力。肖特声称，他并不在乎压在自己身上的期望有多重。作为夺冠热门，他这样写道：“其他选手有可能会盯你盯得过了头，也有可能会猜你的想法猜得过了头。这将有助于你掌控比赛，在拿出最佳表现的同时，还能迫使对手们把精力都耗费在你的身上。”

不过，肖特和罗杰斯的首要任务是获得进入美国国家代表队的资格。考虑到他俩除了马拉松之外，还在力争10公里跑的参赛资格，所以这两个项目的奥运会预选赛被安排在了两个不同的日子进行。因马拉松所具备的高强度，它被安排在10公里跑资格赛之前一个月进行，但这仍然意味着他们俩在到达蒙特利尔之前，不得不先跑一场竞争激烈的马拉松资格赛，接着再连跑两场10公里跑（资格赛的预赛及决赛）。

新西兰教练阿瑟·利迪亚德（Arthur Lydiard）于20世纪60年代发现，

要想参加跑步或自行车比赛，选手们应该分阶段进行力量训练和速度训练，接着再参与竞技。从那时起精英跑者就已经知道，把自己的状态在某一场比赛到来之际调整到“峰值”并不是什么随机事件，那需要精心的控制和计划，并且仅在有限的条件下才可能达到。所谓的巅峰状态最多维持几个星期，而建立起来却需要好几个月。在理想条件下，跑者应该花上一整年的时间为一场比赛慢慢建立起巅峰状态，然后再以最佳竞技水平参赛。但在现实世界中，这是办不到的。因为赛事安排是由主办方、赞助商、官员、教练、经纪人和经纪公司说了算的，当然，还有跑者想要证明自身实力以及贴补窘迫生存状态的需要——好胜的跑者是无法生活在实验室条件下的，他必须跑出去，跑到路上去。

马拉松预选赛是在 1976 年 5 月 22 日，地点是俄勒冈州的尤金市。那天凉爽无风，对跑马拉松来说相当理想。肖特觉得自己这辈子状态都没那么好过，罗杰斯也状态极佳，但他在赛前 3 个星期的周跑量均保持在 251 公里，高强度训练之余并没有给予自己充足的恢复时间。海沃德体育场里的 11 000 个位子座无虚席，粉丝们都赶来观看肖特同罗杰斯在马拉松项目上的第一次对决。尤金市是一座跑步之城，史蒂夫·普利方坦的英灵长在，即使场外的美国人对这项运动仍然一窍不通，这些聚集到体育场里的观众却十分清楚自己正在亲眼见证历史性时刻的到来。

比赛开始后，肖特和罗杰斯同时跑到了最前面。到达中点标记处时，他们俩已远远甩开了其他选手。据肖特后来说，他“本以为要（同罗杰斯）跑成平手”的，但罗杰斯赛前高强度训练的后果开始显现，他的小腿肚开始抽筋、发紧。预选赛的前 3 名将有资格代表国家队出征奥运会。如果肖特真的想跑成平手，他大可以放慢速度，那丝毫不会影响他的出线资格。事实上，一些记者注意到肖特在临近终点的时候反而开始加速，并频频回头张望。无论是出于害怕自己被后来者居上的合理担忧，还是为了避免重蹈林奇堡的覆辙（明明同罗杰斯跑成了平手，结果自己却被宣布为第二名），肖特最终轻轻松松地以 2 小时 11 分 51 秒的成绩拿到了第一名，比罗杰斯快了 7 秒钟。

一个月后，两人回到海沃德体育场参加 10 公里跑的资格赛预赛。罗杰斯以个人最佳成绩 28 分 32.7 秒拿下了这场比赛，肖特也跑出了他的最佳成绩：28 分 33.6 秒，比克雷格·维金快了仅 0.01 秒。在 3 天后的资格赛决赛中，肖特以 27 分 55.4 秒的成绩获得第一，维金落后肖特 4 秒获得第二，第三名是加里·比约克隆，罗杰斯则以 28 分 4.4 秒的成绩排在了第四。

肖特在赢得马拉松资格赛之余再度归来，在 10 公里跑资格赛中击败了赛道明星维金，这足以证明他当时正处在极佳的竞技状态，并且能适应不同类型的比赛。同一堆竞争对手一起在赛道上跑 10 公里跑，与在路上跑 42.195 公里的马拉松是截然不同的两件事：其一，10 公里跑是在平坦、规则的 400 米跑道上跑上 25 圈；而马拉松则通常是在城市中进行的，会途经大桥、坑洼路面、坡道和各种转弯。其二，在 10 公里跑项目中，参赛选手通常有 30~40 名，这些人挤作一堆、各显神通，争夺有利位置——在弯道时尽量跑内圈，还要避免在直道上被众多对手包夹；而马拉松赛的线路开阔宽敞，想要被包夹不太可能。其三，在 10 公里跑比赛中，选手们是穿着钉鞋在塑胶跑道上跑；而在马拉松项目中，选手们则是穿着平底竞赛鞋在道路上跑。最重要的一点是，10 公里跑要求选手拥有更多的快缩肌纤维，这样才能全程保持平均每公里 2 分 30 秒的速度，其所需的爆发力相当于用少于 2 分 30 秒的时间跑 1 公里。尽管短跑运动员经常能包揽 100 米跑和 200 米跑，或 200 米跑和 400 米跑两块金牌，但对长跑运动员来说，要同时拿下 10 公里跑和马拉松两块金牌却极为罕见。唯一曾在奥运会上获此殊荣的就数无可匹敌的埃米尔·萨托佩克了。

而现在弗兰克·肖特是美国奥运会预选赛中的马拉松和 10 公里跑“双

冠王”了，在奥运会的马拉松项目上，他显然是最有希望夺魁的选手。但此时他的脚受了点小伤，这使他对力争“双冠王”一事变得谨慎起来。对他来说，最重要的是保住自己的历史地位，即蝉联马拉松冠军。这就给了预选赛决赛中获得第 4 名的罗杰斯以替补身份参加 10 公里跑的机会，但罗杰斯也在预选赛上弄伤了脚。这之后的 6 个星期，他决定取消一切速度训练，以期届时伤能痊愈。于是，预选赛决赛排名第 5 的选手埃德·门多萨（Ed Mendoza）成了美国奥运代表队 10 公里跑项目的第三名选手。

美国奥运会预选赛秉持着公平的名义，以致肖特和罗杰斯不得不为了获得入选国家代表队的资格进行多番争夺，但这大大折损了他俩冲击奥运金牌的机会。现在，他俩都为了一场最终都决定不参加，并且原本也没太大胜算拿下的比赛受了伤，身心均受到影响。当他们抵达蒙特利尔时，早已一鼓作气、再而衰、三而竭了——两人的巅峰状态都已不再。

国家药物计划

这一次，肖特还是打算继续沿用他在慕尼黑奥运会上使用过的策略，即一上来就把速度拉上去，接着努力甩掉所有对手。然而，在做热身运动的时候，他的跑鞋开胶了。接下来，在他心急火燎地等着别人送来替换用鞋的当口，天又忽然下起雨来。正如他后来所写的那样：“我，作为这个项目入选赛中时间最快的选手，此刻正带着伤在奥运村里一瘸一拐地走来走去，而国家代表队的工作人员居然丝毫没有上前提供帮助的意思。这简直太匪夷所思了！”尽管肖特和罗杰斯是美国在长距离跑项目上的夺冠热门，但长跑选手们在当时依然是那群人数更多、战绩更优的短跑队友们的“怪表弟”。基本上，无论是在训练上还是在医疗保健上，他们都只能自食其力。也不知道这是福是祸，因为当时的美国队医在如何照料长跑运动员方面可谓无知至极！

就这样，当肖特和罗杰斯站上马拉松赛起跑线的时候，他们两个都不在最佳状态。而同一些来自东欧集团军的运动员相比，他们又多了一项竞争劣势——那些人利用高明的科学手段在比赛中作弊，相形之下，美国选手的那些小伎俩只能算是纯业余的小打小闹了。但在赛场上，他俩依然是头顶冠军光环的选手——1972 年的金牌得主、本届奥运会最大夺冠热门肖特以及本年度全球最快纪录保持者罗杰斯。其他选手小心翼翼地盯着他们两个，他们的比赛策略也是围绕着他俩设计的。枪响之后，绝大多数真心想要争夺金牌的选手都跟着肖特和罗杰斯跑，不让他们远离自己的视线。

第一梯队很快就同后面的选手拉开了差距，总共 12 人。除了肖特与罗杰斯之外，还有杰尔姆·德雷顿（Jerome Drayton）、拉塞·维伦以及一名来自联邦德国的选手沃尔德马·西尔平斯基。罗杰斯跑在前面，而肖特则在小集团靠后的位置——他临时改变了自己的比赛策略。维伦打算尽量贴身紧跟肖特，他把自己的策略形容为“就像海豚跟着轮船那样对肖特如影随形”。但肖特现在玩起了躲猫猫，他慢悠悠地落到后面，使自己与维伦之间夹着另一名选手。于是，维伦不得不四处张望并放慢速度，才能再次锁定他的目标。一旦维伦退了下来，肖特就再次加速跑入前方的人堆里。在一处饮水点，选手们散开了，肖特还举起手臂朝维伦挥了挥，好像是在特地告诉他自己的位置。尽管这看上去像是个友好的手势，实则是肖特的心理策略，他是在向维伦（以及其他可能也在观察他的人）展示自己精神好到能同对手们开玩笑。

但与此同时，罗杰斯却跑得很辛苦。才 10 公里的时候，他就知道自己这回不可能赢了——并不是因为脚伤发作（虽然脚伤确实也有影响），而是因为脚伤使他在赛前没能进行足够的速度训练，这使得他现在快跟不上第一梯队的节奏了。比赛中，他们的速度大约是每公里 3 分 08 秒，而想要一直维持这个速度，唯一的办法是在赛前用每公里 2 分 55 秒的速度进行足够多的训练。如果训练中速度不够，跑再多里程都白费，因为必须使心脏、肺和肌肉学会如何在“无氧阈”的临界状态下工作。赛前，罗杰斯没有做速度训练，现在，他就得为此付出代价了。很快，他就从第一梯队中掉了下来。

快到20公里处时，肖特发力了。他将之称为“一次全力冲刺，而不仅仅是简单的中段加速”，意在看看还有谁能跟得上他。但这次尝试并未像慕尼黑的那次那样奏效，依然有6名选手跟上了他。到了大约25公里处时，肖特再度加速，这一次，他几乎甩掉了所有人，只除了1个。肖特错误地把那个依然跟在他身后的家伙当成了葡萄牙选手卡洛斯·洛佩斯（Carlos Lopes）。

这个人同洛佩斯一样，身高约1.67米，短小精悍，穿着一件没有明显标识的白汗衫。5天前，在10公里跑决赛中，洛佩斯输给维伦获得了亚军。他今天也参加了马拉松赛，尽管之前一次都没跑过。在此之前，肖特只在跑道上远远地见过洛佩斯，因而他把身边这个接下来同自己并肩跑了近10公里的家伙给认错了。无论肖特多么奋力地一次次加速，他始终无法甩掉身边的人，这个人正是沃尔德马·西尔平斯基。

西尔平斯基没什么名气，但他之前在联邦德国奥运会预选赛中跑出了2小时12分22秒的成绩，是整个联邦德国最有希望夺冠的选手。他原先是障碍赛跑运动员，正是肖特在慕尼黑获得的胜利激励了他投身到长距离跑项目中。赛后，西尔平斯基确实曾提到，在同肖特并肩前行的那段时间里，他简直感觉棒极了，“他可是我的偶像，真正的马拉松跑者啊！关于他的一切我都知道。而从他回看我的眼神中我可以读出，他对我所知甚少，甚至可能一无所知。”

如果肖特能早一点知道他身边的这个对手是名体力充沛的马拉松老手，而不是个刚在赛道比赛上拿了银牌的马拉松新手的话，他是不是就有机会赢得比赛了呢？在比赛中，肖特显然没有隐藏任何实力。他一次又一次加速，但每一次都要费好大劲儿才能跑到西尔平斯基前面去，可是，没过多久，这位对手就又会回到他的身边。也许，如果肖特知道他的对手本来就是跑马拉松的而不是跑赛道的，他会一开始就努力甩开他吧。肖特倾尽全力掌控着节奏，每个弯道处都不放松。下雨天和腿部肌肉的疲劳确实妨碍到了肖特，而另一方面，他的对手还有一项不为人知的优势。直到多年以后，这项不公平的优势才被公诸于世。

当西尔平斯基开始发力时，肖特没能跟上——那是在大约 32 公里处的一道小斜坡上，西尔平斯基忽然就同肖特拉开了近 30 米的差距。渐渐地，差距扩大到了近 100 米。距离终点还剩不到 5 公里时，肖特试图追上对手，但当他努力将差距缩小了快一半的时候，西尔平斯基又一次加速了。这 ·次，肖特再也无力回天了——西尔平斯基领先肖特 50 秒进入体育场。冲过终点线后，他以为还有 400 米要跑，于是又绕着跑道多跑了一圈，而这时肖特也抵达了终点线，在那里等着他跑回来。西尔平斯基的成绩为 2 小时 09 分 55 秒，刷新了奥运会纪录。肖特则以 2 小时 10 分 46 秒的成绩获得了第二名。比尔·罗杰斯一瘸一拐地跑完了全程，用时 2 小时 25 分 15 秒。

随着马拉松比赛的结束，蒙特利尔奥运会完美谢幕。在这一届奥运会上，布鲁斯·詹纳（Bruce Jenner，美国男子 10 项全能运动员）在 10 项全能项目中夺魁，艾伯托·胡安托雷那（Alberto Juantorena，古巴男子田径运动员）拿到了 400 米跑和 800 米跑两块金牌，纳迪娅·科马内奇（Nadia Comaneci）则在体操项目上夺得了 3 块金牌。此外，有 5 名美国拳击运动员也获得了金牌，他们是：休格·雷·伦纳德（Sugar Ray Leonard）、麦克尔·斯平克斯（Michael Spinks）和利昂·斯平克斯（Leon Spinks）兄弟、利奥·伦道夫（Leo Randolph）以及小霍华德·戴维斯（Howard Davis Jr.），除戴维斯外，其余 4 人日后均成了职业拳坛的世界冠军。然而，这场奥运会对主办城市来说却是个巨大的经济灾难，蒙特利尔市为此欠债长达数十年之久。除此之外，蒙特利尔奥运会还遭到了诸多非洲国家的集体抵制——抗议新西兰国家橄榄球队之前的南非之行。在最终的奖牌榜上，苏联和联邦德国分列第一和第二。然而，它们取得的成绩却无法逃脱兴奋剂指控的污点。美国游泳运动员雪莉·巴巴绍夫（Shirley Babashoff）指控她的对手使用类固醇药物，因为她们个个肌肉发达、嗓音粗哑。面对指控，一位联邦德国的奥运官员作出如下回应："她们是来游泳的，又不是来唱歌的。"

然而，多年以后，当联邦德国秘密警察"史塔西"（国家安全局）的档案解禁之后，人们发现了所谓的"国家计划14.25"，即针对参加奥运会的运动员施行的国家药物计划。在该项计划实施期间，联邦德国的女子游泳运动员们打破了130项世界纪录，赢了一大半有她们参与其中的赛事。联邦德国成了奥运会金牌大国，总是占据奖牌榜上游位置。而在那份计划书的第105页、编号第62号的位置处，赫然写着"沃尔德马·西尔平斯基"的大名。

第 10 章

路跑三人行

> 在一场赛道比赛中，观众席上坐着的是你的父母和另外22个人。而在一场路跑赛中，你就是个被粉丝簇拥着的摇滚明星。
>
> ——迈克·罗奇

艾伯托·萨拉查同他的父亲和哥哥一起站在马萨诸塞州卫斯理镇的华盛顿路上—— 一边等待，一边听着从“尖叫隧道”传来的声音。现在正在举行的是 1975 年的波士顿马拉松赛，众多来自卫斯理大学的年轻女孩们沿途排成许多排，用尖叫声来鼓舞跑者们的士气。卫斯理镇位于这场 42.195 公里比赛的中点处，卫斯理的女生们深以自己能向所有经过的跑者提供叫嚣式鼓舞为荣。

开路的警用摩托车和媒体车沿着马路轰隆隆地开了过来。在它们后面，紧跟着的就是一个瘦瘦的、顶着一头沙金色头发的家伙。萨拉查几乎立刻就认出了那个人，这就像在观看奥斯卡颁奖礼时忽然看到了自己隔壁的邻居走上领奖台领取小金人一样。“哦，我认识那个家伙！”萨拉查大叫起来，“我和他一块儿跑步来着！”萨拉查家父子三人看着比尔·罗杰斯从自己身边跑了过去，他 T 恤上手写的“GBTC”4 个字母证明了他确实来自那家俱乐部——老何塞允许他的小儿子每周二晚上去的那一家。

他的未来就是马拉松

这一年罗杰斯在波士顿取得的胜利掀开了整个跑步风潮的新篇章，对年轻的萨拉查来说这一刻同样振奋激昂、鼓舞人心，给他带来了深远的影响。他当时才 16 岁，但突然便看见了自己的未来：他的未来就是马拉松！萨拉查想，如果罗杰斯可以做到，那么他一样可以做到。他想，在大波士顿田径俱乐部训练的时候，自己就能跟得上年长的罗杰斯。并且，自己现在的速度要快过罗杰斯在他这个年龄时的速度。他相信，如果坚持训练就没有什么能阻止他超越罗杰斯，成为全美国前所未有的最伟大的长距离跑运动员。

对一个青春期的小男孩来说，这样的想法未免有些飘飘然。所以，也许他（几乎）没把这个想法说给别人听是件好事。事实上，他也没有这样的机会，那时的萨拉查依然约不到女生，学校里那些受欢迎的同学依然几乎不会朝他看第二眼。他在跑道上建立起来的自信心并没有转移到现实世界中去，他中学最后一年的大部分时间都花在了怒目圆瞪地进行跑步训练上。他是个呆瓜，对此他有自知之明，但他同时也知道自己能跑得很快。跑步是用来逃避派对、舞会，甚至高中毕业典礼的屡试不爽的好借口。而对自己在中学里连一个女朋友都没有交到过这件事，他也装作毫不在意。

更糟糕的是，他总是生病。还很年少的时候他就开始了同伤病的斗争，并且这场斗争持续终身。尽管后来他将反复发作的支气管感染和链球菌性喉炎都归到了未被确诊的诱发性运动疾病中去，但事实上，激烈的生理运动同样会对免疫系统造成伤害。处于青春期的少年比成年人更需要充足的睡眠，因为他们的免疫系统仍处在发育阶段，而同学之间不可避免的接触使他们成天都暴露在病毒之中，成了一个个会行走的“病毒培养皿”。尽管哮喘也会引发支气管炎，但却不会引发链球菌，也不太可能在那些萨拉查发挥出色的比赛中暂时“休眠”，赛后再复苏发作。事实上，萨拉查在他的回忆录《14分钟》里就提到过：有一次，他在链球菌性喉炎发作时偷偷溜下床，出门到雪地里跑了整整1个小时。跑完回来的时候，他的鼻子上挂着冰柱，浑身不受控制地颤抖着。由此可见，他频繁地受到病毒感染也就不足为奇了。

萨拉查像是个赎罪者一般惩罚着自己的身体。尽管在宗教信仰上他并未接受父亲所笃信的严苛的天主教教义，但相同的严苛却在他的跑步之路上体现了出来。单就里程数而言，他并没有比肖特或罗杰斯跑得更多，尽管后来有报道称他曾记录过一周跑了320多公里。就训练强度而言，他也并不比那两位的更大（很难说萨拉查任何一个单日的训练强度和肖特那天在高原上所进行的16个400米跑，哪个强度更大）。但他从年纪更小的时候就开始了训练，那个时候他的身体还没有完全长开，这对他的未来造成了灾难性的影响。

对有些人来说，痛苦是停止的信号。但对艾伯托·萨拉查来说，痛苦却是“我做对了”的信号。每超越一个疼痛阈，他就相信自己比周围的人又更坚定、更强壮了一分。每一次受伤、每一轮疾病来袭都是等着他去克服的挑战。跑步就是他的SM（施虐受虐）游戏，他在自我虐待中享受到了快感！也许他笨嘴拙舌、不讨人喜欢——既没有里卡多的优雅，也没有父亲的煽动力；但一旦上了路，他便成了身穿汗衫和平底竞赛鞋的不朽传奇。

只有跑步才是重要的

现在，大学开始召唤萨拉查了。跑步并不是橄榄球，但在某种程度上，跑得大汗淋漓、浑身湿透他也心甘情愿。像维拉诺瓦大学和威斯康星大学等长久以来都有一些项目为长跑运动员们提供着机会，而且在那些学校里，瘦不再是负债，而成了资产。萨拉查的父亲则希望他去哈佛大学念书，毕业后当个医生——真是典型的移民梦啊。靠跑步可付不了账单，老何塞这样告诉儿子。但萨拉查可不这么想！跑步就是他的未来，这是他从小到大拥有的唯一的计划，除此之外，他从没好好想过要去干其他什么事。他的同学们去了塔夫茨大学、鲍登学院、威廉姆斯学院或布朗大学，这些可都是新英格兰的好学校——学术排名靠前，大学文凭过硬。可萨拉查一家都不想去，他只考虑两所学校：斯坦福大学和俄勒冈大学，而且并不是出于对它们学术水平的考虑。

斯坦福大学是一所富裕的私立大学，坐落在加州的帕洛阿尔托山山麓，多年来一直“盛产”奥运选手和全国冠军。校园中矗立着美丽的复兴式风格建筑，气候也相当宜人，就像一位金发长腿的美女，让萨拉查几乎立即陷入了爱河。而俄勒冈大学则是一所公立大学，坐落在多雨阴郁的尤金市，也没有斯坦福那么丰富的资源，学术水平最多算得上中游。通常，只有西海岸那些进不了加州或华盛顿更好的学校的学生才会去那里念书。斯坦福被誉为“西海岸的哈佛”，而俄勒冈大学则更像是不下雪的纽约州立大学宾厄姆顿校区。

但是，或许正因为俄勒冈大学不如斯坦福那样舍得花钱，反而使得跑步在这所校园中拥有了无与伦比的地位。俄勒冈大学是比尔·鲍尔曼和史蒂夫·普利方坦的大本营，这些跑步史上的传奇人物给了俄勒冈大学学生一些炫耀的资本。要论工程系、篮球队或医学院，俄勒冈大学自然都比不上斯坦福，比不上就比不上好了！俄勒冈大学把注意力都放在了田径运动上，像迎接凯旋而归的战斗英雄一般为学校里的田径好手们欢呼。斯坦福的体育场能容纳80 000名观众，而海沃德体育场只有大约11 000个位子。但每次只要一举行田径比赛，海沃德体育场都会全场爆满——前来观战的学生们多得都快要挤到屋顶上去了，如果场上进行的是一场异程接力赛跑，他们一眼就能看出选手们的水平有多强。这里是跑步圣地，有史蒂夫·普利方坦灵魂的庇佑，每一个站在起跑线上的人都会深受鼓舞。在萨拉查眼中，海沃德体育场就是田径运动的“芬威公园”。

比尔·德林杰（Bill Dellinger）教练是鲍尔曼带出来的，他飞到波士顿对萨拉查进行家访。何塞·萨拉查拉着他观看萨拉查的跑步录像，一直看到了深更半夜，这令一旁的小萨拉查觉得非常难为情，也令德林杰下定决心将其纳入麾下。那个春天他还进行了另一次家访，对象是印第安纳州的鲁迪·查帕家——查帕是美国有史以来出产过的最有希望的高中生跑者。他所创下的全美高中生2英里跑纪录维持了整整37年，而他的另一个10公里跑纪录至今未被打破。中学时，他的1英里跑成绩为4分04秒，并且最终在比赛中跑进了4分钟1英里的门槛（德林杰认为查帕是他所教过的运动员中第二强的跑步好手，第一属于普利方坦）。和萨拉查一样，查帕也迷上了俄勒冈大学的神秘氛围。这两个男孩在电话中讨论自己的大学选择，一直聊到了半夜。查帕一开始就定下了要去俄勒冈大学，他没费多少唇舌便说服了他的新朋友萨拉查与他去同一所大学。

萨拉查一直渴望离开韦兰高中和家。父亲反复无常的坏脾气真使他难以忍受，父子俩总免不了打架。大学生活越早到来越好！大学离家越远越好！他为自己的自由之日进行着倒计时。期间，他因为一场地区性的田径锦标赛错过了毕业舞会，又因为参加全美青少年田径锦标赛而没有出席毕业典礼——只有跑步才是重要的事情。只有跑步的时候，他才能真正地进行自我表达并感到安心！

“路跑之王”争战开篇

就在即将启程奔赴大学的前一周，他的大波士顿田径俱乐部的队友们说服他开车到科德角去参加一场路跑赛，这项赛事是埃利奥特厅的一个酒保的主意。有一回萨拉查难得接受那些年长队友们的邀请去喝啤酒，见到了那个酒保。俱乐部里的每个人都去了，包括比尔·罗杰斯。罗杰斯刚从蒙特利尔奥运会铩羽而归，正渴望着在路跑赛中再同肖特会上一会。而对萨拉查来说，这就像是一场告别派对，告别他或许再也回不去了的旧生活。于是，他欣然应允，加入了他们的行列。

共有超过 2 000 名选手报名参加了第 4 届法尔茅斯路跑赛，另外还有 500 人将以非正式选手的身份加入进来。届时，会有 35 000 名观众到现场沿途观看比赛。小镇上的每一家旅馆、每一间客房都人满为患，饭馆和酒吧在那个周末生意好到不行。除了上一年的波士顿马拉松赛，萨拉查从来没有在哪场比赛中见过这么多人！

尽管在当时萨拉查并不明白这场比赛的意义，但 1976 年法尔茅斯路跑赛却是他第一次在路跑赛中遭遇肖特，也是萨拉查、肖特和罗杰斯三人第一次同台竞技。对肖特来说，萨拉查不过是个小男孩，他几乎没对他留下多少印象；对罗杰斯来说，萨拉查想要在大赛上有所表现还得再好好练上几年。但这个 18 岁的男孩并没有被吓到，他知道自己面对的是两名全世界最好的长跑运动员，但法尔茅斯路跑赛距离没那么长，他觉得也许自己能挑战成功。更何况那两个人两周前刚在奥运会上跑了一场马拉松，他们的身体很可能还没恢复过来。萨拉查暗自计划要把他俩都给跟住了，只要有一个落下来，他的机会就来了。

4 年来的第二次，坏天气给这场街头派对蒙上了一层阴影。8 月 15 日，星期天，一大早就下起了雷阵雨，比赛恐怕要变成湿漉漉的长征了。倾盆大雨带来了极大的不方便。精英运动员们还能躲在教练车和后勤车里避避雨，其余选手只能任由暴雨将自己淋成落汤鸡——鞋子里浸满了水，衣服也都湿透了，在开赛前他们都得站在冰凉的雨水中干等着。道路变得湿滑，终点处更是一片凄凉景象，数百名志愿者不得不愁眉苦脸地在大雨里站上好几个小时。

幸好，在中午开赛之前大雨停了，还有阳光透过阴云密布的天空洒了下来。当参赛选手们聚集到伍兹霍尔那条先前还名副其实的“水街”上时，大雨留下的痕迹已经蒸发掉一大半了，只剩下几个水坑和湿漉漉的人行道。

萨拉查同他的队友们一起站到了起跑线上，他同罗杰斯匆匆打了个招呼，又向肖特做了自我介绍。肖特的身边围满了崇拜者，他是全世界最著名的长跑选手，获得过两次奥运会奖牌，是人群中最受瞩目的对象。罗杰斯则是美国马拉松纪录保持者，也是当地最受欢迎的选手，但内行还是会把赌注压在肖特身上。

随着中午时刻的迫近，赛会组织者又开始为让所有选手退到起跑线后而努力了。约翰·卡罗尔站在老消防站的台阶上，对着一只扩音机咆哮着宣读了比赛指示；里奇·舍曼则把那些在起跑区域内游荡的闲杂人等都赶去了吊桥对面。然而想要让 2 000 人往后退几步，虽不是不可能，但绝非易事。前排的人倒是乐意退个两步，但排在他们后面的人却纹丝不动。很快，所有人都撞到了一块儿，汗津津、滑溜溜的身体一个推着另一个。“大家动一下！”舍曼大声喊道，但就好像是对着一座山在喊，毫无回应。

没有哪本使用指南会教人们如何来管理一场路跑赛的后勤工作，而在这一年的法尔茅斯路跑赛之前，谁也没有面对过数目如此庞大的跑者。突然间，赛会组织者们不得不手忙脚乱地着手处理起交通管理、活动策划和卫生工程来，法尔茅斯路跑赛俨然变成了一个研究人流控制的案例——当地的私房屋主们投诉跑者们在他们的草坪上随地小便（甚至大便），警察局和商会则抱怨着交通拥堵和轮渡晚点。舍曼和卡罗尔都没有活动策划的经验，只能同各自的妻子——凯茜（Kathy）和博纳奥图一道临场发挥，摸索和创造临时解决方案。他们就各种细节安排争论不休，就像一对仅仅为了孩子才勉强生活在一起的老夫老妻。

终于，肖特想方设法把他的脚后跟塞到了起跑线的后面。罗杰斯就挤在肖特近旁，萨拉查离他们也只有几步远。现在，所有人都各就各位，就等着发令枪响了。有一股能量在选手们中间穿梭，不仅仅来自对即将开始的比赛的期许，更因为在这一刻，一切皆有可能！在选手们的心中，一种伟大的自豪感油然而生。而前路开阔、期许无限，就等着他们去迎接挑战了。随着发令枪响，选手们一个个冲过了起跑线。

4 000 只脚踏过吊桥，后面的选手不得不放慢速度，缓缓地向前挪上好一会儿。但跑在最前面的选手却丝毫没有受到影响，当他们来到第一座山坡的山顶时，已经自动形成了一个小集团，甩开了身后的准精英们。罗杰斯的前室友安比·伯富特跑在最前面，紧随其后的是他在大波士顿田径俱乐部的队友鲍勃·霍奇。当他们来到诺布斯卡灯塔时，霍奇加速冲到了最前面。

那天湿度很高，没有人刻意去加快节奏。跑过 3.2 公里时，第一梯队仍然紧紧地收作一团。但跑到 4.8 公里标记处时，罗杰斯和肖特开始慢慢地甩开众人。他们并不是故意为之，两人旗鼓相当，一路齐头并进、步步为营，每一步都将自己同其余选手拉开几厘米的差距。于是，在接下来的 1.6 公里中，道路变得更开阔了，他们的领先优势也更明显了。萨拉查在第二梯队中稳住了自己的位置，同伯富特、霍奇和另外几名大波士顿田径俱乐部的跑者们一起前进。这个集团中的每一个人都在祈祷着前面那两位最好是鹬蚌相争，斗个两败俱伤，好教自己渔翁得利。

黑发的肖特迈着轻松的大步，步伐紧凑；金发的罗杰斯则迈着他的八字脚，步伐松散。这两个人看上去一点相似之处都没有，但跑着跑着，却陷入了一种奇怪的同步之中：他们彼此顾忌，不敢不紧紧地跟住对方；他们也都不够自信，不敢就这样冲到对方的前面去。他们的双臂有节奏地摆动着，双脚也很合拍地击打着地面。分开看，这两个人就好像两台在不同平台上造出来的赛车，被不同的发动机驱动着，被不同的轮胎载着前进，但合起来看，他们却又像一台机器般在那儿运作、前行。

然而，就在快要到达 6.4 公里标记处时，肖特又一次故技重施，和去年一样开始加速了。这一次，罗杰斯还是没能跟上他。肖特很快便拉开了同罗杰斯之间的距离，并在通过小艇停泊点、上到法尔茅斯高地的一路上一步步地锁定了胜局。沿途连绵不断的观众们为肖特鼓劲加油，他们吹响了口哨、鼓起了掌，大声叫着他的名字。当肖特爬上最后一道坡的时候，他已经甩开罗杰斯近 200 米了——肖特知道自己蝉联在望。最终，他越过终点线的时间为 33 分 13 秒，新的赛会纪录诞生了！罗杰斯在 23 秒后轻轻松松地跑到了终点，与去年相比今年有所进步，但显然不够多。

接下来的第二梯队中有一长串大波士顿田径俱乐部选手的名字：兰迪·托马斯（Randy Thomas）、乔治·里德，接着便是艾伯托·萨拉查了。萨拉查跑得很快，后劲十足，他超过了安比·伯富特和鲍勃·霍奇，获得了第 5 名的佳绩。这是他作为一名高中生所参加的最后一场比赛，也是他第一次同肖特一起比赛，更是之后他同比尔·罗杰斯展开“路跑之王”争夺战的开篇！

1976

KINGS OF THE ROAD

第 11 章

纽约，纽约

> 全美国的人仿佛都在同一天开始去跑步了。
>
> ——安比·伯富特

这一天，四兄弟酒馆里照例挤满了怪人、小丑和长跑运动员——啤酒喝个不停，自动点唱机里播放着一首摇滚调调的曲子，这支曲子的演奏者们用他们的故乡为自己的乐队命名。和那座城市一样，这支名叫“波士顿”的乐队在很长时间里并不被人们所注意，直到有一天时来运转，机缘巧合外加人为推动，他们忽然就爬到了排行榜的榜首。

很多年以来，波士顿一直都是全美唯一两座定期举办马拉松比赛的城市之一（另一座是扬克斯市）。凭借其庞大的大学社区，如同其他城市年年出炉失业人口统计数据一般，波士顿年复一年地输送着大量的跑步运动员。在人们对跑步运动的狂热渐渐消退之后，波士顿依然高举着跑步的大旗，定期举办团体比赛和全民比赛，当然，还有在每年 4 月的第 3 个星期一举行的、从霍普金顿出发的一项赛跑活动。就城市排名来说，波士顿只能垫个底，这座城市的地铁系统看上去就像小孩的玩具一样。但对跑者来说，波士顿就是他们的香格里拉。

跑步风潮正是从波士顿及其他一些坐落在边远地区的小城镇开始兴起的。可以说，这些城镇在适当的时机迎来了这项运动。从法尔茅斯到桃树街再到林奇堡和比克斯，美国这些最主要的路跑赛事的诞生地大多并无规律可循，它们唯一的两个相同之处在于：第一，这些比赛的兴起都靠着那么一位有着远见卓识的本地英雄；第二，那些志同道合的跑者们十分乐意聚到一块儿。就度假条件而言，法尔茅斯简直乏善可陈：既没有大片沙滩，周边海水的温度也没有暖和到可以冲浪。来科德角旅游的人们基本上都会前往更南端的韦尔弗利特、特鲁罗或普罗温斯敦等小镇。但是，凭借着汤米·伦纳德的天才想法，再加上约翰·卡罗尔和里奇·舍曼孜孜不倦的努力，这项路跑赛事便天时、地利、人和俱全了。

房地产投资界的不二金句“位置，位置，位置！”放到跑步这件事上就完全不合适了。基本上哪儿有比赛，跑者们就上哪儿跑去——就算是不得不忍受酷暑、闷热，甚至是四城地区（The Quad Cities）夏季成群的蝗虫，他们也在所不辞。那些年，跑步爱好者们聚在一起就像是个组织严密的兄弟会，个个双唇干裂、膝盖突出，任由别人把他们看作二等公民。他们很容易满足：只要能让肺里充满新鲜空气，让肌肉中产生糖原就行，外加一条，别让自己被车给撞了。

但很快，这一切就将发生翻天覆地的变化了！法尔茅斯路跑赛赶上了跑步风潮涨潮前夕的好时辰，而那个正站在四兄弟酒馆自动点唱机旁的男人将会站在这股浪潮的浪峰。现在，他正一边喝着啤酒一边随着音乐摇摆，感受着这支全新金曲的节奏。

纽约马拉松诞生记

弗雷德·勒博（Fred Lebow），1932 年出生于罗马尼亚。不过，他当时的名字是伊弗雷姆·费施尔·勒博维茨（Ephraim Fishl Lebowitz）。他从二战时犹太人大屠杀中幸存了下来，1949 年移居纽约后换成了现在这个美国化的名字。勒博身材瘦削，挂着个大大的鹰钩鼻，再加上有些耸肩驼背，看上去就像是只精明的鸟——鱼鹰或猎鹰那一类的。他年轻的时候曾一度做过走私的买卖——将钻石装进避孕套里，再将避孕套塞进自己的体内，从比利时一路带往英国。移民美国后，他在纽约的服装市场工作过。后来，他自己开了店，专卖仿冒名牌时装的假货。

勒博曾经一度很喜欢打网球，他纯粹是为了提高自己的耐力才去跑步的。但很快，他就爱上了这项运动，甚至到了痴迷的地步。《纽约客》（*New York*）及《跑者世界》两本杂志的出版者乔治·赫希（George Hirsch）曾这样写道："在这项运动中，勒博既是一位大祭司，又是一个巴纳姆[①]（Barnum）式的倡导者，一个有着强烈使命感的人物。"勒博没有什么特别的兴趣爱好，并且终身未婚。他就这样不顾理性、不顾身边那些头脑清醒的人的警告，一头扎进了跑步事业之中——即使在旁人看来这是一件毫无希望的苦差事，他也甘之如饴。有一回，新年前夕，他忽然想起自己离 4 000 公里的年度目标跑量还差了 30 公里。当时，他正与女友一起受邀参加一场正式晚宴，但他即刻起身离席，前往大雪纷飞的中央公园慢跑了好几个小时。等跑完回到住处的时候，他发现自己的全部家当都被丢到了走廊里，上面还贴了张纸条——他的女友就这样同他拜拜了。

勒博的身上体现着那个时代的精神。他曾这样告诉记者："我觉得跑步是生命中的绿洲，是唯一一个不同于生意场和男女关系的地方。面对跑步，你不需要撒谎或吹牛。我永远也不会在自己的训练日志里多记哪怕一公里，在跑步这件事上，我是绝对诚实的。"尽管速度很慢，也没什么天赋，但这并不能阻止他跑下去。

勒博参加的第一场跑步比赛是一场 8 公里跑，绕着扬基体育场跑 11 圈，最终，他跑了倒数第二名。而他第一次参加马拉松赛则是在布朗克斯区的樱桃树马拉松赛上，成绩是 4 小时 09 分。尽管一路遭遇交通拥堵、碍事的住宅群，还有调皮的孩子朝跑者们扔石块，勒博还是为之着了迷——他爱上了这项运动的包容性，还有在某个星期天连傻子都能和精英选手一块儿参加同一场比赛这件事。作家罗恩·鲁宾（Ron Rubin）在勒博的传记中曾暗示，由于他的"犹太人身份"，勒博曾在隔离中度过了他的童年时光，这使他十分渴望把人们聚拢到一块儿。勒博正是在通过跑步建立一个他从未拥有过的大家庭。

① 19 世纪美国著名巡回演出团老板和马戏团老板，极其擅长包装和宣传活动。——译者注

然而，勒博怎么也想不明白为什么会有人愿意在一个寒冷的2月的早晨，在扬基体育场的背阴处组织一场社交活动？樱桃树马拉松赛之所以选择沿着塞奇威克大街来回跑，是看中了那里车辆和行人稀少，而不是因为沿途的景色有多漂亮。毕竟，马拉松本来就是一项单调、沉闷、寂寞、艰辛的活动。比赛中途没有设置饮水点，但当选手们绕着体育馆跑圈的时候，会供应波本威士忌。

勒博认为跑步不该仅仅是单纯的一堆脚在那里忠诚地向前迈进，或者精英跑者在那里叽里呱啦谈论自己的分段时间和训练方法。像汤米·伦纳德一样，勒博也想同众人一起分享自己的激情。但与伦纳德不同的是，勒博将精英跑者看作达到自己目标所需要借助的工具。归根结底，他首先是个推销员。如果精英化意味着无法将自己的产品卖给尽可能多的客户，他绝对会放弃这个主意。毫无疑问，这将会给他同那些他想要邀请来的运动员带来矛盾。

勒博实现自己目标的第一步是向纽约路跑者俱乐部提议，将樱桃树马拉松赛的比赛地点改到中央公园去。可惜俱乐部拒绝了，他们认为公园太不安全了，没什么跑者愿意去那里参加比赛。但勒博并没有就此放弃，他直接向中央公园的管理部门说了举办马拉松赛的提议，同时，向他们承诺会有几个百万富翁匿名赞助这项赛事，与比赛有关的一切费用都由赞助者承担。连他自己也没想到中央公园的管理部门竟然相信了他的鬼话，批准了赛事。就这样，纽约马拉松赛诞生了。

跑离纽约，还是绕着它跑?

第一届比赛于1970年9月13日举行，算不上有多成功。开赛时的气温为27℃。根据《体育画报》的报道，现场推着手推车的小商贩比参赛选手的人数还要多。当选手们经过时，小商贩们大声吆喝着："急什么呀？快停下来买块椒盐卷饼吃吧！”共有 127 人掏了 1 块钱来报名参赛，其中有 2 名女性，但只有 55 人跑完了全程。来自纽约的消防员加里·墨克（Gary Muhrcke）在上了一晚上夜班后，以 2 小时 31 分 39 秒的成绩夺冠。

1975 年的时候，纽约马拉松赛的参赛人数上升到了 534 人。尽管中央公园要比布朗克斯区那条破破烂烂的大街理想得多，但比赛仍然是绕着同一条线路无聊地重复跑圈。除此之外，选手们还得同公园里骑自行车的、骑马的或步行的人、狗，甚至毒品贩子们争夺同一片草地。

假使没有乔治·斯皮茨（George Spitz），事情很可能就这样了：跑者们在公园里较着劲儿，城市生活在他们身边蓬勃开展。可是 1976 年的时候，这位来自纽约的审计师兼跑者提出了一个点子：为迎接美利坚合众国诞辰 200 周年，将比赛线路设计成遍历纽约 5 个行政区。勒博最初听到这个“荒唐”的提议时简直气疯了，这意味着整座城市将为这么一场业余的体育比赛进行交通管制！跨 5 区的马拉松赛，成本怎么做得下来？光后勤工作量都能吓死人！更别提参赛者的人身安全了！当时，有个代号为“萨姆之子”的杀手正逃窜在外，对小孩以及其他一切生物来说，街上都不是个安全的地方。别看今天的时代广场好像迪士尼乐园似的，在当年，那里可是妓女和暴徒的老巢，附近居民进出都得在钱包里额外备上点现金，以免被哪个暴徒开枪崩了或拿刀捅了。正如《纽约每日新闻报》专栏作家吉姆·德怀尔（Jim Dwyer）所写的那样：“市政厅已经破产了。商人们正忙着撤资。布朗克斯区的大火还在烧着。要问大家的意见？现在，大伙儿都急着想跑离纽约，而不是绕着它跑圈！”

然而这一次，轮到斯皮茨显示他的大无畏精神了。他直接找到了曼哈顿区的区长珀西·萨顿（Percy Sutton）——萨顿是 1975 年纽约马拉松赛的赞助人，他立刻就被跨 5 区赛事线路这个主意给迷住了，这简直太契合纽约市的种族多样性精神了！萨顿一口答应由他来拉赞助，并前往市长亚伯拉罕·比姆（Abraham Beame）那里请求批准这项活动。比姆正为了其他许多事忙得焦头烂额，所以一听到萨顿保证“一切交给我去办”，立刻就同意了，因为他“就是觉得这事儿对纽约市来说挺不错的”。

萨顿从房地产开发商杰克·鲁丁（Jack Rudin）和刘易斯·鲁丁（Lewis Rudin）两兄弟那里拉到了2.5万美元的赞助费。有了金钱和政治上的支持，这件原本显得异想天开的事情现在看上去靠谱多了。勒博总是走实用主义路线的，大势所趋，他十分明智地压下了自己的反对意见。接着，他又从汉华实业银行和芬兰航空公司那儿拉来了更多的赞助，并和萨顿以及纽约路跑者俱乐部（勒博当时已成了该俱乐部的主席）的成员们一起着手规划起赛事线路来。

就这样，勒博的手上忽然就有了一场赛事。但现在，在拥有了政治支持之后，他得确保它们都能兑现。也许有着一颗完美主义者的心，但他的大脑却完全属于一个事无巨细、面面俱到的经理兼推销员。他知道，想要办成一场大赛，必须请到大牌选手。而当时，全美国名头最响亮的两位跑者正是弗兰克·肖特和比尔·罗杰斯。

史无前例的大事

1976年8月，勒博正是冲着这个目标来到法尔茅斯的。而现在，他也正是为了这个目标才出现在四兄弟酒馆里的。他慢悠悠地喝着啤酒，试图让自己的声音压过自动点唱机。法尔茅斯路跑赛如今获得的成就正是勒博想在纽约实现的：人气，活力以及拉动消费。同法尔茅斯路跑赛这场街头派对比起来，纽约马拉松赛简直是小巫见大巫：参赛人数只有前者的四分之一，选手实力也没那么强，说到底，现在的纽约马拉松赛不过是一场跑圈比赛的改良版。而现在，勒博想做的就是借助法尔茅斯路跑赛排名第一和第二的跑者来彻底扭转纽约马拉松赛的形象。

勒博上前恭喜肖特获得了胜利，同时将一只手臂搭上了罗杰斯的肩膀。他的批评者们总是抨击他脾气暴躁、一点就着，但当形势所需的时候，勒博也是能摆出一副讨人喜欢的样子来的——此刻的他就是那种人见人爱的大叔，就算到头来你发现他偷走了你的腕表，还是会对他讨厌不起来。现在他再接再厉，向肖特和罗杰斯介绍起线路刚刚经过重新设计的纽约马拉松赛来。根据新的线路，比赛将从斯塔滕岛出发，接着翻过维拉萨诺大桥，穿过布鲁克林区和皇后区，再经由皇后区大桥进入曼哈顿区，随后北上至布朗克斯区，最后结束于中央公园。

马拉松赛实在是很有吸引力。罗杰斯之前就参加过纽约马拉松赛，并且一直都想要再去跑上一回。至于肖特，他很想见识一下这座城市将要如何通过交通管制让选手们通过。比赛时间为 9 月中旬，两人对此都很满意，他们相互握了握手就算成交了。

跑是答应要跑了，接下来罗杰斯坚持要对方支付他 2 000 美元的出场费。勒博声称自己听到这个要求时简直怒火中烧！替肖特埋单机票是一码事，但单单为了请某个人出场就得付钱，这简直太不像话了！（“他是不是以为我会收了钱却赖账不跑呀？”罗杰斯曾在事后提出过这样的疑问）要知道办这么一场比赛能给纽约路跑者俱乐部带来成千上万美元的收入，更何况一旦少了罗杰斯（和肖特），那么这场比赛不过就是一场跨越 5 个区的大型社区慢跑活动罢了。对这两点勒博提也不提，他一心只希望运动员们能为了所谓的更高利益（精神荣誉）来贡献他们的时间。但无论勒博的动机是什么——少花些钱，抑或对跑步精神的维护，总之，这体现了赛会组织者和精英跑者之间的固有矛盾——前者通常就像是些单纯表演而不搞竞争的踢踏舞演员，他们将跑步视作一种“大众表达”的方式；而后者则认为他们所付出的艰辛和投入堪比那些收入颇丰的职业运动员。无论如何，最终勒博还是让步了，在比赛前一天，他派人将 2 000 美元现金送到了罗杰斯下榻的旅馆房间。

现在，勒博梦寐以求的比赛终于要开始了！有了肖特和罗杰斯坐镇，再加上“用脚丈量纽约市”的独家噱头，报名人数较去年翻了两番。忽然间，在一个脏兮兮的公园举行的一场小活动摇身一变成了拥有全世界最优秀跑者参与的全市性节日。勒博还从英国请来了罗恩·希尔和伊恩·汤普森（Ian Thompson），另外日本长跑好手宇佐美彰朗（Akio Usami）和芬兰名将佩卡·拜瓦林多（Pekka Päivärinta）也会来参加比赛——这些人都是世界级的好手，每个人都有争夺冠军的实力。比赛对外宣传的名字是“纽约市国庆 200 周年跨 5 区马拉松赛”，无论比赛进展如何，即便赛会组织者并没有完全切断城市交通，他们的所作所为仍注定是件史无前例的大事。

重在参与 VS 力求获胜

1976 年 10 月 24 日上午 10 点 30 分，跑者们汇集到了维拉萨诺大桥的斯塔滕岛一头。这天天气晴朗、干冷，温度非常适合跑步，如果有哪位跑者俯瞰河面或远眺华尔街天际线的话，就会发现眼前的景色简直美得不可思议！跑者们即将开始一段长达 42.195 公里的冒险，采取的是最古老的出行方式，选用的却是最新设计的线路——选手们个个跃跃欲试，充满了期待。在这一刻，无论是从现实意义还是从象征意义上讲，整座城市就摆在了他们眼前。忽然，在这一天，他们感觉自己成了主宰者。

然而，无论是罗杰斯还是肖特都没怎么去关注景色。当珀西·萨顿（Percy Sutton）鸣响了发令枪后，他们脑子里所想的就只有摆在眼前的这些公里数了。一开始，他们由着拜瓦林多（Päivärinta）打头阵，最先的 8 公里跑出了每公里约 2 分 58 秒的速度。拜瓦林多以领先第二名 42 秒的成绩越过了 12.8 公里标记处。对此，肖特毫不吃惊，他之前在福冈马拉松赛上就同拜瓦林多交过手。赛后，肖特说："他在福冈的表现差不多也就到此为止了，他今天也就这水平。"果不其然，到 16 公里标记处时罗杰斯和英国选手克里斯·斯图亚特（Chris Stewart）就双双赶上了他。两人又轻轻松松地跟跑了一阵儿，便加速超过了他。当他们来到皇后区大桥时，拜瓦林多已被远远地甩在了后面。

然而，同样被甩开的还有肖特。那天，他感到左脚有些疼痛，所以把重心更多地放到了右脚上，因此，跑起来既别扭又不舒服。跑到 20.8 公里处时，他知道自己这回追不上罗杰斯了——他能看见他的老对手在前方轻轻松松地跑着，而自己能做的却只是勉强保持住目前的状态。他觉得自己同领先者之间的联系越来越远了，忽然之间，这场比赛就变成了罗杰斯同斯图亚特两人之间的较量。

跑下皇后区大桥，选手们来到了小罗斯福路上。接下来，他们要跑下两段台阶路。罗杰斯简直无法相信一场路跑赛中间竟然会出现台阶！跑台阶路不仅会影响跑者的速度，而且还很危险。然而，赛会组织者没有办法对曼哈顿中心城区的 6 个街区都进行交通管制，因此只好采取这种折中的方案，即让跑者经由这两段台阶路来到一条被封闭起来的小马路上。东河的河水灰暗浑浊，看上去仿佛一潭死水，但好歹还是带来了一丝微风，稍稍吹散了些早高峰带来的废气污染。

尽管罗杰斯很担心台阶路，但他还是一路安全地下来了。再次来到马路上之后，他再也没有遇到什么真正的挑战。他保持住速度一路跑向布朗克斯区，不久就把斯图亚特抛到了后面。之后他又掉头跑上了威利斯大道桥，再一次回到了曼哈顿区。终于，罗杰斯跑到了中央公园，可在这里他却不得不四处躲闪着那些突然就停到面前的比赛车辆和警车。终点线附近更是一片乱糟糟的景象——围观的人群从不同的方向挤过来，有选手们的亲朋好友，有怀着崇拜之情的粉丝，还有那些偶然路过这群等待着跑者的热闹人群的游客……罗杰斯加速跑上了绿苑酒廊所在的最后一座小山坡，最终以 2 小时 10 分 10 秒的成绩通过了终点线。

罗杰斯后来曾写道：这是“我所参加过的最容易跑出好成绩的马拉松赛了”。更重要的是，他赢了肖特足足 3 分钟！这可是他第一次在马拉松项目上战胜老对手啊！在此之前，尽管一直努力地淡化着一个事实，但他的心里还是很清楚，在公众的心目中他是全美排名第二的长跑运动员，甚至在一些紧要关头连他本人也开始怀疑自己是否真有能力战胜肖特。但自从这一天起，他的自信心渐长，并且明白胜利和失败之间的差别——有的时候仅仅在于心理状态。诚然，他尚未完全摆脱蒙特利尔梦魇，在奥运会上毫无斩获依然是他的心病，但从这一刻起他给自己筑起的心理障碍已开始瓦解。这一次的胜利就好像是给罗杰斯注射了一剂自信药水，将带着他走入他跑步生涯黄金 10 年的后半段，并一路通向路跑金字塔的塔尖。

对于纽约市和跑步运动来说，1976 年的纽约马拉松赛同样是一个巨大的成功——赛会组织者最初的预期不过是一锤子买卖，结果却演变成了年复一年的定期演出。纽约马拉松赛开办至今已经吸引到超过 100 万名跑者参赛，单次参赛人数最多的一次竟高达 45 000 人。与此同时，它还为纽约市带来了数十亿美元的财政收入。此外，它还彻底颠覆了路跑赛的市场营销模式——撕下了马拉松仅仅局限于跑步狂热分子的神秘面纱，也实现了勒博想要把马拉松推广为大众运动的目标。尽管纽约马拉松赛起步较晚，但它却成了在其他大城市举办的成百上千项马拉松赛事学习的榜样。

然而，在纽约马拉松赛的成功之中却也孕育了失败的种子。勒博一心想进一步扩大这项他所热爱的活动的规模，并将其推广至更大的受众群体，甚至不惜以牺牲跑步运动本身作为代价。在勒博看来，邀请精英跑者参赛不过是营销手段罢了，他这么做无疑贬低了这些跑者作为运动员的价值。勒博固执地拒绝支付给他们与付出的努力相当的奖金，没有给予他们应有的尊重。在赛事规模变得越来越大、收入变得越来越丰厚的同时，比赛本身却沦为了一个附加品——人们的注意力更多地放在了参与而非获胜上面。这种“重在参与”和“力求获胜”之间的冲突极大地影响了普通大众与跑步运动之间的关系。在迎来跑步风潮顶峰的同时，这项运动的衰落也随之而来。

unday, August 21, 1977

233rd Day—132 days to follow

n 45th annual Falmo

ecord time of 32:23 (

er & cool – Ok to run.

1977 KINGS OF THE ROAD

第 12 章

结实的韧带

我们训练的目的就是让自己可以达到临界点，这种训练方式使肖特成了全世界最好的马拉松选手。所以，我想我们的方法是可取的。

——杰克·巴切勒

每一位具有竞争力的跑者大致都有差不多10年的黄金岁月。一些人天生体质较好，也就能多几年，而另一些人没那么幸运巅峰期就短一些。从生物学和生物化学上来解释这件事会把问题弄得十分复杂，说白了就是一件事：灵活性。年轻的身体能够自如地伸展，即使碰上运动过度或小损伤，它们也能自行适应。在运动过程中，肌肉就像太妃糖的软夹心一样不断地拉伸和收缩，有时候还会达到断裂点。事实上，在锻炼肌肉的过程中，损伤肌肉是必不可少的一个环节。正是在身体修复细胞结构损伤的过程中，肌肉才得以变得更强健。然而，随着时间的推移，灵活性却会变得越来越差。

“嘭”，震荡了整个跑步界

1976年2月14日，弗兰克·肖特在科罗拉多大学室内跑道上进行间歇训练的时候，听到了“嘭”的一声——这不是什么众所周知的调子，但却是所有投身于长跑运动的人都熟悉的声音。这一声从肖特足部发出的“嘭”，震荡了整个跑步界！如果他再年轻两岁，这次损伤的愈合情况也许就会完全不一样了——受伤的韧带周边形成的瘢痕组织就能自动痊愈而不需要动手术。但他已经28岁了，一双腿已经辛辛苦苦地跑了8年，他再也不是当年那个年轻、灵活的跑者了。肖特在跑道上跑400米的时候对腘绳肌和股四头肌造成了伤害，使这些肌肉群变得更紧、更容易被撕裂。现在，任凭他再小心翼翼地做拉伸活动，都无法使肌肉得到彻底的放松。如今的肖特就像是一个肌肉僵硬的外野手正一瘸一拐地冲向一垒，他的身体状况成了他的弱点，时间自会证明。

尽管科学家们尚未完全弄明白是什么造成了细胞损伤，但可以肯定的是，细胞功能的衰退会导致细胞组织的退化，而身体想要再发挥出最佳水平就变得越来越困难了。有些科学家认为这是由自由基引起的。自由基就是那些缺乏正常代谢产生的稳定电子对的分子，它们从细胞中的其他分子那里抢夺电子，并会破坏那些正常的分子，这样一步一步便会引发连锁反应，最终导致细胞的死亡。运动员的新陈代谢速度较常人更快，所以他们细胞损伤的速度也比那些窝在沙发里看电视的宅男宅女们来得更快（尽管他们有着更强健的心肌，体型也更瘦，可以在一定程度上弥补这方面的衰退）。此外，基因突变也会对此有所影响：在细胞分裂时不可避免地会发生畸变，导致细胞的变异、死亡或“休眠”（即细胞停止分裂）。

撇开上述身体机能本身的原因，随着时间的推移，年龄、创伤、应力伤害以及疾病都会进一步加速人体的衰退。肌肉纤维的直径会逐渐变小，这样一来爆发力和耐力会变弱，快缩肌纤维也会退化得更快（这时如果不进行足够的锻炼，它们可能永远无法恢复）。肌肉的重量逐渐减小，取而代之的则是脂肪、水分和其他组织。当跑者经历了长时间、长距离的奔跑后，他们的肌肉中会形成纤维组织，导致灵活性和活动幅度均有所减弱。而随着灵活性的减弱，跑者的步幅会变小，这反过来又进一步增加了受伤的风险。此外，随着年龄的增长，跑者体内分解骨骼的破骨细胞数量终究会超过建造骨骼的成骨细胞数量，从而导致骨密度和骨强度的降低。虽然诸如跑步之类的负重训练能减缓这种衰退过程，但想要使它完全停止却是不可能的。因此，这就出现了在年长的跑者身上更容易发生应力性骨折及其他一些下肢伤害——因为当跑者跑步的时候，恰恰是他们的下肢承担了绝大多数的压力。

然而，导致运动员表现变差的原因不仅仅是持续不断的冲击——身体还需要氧气来提供能量，为身体提供氧气的两个生理系统是呼吸系统和血液循环系统。但终有一天，这两个系统的工作能力会跟不上那些精英跑者对氧气的需求。我们的呼吸是通过横膈膜扩张胸腔来完成的，当横膈膜的机能变得越来越弱时，我们吸入肺部的空气量也就越来越少。而且即使没有横膈膜衰退这个问题，胸腔内部也不会再有足够的体积来容纳相同体积的空气，因为胸腔周围的组织会不断增厚，导致胸腔体积不断减小。年长的跑者吸入的氧气量越来越少、呼吸频率越来越低，他们的双腿和手臂肌肉在发力之前就已经处于劣势了。

与此同时，作为输送系统的心血管系统也会随着跑者年龄的增长而衰退。尽管跑步能强健心脏、扩张血管，但仍有一些证据表明极端的训练实际上会对心脏产生危害，导致纤维组织的形成，并增加罹患心脏病的概率。此外，心肌组织弹性变差，或者连接心肌组织与中枢神经系统的受体数目减少（这些都是无论怎样加强训练都无法阻止的改变）——这些变化会导致心跳变缓，并使心脏泵血的能力变弱。随着时间的推移，脂肪和血小板会沿着动脉壁黏附聚集，造成动脉壁硬化、血管通道变窄。所有这一切都会使血液循环量以及输送到肌肉中的氧气量减少。

一旦输送到肌肉中的氧气量有所减少，身体所能进行的最大程度的新陈代谢，或称最大摄氧量（VO_2 max）也会相应地减少，这或许是线粒体细胞受到损伤的结果。尽管锻炼能延缓这个过程，但衰退终究是无法避免的——大约从25岁起，它就开始了。因此，在肖特、罗杰斯和萨拉查看上去越跑越快、越战越强的同时，这个终将导致他们衰落的过程已经开始了。没有人能逃得过这个必然的结果，他们唯有希望它来得晚一些，再晚一些，使他们的好日子能比大多数人再多上两年。

“清算”的日子到了

对弗兰克·肖特来说，“清算”的日子已经到来了。以往，他受到些小伤总能自己痊愈，即使在受伤之后不能跑得更快，但至少还能跑得和受伤之前一样快。而现在，他感到脚的内侧很痛（后来他才知道那个部位叫作距舟关节，是构成脚踝的三个关节中最下方的一个），连接骨头的韧带逐渐退化，最终形成了“骨刺”——骨刺并不是真正的刺，而是由于新生的骨头直接摩擦软组织，使跑者在跑步时感觉异常痛苦。

肖特想不明白他的伤痛究竟来自何处——他并没有跌倒或扭到过脚踝，也没有谁穿着钉鞋踩到他或把什么重物摔到他的脚趾上。与多数跑步带来的伤痛一样，肖特这次的疼痛也是从后腰和腘绳肌开始，并向下蔓延到小腿肚。肌肉因紧张和过度运动而紧缩，这样一来，肌腱就必须承受更大的压力，从而使骨头受到拉扯，并进一步导致韧带像吉他弦一样绷紧，就等着那最后一“拨”。在这种情况下，正常跑步所带来的最轻微的压力都有可能将韧带给“拨”断。

从这个角度来看，尽管肖特的伤出现在不太会受伤的足部区域，但依然属于正常现象。和其他常见的跑步损伤，如足底筋膜炎、跟腱炎、髂胫束综合征、外胫夹（胫前疼痛），甚至应力性骨折一样，超负荷的运动使肌肉疲劳，从而对周围的组织产生压力，直到某一部分最终支持不住出了问题——因为肌肉相对来说更大、更重、密度更高，所以一般出问题的都是其他组织。肌肉撕裂在长跑运动员中并不常见，在短跑运动员中较为常见。除了永葆青春之外，避免损伤的秘诀就只有给予肌肉充分的时间来适应和恢复了。

然而，对精英运动员来说，伤病和健康永远只有一线之隔，他们总是时刻踩在这条分界线上——伤得太重，则无法参加比赛；不愿冒受伤的风险，又赢不了比赛。所以，即使肖特听到了“嘭”的一声，他依然继续训练和比赛。他相信这些小伤是“跑着跑着就能跑过去”的，疼痛确实消失了一段时间—— 一方面归功于他的身体修复和暂时屏蔽伤痛的能力；另一方面则是由于伤痛从来都是路跑赛的一部分，肖特不过是习惯了让伤痛“跑着跑着就跑过去”了。长跑运动产生的损伤很少会像跟腱撕裂或复合性骨折那样一下子就使运动员失去运动能力，相反，它们会在不知不觉中蔓延开来，给他们致命一击。

对肖特来说，脚是个脆弱的部位，正是足部的伤痛使他放弃了在蒙特利尔奥运会上冲击10公里跑和马拉松“双冠王”称号的尝试。而在当年秋天的纽约马拉松赛上，同样的伤痛再度袭来。但几个月后，肖特却拿下了AAU的10公里跑决赛。接着，在7月4日国庆周的那个周末，在距离为20公里的首届芝加哥传统长跑比赛上，他再度获得了冠军；次日，在亚特兰大，他又在距离为10公里的桃树街路跑赛中获胜——桃树街路跑赛在参赛人数和声望上都与法尔茅斯路跑赛不相上下。在这场比赛中，肖特战胜了比尔·罗杰斯和拉塞·维伦，而他对罗杰斯的领先优势竟多达近800米。到了8月，看情形，肖特已经为他的法尔茅斯路跑赛“三连冠”做好了准备。还有谁能赢得了他呢？艾伯托·萨拉查不行，他还太年轻了，他的黄金年代尚未到来。比尔·罗杰斯也不行，肖特确信“到了比赛最后阶段一对一单挑的时候，罗杰斯会是先倒下去的那一个”。

新的“国王”就要登基了

从年龄来看，罗杰斯与肖特同岁，但他的腿脚却要比肖特的年轻。罗杰斯早年在大学里浑浑噩噩，后来又在波士顿抽烟混日子，这样的生活现在却成了他在路跑运动中的优势。在肖特忙于同脚伤做斗争的时候，罗杰斯却越跑越顺了！在赢下纽约马拉松赛之后的4个月中，他又先后在日本的佐渡岛、京都马拉松赛以及巴尔的摩马拉松赛上获胜，此外，还赢下了好几场路跑赛，并且在米尔罗斯运动会上获得了一场 2 英里跑的冠军。但到了 1977 年春天，他却没能跑完这一年的波士顿马拉松赛。虽然，比赛当日气温高达 27℃，这在一定程度上影响了比赛，但对于卫冕冠军和赛会纪录保持者来说，半途而废依然是件令人失望的事。当罗杰斯跑上心碎坡的时候，之前频繁参赛的负面效应显露了出来，于是，就在这个他曾于 1973 年退赛的地方，他又一次退出了比赛。

罗杰斯是个极具天赋的跑者，几乎每个周末都在参加比赛，一年还要跑上 1~2 场马拉松，而这么做无疑缩短了他的运动生涯——尽管如此，他的运动生涯依然比一般人要长。若是放在今天，没有一位教练会允许自己的队员如此频繁地参赛，但罗杰斯并没因此失去什么。当时并没有什么奖金特别高的比赛，也没有什么体育经纪人代表他去同弗兰克·肖特协商比赛事宜——只要一张免费机票和一份热腾腾的餐饭就足以让他动身了。事实上，如果罗杰斯想要吃上饭，他就必须比赛——无论什么赛事，无论在哪里比。后来，有些人指责他参赛过于频繁，但跑步风潮兴起的临门一脚正是由这位总是跑在路上的罗杰斯踢出的。

总之，罗杰斯在桃树街路跑赛上输给肖特之后，并没有退回到深山中的训练场去同一大群营养学家、教练和公关顾问重新规划自己的战略、战术。当然，在桃树街路跑赛上输给了前一天刚刚跑了场 32 公里比赛的肖特令罗杰斯十分气恼，但他将之归因于肖特更优秀的赛道速度，而不是自己的健康状况。要想战胜肖特，罗杰斯需要做的就是跑得更快，而这就意味着他需要跟着大波士顿田径俱乐部在山路和户外跑道上进行更多的间歇训练以及参加更多的比赛。

8 月初，罗杰斯完成了 7 次 1 英里间歇跑，每次用时 4 分 40 秒，每两次之间仅休息 60 秒。接着，在 8 月 9 日那天，他在波士顿大学的跑道上刷新了 4 项美国纪录，分别为：15 公里、20 公里、16 公里，以及 1 小时跑（共跑了 20.548 公里）。8 月 19 日，星期五，他同妻子拉洛恩（他们俩已于 1975 年结婚）一起驾车南下前往法尔茅斯。一路上，罗杰斯感觉自己的状态从来都没有那么好过。健康状况良好，再加上车窗外天气宜人，如今他已不再惧怕肖特了。他听说他的老对头正在调养自己的脚伤，但并没当真——跑者们总是疑神疑鬼，为了这里那里的一点小伤小痛抱怨个不停，再加上自己不久前刚在桃树街见识过肖特的状态。

法尔茅斯娱乐中心正在举办赛前“博览会”——小商贩们四处叫卖着运动鞋和服装，本地银行则在一旁派送着免费的日历和钥匙圈。法尔茅斯路跑赛首次有了除肖特和罗杰斯之外的其他真正有实力的竞争者：奥运选手迈克·罗奇、来自肯尼亚的希拉里·图维、宾州州立大学强人格雷格·弗雷德里克斯（Greg Fredericks），以及来自俄勒冈大学的一对好伙伴：艾伯托·萨拉查和鲁迪·查帕。但媒体依然将这场比赛看作肖特和罗杰斯两者之间的对决，而一切报道也都围绕着肖特是否能夺得“三连冠”这个主题。

这一届的参赛人数又一次破纪录地达到了 2 800 人。汤米·伦纳德依旧参加了比赛，但里奇·舍曼和约翰·卡罗尔却只能坐在卡罗尔的保时捷里“跑”比赛了——他们得时不时停下来为领先的选手们拍照，然后再跳回车里加速赶上去。根据《法尔茅斯企业报》的报道，他们俩“就像是打游戏打了好久、好不容易终于通关了的男孩儿一样”。卡罗尔负责开车，舍曼则坐在车上，手里拿着个麦克风，将领先选手的位置通报给停在终点线的广播车。舍曼毫不掩饰自己对罗杰斯的拥护，在每一个转弯处他都大叫着鼓励罗杰斯：“冲啊，比利！”或“甩开他们，比利！”罗杰斯激发了粉丝们的热忱，此前两年从失败中奋起的状态，更令他赢得了几乎每一个人的心。对于科德角的居民来说，罗杰斯就是他们的主队波士顿红袜队，至于来自科罗拉多州的奥运金、银牌获得者弗兰克·肖特，则是他们的劲敌纽约扬基队。

发令枪刚响，罗杰斯就开始加快节奏。这天的天气对他来说简直再舒服不过了——温度不高不低正合适，湿度又比较低，他早早地就跑到了最前面。到达诺布斯卡海滩时，格雷格·弗雷德里克斯追了上来，随后，两人齐头并进了一小段。跑到灯塔附近时，罗杰斯甩开了弗雷德里克斯，重新夺回了领跑权。此前，他已经两度因为在开赛之初未能拼尽全力而最终输给了肖特。这一回，他决不会再犯同样的错误了！

肖特由着罗杰斯领跑——他对自己能战胜罗杰斯坚信不移，再说还有十几公里要跑呢。但似乎哪里有些不对劲，刚开始跑肖特就感觉自己的腿脚没有平常那么轻快和灵活了，呼吸也有些沉重。如果想要赢得比赛，他就得先放松一下，找回自己的节奏。于是他尽量跑得轻松些，由着罗杰斯去掌控节奏。然而，他内心深处已经悄悄泛起了一丝怀疑。

在艾伯托·萨拉查心中却没有丝毫怀疑。他并不打算领跑，但也不会让罗杰斯跑得离自己的视线太远。他并未视那位年长的跑者为什么大师，而且他相信比起罗杰斯，自己有着更快的步频。当萨拉查发现开赛后不久自己就跑到了肖特前面的时候，他感到了一丝惊讶，但并未多想。他和右手边的查帕以及左手边的罗奇一道并排向前跑着，以几步之遥紧紧地跟在罗杰斯身后。对于这段线路萨拉查早就熟悉了，观众们也让他感到很亲切。他做好了将要一决胜负的准备，就这样跟着自己的势头向前跑去。

跑到 F. R. 利利路的时候，罗杰斯拉开了大约十来米的优势。萨拉查跑在第二的位置，他身后几步以外跟着由肖特、罗奇、图维、弗雷德里克斯和查帕等人组成的第二梯队。当众人跑到 4.8 公里标记处时，罗杰斯依然一马当先，他的领先优势又扩大了差不多 5 米。

就在这个时候，一群骑着自行车的家伙挤上了跑道——这些人为了能更好地观看比赛紧紧地跟在罗杰斯身后。骑车人一度多达 25 个，他们骑着不同的车，穿戴着不同的装备，有老有少，就好像是一群星期天在公园里兜风的人。媒体车上的摄影记者们大叫起来，让这些骑自行车的人赶紧下去，别遮挡他们的视线（顺带提一句，他们也同样妨碍到了参赛选手们）。然而，警察却在选手们又跑了好几公里之后才意识到出了什么问题。

弗雷德里克斯再度发力，企图夺回领跑权，而这恰恰给了罗杰斯所需要的推动力来打破比赛的局面。当选手们一个接一个跑上海浪大道的时候，罗杰斯启动了，他将弗雷德里克斯狠狠地甩在了身后。这里正是之前两年肖特彻底甩开罗杰斯的地方，这一次，罗杰斯像是在驱魔一般奋力狂奔——在开阔的大道上，他飞快地迈着大步，面部扭曲，远远地甩开了对手。

肖特远远地望着罗杰斯的背影，心里充满了挫败感。他知道自己今天不可能赢了！他已经彻底跟不上他们的节奏了，甚至落到了萨拉查、弗雷德里克斯和罗奇的后面。他向后张望了一眼，看看还有没有谁追上来。事到如今，最重要的是保住现在的名次，并且在法尔茅斯路跑赛的舞台上保住自己的颜面——丢掉比赛是一码事，丢掉面子又是另一码事。肖特重新将注意力放到别再丢掉现在的名次上，以免再丢掉了面子。

萨拉查可没有去想丢掉比赛的事情，至少目前还没有。弗雷德里克斯因为之前同罗杰斯争抢领跑权而把自己弄得精疲力竭，如今萨拉查不费吹灰之力就超过了他，就像赶超一名伤员那样简单。接下来，他的前面就只剩罗杰斯一个人了。萨拉查咬紧牙关，想要奋力赶上去：他微微低着头，膝盖抬得高高的，这种重心过低的跑姿现在倒显出惊人的效率来。然而，他却依然无法追上罗杰斯。在明亮的晨光下，罗杰斯显得势不可当、所向披靡。他大步流星地绕过了法尔茅斯码头，每前进一步，就将领先优势又扩大一分。围观的人们涌上了跑道，翘首企盼能一睹冠军的风采。罗杰斯越过右肩向后张望了一眼，看到了跟在自己身后的萨拉查。但除非萨拉查能跑出每公里 2 分

40秒的速度，否则，他是不可能追上罗杰斯的。

罗杰斯保持住自己的速度，一路越过汇集在女王岛轮渡码头前的人群，穿过通往沙滩的岔路口，又拐过临海处最后一道弯。接着，他加足马力跑上了最后一座山坡。终点线就在那儿了，就在坡顶下方不到100米的地方！罗杰斯一边冲向终点线，一边朝着观众挥手致意。他的最终成绩为32分23秒，将此前由肖特保持的赛会纪录足足缩短了50秒。直至此刻，他们两人之间打成了平手：7胜7负1平。萨拉查第二个冲过终点，他的成绩是32分40秒，随后是弗雷德里克斯、罗奇，之后才是肖特。女子选手方面，1976年的波士顿马拉松赛女子组冠军金·梅里特将法尔茅斯路跑赛的女子赛会纪录提高了4分多钟，这宣告了在跑步风潮中，女性与男性是平等的。

赛后，罗杰斯喝了瓶毕雷矿泉水，接着便回答起记者的提问来。他对自己创下的新纪录表示吃惊，咧着嘴笑说自己赛前并没有抱太高的期望，但当他最后一次发力时，发现竟没人能应战，为此他感到很高兴。

就在罗杰斯所站之处的对街站着19岁的萨拉查，此时，他正被他的父亲用手臂紧紧地搂在怀中。当一名本地记者来采访他的感受时，他回答说："战胜弗兰克·肖特的感觉真棒！"老何塞为儿子的成绩深感骄傲，笑得合不拢嘴。这小子赢了奥运会冠军，还跑出了法尔茅斯路跑赛有史以来第二快的成绩！罗杰斯认为萨拉查的成绩足以"引起轰动"，并称其为"极具杀伤力"的选手——看过萨拉查跑步的人无一不同意这个说法。

尽管肖特将比赛失利归罪于他的脚伤，但这脚伤在桃树街路跑赛中并未妨碍到他，并且这一次他在法尔茅斯路跑赛的成绩只比去年创下的纪录慢了20秒而已。况且，9月，他将在一场5公里跑的比赛中跑出自己在这个项目上的个人最好成绩。因此，无论如何解释，在那场比赛中，在那一天，没有人比比尔·罗杰斯跑得更快了！肖特带着长跑选手不变的乐观精神坚信自己会卷土重来——他的脚伤会痊愈，他的成绩会提高，至于什么年龄和衰老，那永远都不会成为他的问题。然而，肖特错了！王冠已经从他的头顶移走了，新的国王就要登基了。

1977

KINGS OF THE ROAD

第13章

给我把钱拿出来

> 在我两度打破世界纪录之后，弗雷德·勒博问我：“我们难道没有付给过你钱吗？”我说：“没有！我都不知道你们居然还有这笔经费！”假如一直不知道钱的事儿，我本可以单纯满足于吃饭、训练和比赛的。
>
> ——格蕾特·韦茨（Grete Waitz）

赛事主管们手里提着大袋大袋的现金，上门去邀请跑者参加他们的比赛。他们很懂行情，并不会直接去同跑者本人交涉。相反，他们会去买通教练、跑者的妻子或丈夫，甚至他们的朋友——这是圈内公开的秘密，有钱能使鬼推磨，赛事主办方负责掏钱，跑者们负责奔跑和冲刺，然后回家数钱。说什么其他所有人都坐在那里大发横财，独独除了成天卖力训练和参加比赛的运动员本人，这种滥俗的小说情节简直太荒谬了！

1美元1米

人生总能比小说更加荒谬。就像发生在《卡萨布兰卡》(*Casablanca*)中里克咖啡馆（Rick's café）里的故事一样，当弗兰克·肖特在负责奥运会运动项目的总统委员会面前声称“我们都是职业运动员”时，国会表现出了一副震惊的样子——这才真叫人震惊呢！肖特的本意是想让这些负责立法的大佬们意识到美国在国际竞争中一败涂地的根本原因。他解释道，目前他们这些所谓的业余运动员到哪里去参加什么样的比赛，全都由AAU说了算，而AAU又不给他们提供任何经济上的补助，致使他们只能在贫困中度日。与美国的情况不同的是，其他一些国家却在积极地对所谓的业余运动员进行安置和供养，让他们享受与职业运动员同等的待遇。不幸的是，肖特的这次发言竟然差一点使他丧失了参加国际比赛的资格。

然而，时间将证明肖特是对的。将运动员毫无道理地划分为“业余运动员”和“职业运动员”是从英国的大学制度中遗留下来的传统。当时，做出这种划分的目的是防止落魄潦倒的无产阶级同上层阶级形成竞争。很多年以来，这群所谓的业余运动员利用各式各样新奇的手段来规避业余运动员规则。譬如，1928 年，一名奥运会田径选手拥有一个由布克兄弟公司为其开设的公款账户，赞助商们直接将支付给他的钱打到这个账户上即可。1964 年奥运会 200 米跑冠军得主亨利·卡尔（Henry Carr）曾这样形容收钱的过程："就好像是在上演《007》谍战片或悬疑片一样……一位鞋商代理人先走进洗手间，在一个隔间里留下一个信封。等他出来后，我随即进入那个隔间，打开信封，里面通常放有六七百乃至几千美元。"1968 年，《体育画报》有一期的封面讲述了阿迪达斯和彪马"大打商业战"的故事，说这两家公司"在墨西哥城奥运会上，争先恐后地四处签下顶尖田径运动员们去穿自己的产品"。运动员们好好地利用了一把这种商业竞争，他们讨价还价以期获得最高价码。当时的平均签约价在 1 000 美元上下，有时最高甚至能谈到上万美元。1971 年，鲍勃·赫什（Bob Hersh）在《田径新闻》（*Track & Field News*）上发表了一篇揭露性报道，详细描述了这样一件事：一名室内 600 米跑选手为自己开出了"1 美元 1 米"的要价，有一次，因为赛会组织者少付了 100 美元给他，他竟然在跑了 500 米后就从跑道上下来了。

当然，绝大多数跑者不会做得那么明显。肖特在他的跑鞋里找到过被塞进去的现金；罗杰斯则把讨价还价的事情都交给妻子拉洛恩处理；来自加州的一名赛会组织者阿尔·弗兰肯（Al Franken）承认自己先将出场费付给田径俱乐部的经理们，再由他们将现金分发到旗下的跑者手中。这种有组织的蹩脚戏码时时刻刻都在上演，即便如此，单靠这些钱大多数跑者依然入不敷出，他们往往还需要再打一份工来糊口。大波士顿田径俱乐部的队员们往往在当了一天邮差或巡逻了一整日之后，大晚上的才能挤出时间跑上 20 公里。比尔·罗杰斯在波士顿马拉松赛上刷新美国纪录的那一年，同时还打着一份时薪 1.65 美元的散工：替人割草坪。而就在同一年，美国国家橄榄球联盟的四分卫乔·纳马思（Joe Namath）与百露公司签下了一份200万美元的合同。

并不是每个人都穷得叮当响，但确实没有一个业余运动员能得到像职业运动员那样的回报。在跑步运动员当中，要价最高的是1英里跑选手，他们平均每场比赛的收入达到了1 000多美元。1979年，美国1英里跑选手史蒂夫·斯科特（Steve Scott）在国际上排名第三。他在欧洲的赛道比赛中能获得平均每场1 000美元的收入，又因为顶着1英里跑进4分钟者的头衔每年会有10 000美元进账。此外，他比赛时只穿纽百伦（New Balance）跑鞋，并因此每年能收到额外的10 000美元。1973~1979年的6年里，世界跳高冠军德怀特·斯通斯（Dwight Stones）作为一名业余运动员共进账约20万美元。他的“致富经”是在东海岸或西海岸同时订下两场比赛，这样，他就能将交通费省下一半藏进自己的口袋了。斯通斯的另一项收入来自为好成绩开出的奖金：在一次比赛中他开出条件，要想他跳出打破世界纪录的成绩就必须支付500美元的奖金，当要求得到满足之后他才刷新了世界纪录。斯通斯经营起生计来可谓相当地务实——他可以灌醉赛会主席，也曾拒绝接受某几种外国货币，甚至还贯彻实行了一种所谓的“切片式成绩提高法”。切片式成绩提高法，即在某些比赛中刻意留一手，表现得比他的实际水平略差一些，以保证在日后的比赛中还能再度获得好成绩奖金。假如你能超过原纪录两公分，为什么要一次性做足呢？为什么不一次只超过一公分，分两次来完成呢？斯通斯最终因为收受“暗钱”而遭到国税局的调查，但他被AAU除名的原因却是对某次体育比赛的奖金进行了“不当分配”，而非因为任何一笔在他的业余运动员生涯中所收的非法钱财。

随着跑步风潮的兴起，跑步成了美国的一项大产业，彪马、阿迪达斯和耐克这些公司从中大赚了数百万美元。这些公司之所以能致富全依靠跑步运动员们，但这些运动员中的绝大多数却依然过着贫穷的日子，不乏像比尔·罗杰斯那样依然需要依靠食品券和打卑贱的散工才能勉强糊口的人。当罗杰斯赢得波士顿马拉松赛之后，他确实可以借着刚得来的名气从赛事主办方那儿“榨”出点儿小油水来，但是白天的那份散工仍然丢不得。差不多就在那个时期，弗兰克·肖特开始经营跑步装备的生意。但为了获得许可，肖特同国际田径联合会（IAAF，国际性田径运动的管理组织）进行了漫长的谈判，还签订了一项协议——保证他个人的持股比例不得低于51%，并且公司不得使用他的名字来注册商标。在那个年代，跑步运动员不可以通过举办讲习班赚钱，也不能通过为商品或设备做广告赚钱，总之，不能利用他们的名声获得任何形式的收入。这实际上就是断了他们的谋生之路。

罗杰斯将这套制度称为“冒牌业余运动员制度”。和肖特一样，罗杰斯要想开店卖自己的商品，也不得不持有不低于51%的股份，这使得他连店面都很难开起来。此外，业余运动员规则还禁止他借助自己的肖像或所取得的成绩来推广他所经营的跑步服饰。1979年，罗杰斯从他的生意中仅仅赚到了7 000美元。为了贴补家用，他接受了一些比赛邀请——如果那些赛事主办方在支付给他膳食费的基础上还包餐的话。AAU从那些在路跑赛事上打广告的企业那里获得了巨额收入，却连一毛钱都不拿出来回馈跑者，罗杰斯对此提出强烈抗议。他认为，由于不为运动员设立任何奖金，这套业余运动员制度根本不可能吸引到媒体的关注，其结果只能是在这些运动项目上，美国将永远也招徕不到有天赋的运动员代表国家出征国际赛场。

然而，历史却会证明罗杰斯说得并不准确。当美国的路跑赛最终开始设立奖金之后，金钱所起到的作用仅仅是吸引到不少东非人离开了他们土生土长的大陆。日后，称霸路跑赛场的恰恰正是这些东非裔运动员。到了那个时候，所有这些在没有奖金的岁月里就开始跑步、参加比赛的顶尖的美国本土跑者们却都已英雄迟暮，退出了舞台。在长距离跑项目上，金钱并不是能带来金牌的灵丹妙药。肖特就是在没有一分钱回报的情况下摘得奥运金牌的，而在他之后，却没有一名美国选手再次夺魁。事实上，正因为少了金钱因素的干扰，运动员们才能够不受约束地奔跑，将注意力集中在跑步运动本身而不是被金钱交易迷住了双眼。在肖特、罗杰斯和萨拉查跑步的那个年代，取得好成绩的渴望与解决实际温饱问题的需求同时存在，相得益彰，那产生的效果大概是金钱永远都难以企及的吧。

时代变了

故事并非如此简单。今天，一场精英马拉松赛的奖金约为 5 万美元，仅相当于一名顶级的棒球运动员每挥出一棒就能到手的金额。对于一个生长在非洲草原的孩子来说，跑步已深深植根于他的血液与所处的文化之中，更何况这样一笔巨款已足以使他做梦了；但对于一个有天赋的美国孩子来说，这些钱根本算不上什么。因此，时至今日，我们的社会仍然将跑步视作那些打不好橄榄球、棒球或篮球（甚至也踢不好足球、玩不好曲棍球）的孩子才会从事的运动项目。只有极少数对跑步极度狂热的家伙才能凭借好运气或好的训练方法寻找到他们的缪斯女神。但随着这个国家的风气日益痴迷于无所不能的美元，这本就是极少数的群体就更是越来越小了。

还记得汤米·伦纳德第一次把比尔·罗杰斯和马蒂·利阔里请到科德角时的情形吗？他只担保了会有免费啤酒供应和穿比基尼的女郎就轻松得逞了。住宿问题交给伦纳德的朋友们就可以了，他们为跑者们提供了自家的客房；膳食问题则交给志愿者们去打理，他们在当地高中的体育馆里煮意大利面作为晚餐。这一切当然很美好，但要是同福冈马拉松赛期间日本人用来招待肖特和罗杰斯的豪华宾馆比起来，那可真就是小巫见大巫了！在美国以外的地方，似乎并没有哪个国家在遵循这一套规矩：欧洲的赛道赛组织者们会在比赛现场公然分发现金，而芬兰、捷克斯洛伐克等国则向本国的运动员们提供军事领域的虚职，以便他们能有时间和经费来进行训练。相形之下，美国的跑圈简直就像个一贫如洗的“穷亲戚”。

到了1977年的时候，再要想把顶尖跑者们吸引到科德角来，单凭一顿免费的意大利面晚餐和一张客床可就远远不够了。要想对抗桃树街路跑赛和其他那些会将现金塞进参赛选手跑鞋、成功吸引到大量人气、自身知名度一年高过一年的大型赛事，法尔茅斯路跑赛需要的是更多的钱，那个数目早已超出本地商人比尔·克劳利所能承受的范围了。在弗雷德·勒博的鼓动下，伦纳德乘坐美国东方航空的班机来到了纽约，与经营矿泉水生意的法国毕雷公司的代表们会面。伦纳德穿上了他最好的行头：一件掉了一颗纽扣的蓝色运动上衣，一条沾染了比萨渍的卡其裤。在一位梳着发髻的金发女郎的引领下，伦纳德走进了一间会议室——从那里望出去，中央公园的美景一览无遗。一群西装笔挺的绅士就在那里聆听伦纳德侃侃而谈绕过诺布斯卡灯塔、跑上海浪大道时的美妙感受。介绍完这些，他又进一步向他们推销起赞助这项比赛的好处来。

其实伦纳德刚一开口同他们打招呼就已经说服了这些代表们——毕雷品牌的营销策略是将其产品同洁净、健康的生活方式相结合，这与跑步风潮相当契合（该公司当时已经是纽约马拉松赛的赞助商了）。毕雷的总裁觉得伦纳德实在有些不修边幅，但他絮絮叨叨的样子还挺讨人喜欢。他们很快就给他开出了一张5 000美元的支票，暗自窃喜自己捡了个大便宜——他们心里清楚得很，一单印刷广告都要比这笔赞助费贵上4倍，而所能吸引的消费者却及不上一次路跑赛。现在，只需花上个零头，法尔茅斯路跑赛就能在整个夏季为毕雷矿泉水提供一个大规模的公共宣传平台——每一篇与赛事相关的新闻报道都会提及其赞助商，而T恤、横幅以及挂满整个新英格兰乃至全美国的海报上也都会贴上毕雷公司的大名。对于品牌推广来说，这是一个绝佳的机会。很快，“毕雷”就成了“跑步与健康”的同义词（尽管刚跑完比赛就喝汽泡水是大多数跑者决不会做的事情）。

然而更令人吃惊的是，面对这样的市场契机，那些主要的路跑赛事竟然个个都没能将其好好利用起来！看看高尔夫或其他一些远没有跑步来得竞争激烈、扣人心弦的运动项目，就会知道从企业赞助商那儿是能够捞到大笔资金的，可是跑步运动却从未获得过如此丰厚的赞助费！如今，赞助一场纽约马拉松赛（全球最大的路跑赛事之一）的花销约为 200 万美元，但是对于职业高尔夫巡回赛（PGA）来说，这笔钱只刚刚够冠名一场最小规模的单场比赛，而整个 PGA 巡回赛每年能拉到大约 10 亿美元的赞助。

当然，如此高的收益电视可谓功不可没。对企业赞助商而言，数以百万计观看高尔夫大师赛及其他 PGA 赛事电视直播的观众是天赐良机，根据《每日体育商业》（*Sports Business Daily*）的报道，耐克品牌从 2007 年四大高尔夫巡回赛最后一轮比赛中所获得的曝光机会价值 570 万美元。而在同一年的网球赛场上，雷克萨斯在其所赞助的美国网球公开赛中获得的曝光率相当于在 CBS（哥伦比亚广播公司）购买了 1 200 万美元的广告时间。因此，面对如此好的广告良机，企业自然乐意斥巨资。

但是，在多数情况下，跑步运动却是指望不了电视曝光的。纽约马拉松赛只在本地电视台播放，并未覆盖全国。法尔茅斯路跑赛在其鼎盛时期曾一度出现在新兴的有线电视频道 ESPN（Entertainment and Sports Programming Network，娱乐与体育节目电视网）上，但并非实况直播，而是事后播放经过了大量后期剪辑的录像。即使有哪场路跑赛有机会获得实况直播，由于多数播音员对这项运动知之甚少，他们通常会把侧重点放在富含人情趣味的故事上，而忽略比赛本身。此外，插播广告也会对播放节奏造成影响，发生在插播广告期间的比赛中的关键时刻往往会在画面切回赛场后即刻被遗忘，类似情况绝非罕见。大概在那些电视台高层的眼中，跑步不过就是一脚前一脚后的单调重复，与电视节目的戏剧性属性丝毫不沾边。不过话说回来，他们倒十分乐意花好几个小时去播放一群腹部软趴趴的家伙不停地走路去找回一只坑坑洼洼的小白球，好像那才是全世界最令人兴奋的事情似的。

另外，电视收视率的作用也同样被高估了。人们统计这些数据时是这样假设的：一名身穿带有赞助商标识T恤衫的运动员被电视观众看见时即算作一次免费广告。之后，他们计算出这名运动员累积的曝光时间及其在市场上的广告价格，并据此开具支票。但是要知道，假使一名运动员公开表示他忠诚于某个品牌，这一行为本身就能大大提升该品牌的声誉，而人们却大大低估甚至完全忽略了这一层影响。即使完全没有电视曝光，一名运动员身穿耐克运动服参赛或使用阿迪达斯装备，粉丝看到后也会留下极深的印象。电视确实会显示出品牌的大名，但它的作用仅仅在于若非通过电视镜头，数百万观众就无从获知运动员所钟爱的品牌罢了。然而，在路跑赛中，数以百万计的跑步运动拥趸们却能真真切切地看到跑者们穿戴的跑鞋、短裤和T恤衫。在这些真人公告牌的面前，电视的威力将大大失色。当比尔·罗杰斯脚穿一双耐克跑鞋赢得波士顿马拉松赛冠军的时候，超过50万名观众亲眼目睹了这一事实。等这些人回去向他们跑步社区的朋友们一做宣传，则立马又会有上百万的人听到这一事实。如今，耐克已跻身全球最有价值的运动品牌之列，而在当年，作为一家生产跑鞋的公司，它起家靠的不是在电视上打广告来吸引消费者，恰恰是通过请跑者们将耐克跑鞋穿在脚上。

当AAU和国际田径联合会逐渐放宽它们的条款，并在1977年允许肖特和罗杰斯分别开始他们的生意之后，金钱开始流入跑步运动之中。1979年，托AAU的福，肖特同希尔顿（Hilton）集团谈成了一笔买卖。他担任起希尔顿的收费顾问，负责向入住酒店的客人提供跑步建议和健康饮食选择，并对酒店所在城市的跑步线路进行推荐。而最重大的进展则发生在1981年，在肖特、罗杰斯及其他运动员的游说之下，国际田径联合会批准了一项“信托”机制，允许运动员们接受奖金和出场费，但要求他们将这些收入存入信托基金，并且只允许这些钱作为“合法的训练费用”支出。从那以后，闸门总算打开了，那种将运动员毫无道理地划分成业余运动员和职业运动员的传统终于彻底瓦解！

看到自己的努力所带来的诸多变化，肖特却与另外一些运动员发出了哀叹。1984 年时，他曾写下过这样一段话：“如今，跑步运动似乎越来越具有职业体育项目的特点了。但对跑步运动本身来说，这可算不上什么好事。”他指出，经纪公司的兴起削弱了比赛的竞争性（因为经纪公司会为他们所代理的运动员挑选比赛，刻意避开某些针尖对麦芒的恶战）。同时，他也预见到终有一天，顶级的跑者们参加比赛，不再是出于对跑步运动的热爱，而是出于对金钱的热爱。

这一刻终究还是来了，甚至来得比肖特所预言的还要快。

1978
KINGS OF THE ROAD

第 14 章

鬼门关口走一遭

> 我记得我紧跟在罗杰斯身旁，不断对自己说“可不能让他给跑远了”。而之后的事情，我就完全不记得了。
>
> ——艾伯托·萨拉查

在俄勒冈州，艾伯托·萨拉查将行李从他的旅行袋中取出来之后，便与室友鲁迪·查帕一道住了下来。这所校园中多是些来自像格雷舍姆和萨瑟林这些西北部小镇的学生，在一群面色苍白、不爱运动的学生中间，萨拉查和查帕这两个年轻人显得格外富于浪漫主义色彩——橄榄色的皮肤，乌黑发亮的头发，典型的跑者式精瘦身段，就好像是身处异教徒中的西班牙神祇，吸引了大批女生。但如果那些女大学生们所期待的是酒神节的滥饮狂欢，她们注定要大失所望了——萨拉查保守又洁身自好，从不沾毒品，喝起酒来也相当有节制，晚上按时上床睡觉。同他比起来，查帕更像是只夜猫子，但他熬夜是用来学习而不是用来参加派对的。查帕的父亲靠打零工为生，尽管查帕和萨拉查一样投身于跑步运动，但他却很清楚运动员可当不了一辈子，所以早早地就为后半生做起了打算，计划从事财务或法律工作。至于萨拉查，他的眼睛里除了跑步还是跑步。

未来，来得总不够快

他俩的教练是比尔·德林杰。德林杰曾参加过三届奥运会，并在1964年的东京奥运会上拿到过5公里跑项目的铜牌。他本人也毕业于俄勒冈大学，并曾在耐克品牌创始人之一比尔·鲍尔曼手下训练过。后来，德林杰成了鲍尔曼的助手。1973年，鲍尔曼退休后，德林杰便接替了他的教练位置。尽管在训练方法上德林杰大肆仿效他的导师，但在性格上，他们两人却有着天壤之别。

鲍尔曼是个狂热分子，他所热衷的并不局限于跑步装备，还涵盖了训练方法、营养学说和健身理念。他去新西兰拜访完朋友兼同僚阿瑟·利迪亚德之后，回来写了《慢跑》(*Jogging*)这本书，有90页之厚，初版发行于1966年，共售出100万册。人们普遍认为，正是这本书将利迪亚德的辅导理念引入了美国，点燃了美国民众的跑步热情。鲍尔曼可以算是美国历史上最有名的径赛教练之一，他头脑敏锐、执行力强，俄勒冈大学的田径计划正是由他制定并推广开来的。他非常具有远见卓识，但多数时间里并不是个容易相处的人。德林杰则与鲍尔曼不同，他以一种更放任的态度对手下的运动员进行训练。他会丢给他们一份训练计划——通常出自鲍尔曼之手，让他们自己去完成。如果他们弄虚作假，那是他们自己的事情，他不负责监督。

跑者们总是要弄虚作假的。跑步运动的本质决定了对个人成绩的重视，个人成绩虽不至于比集体成绩更重要，但也绝不亚于后者。与橄榄球、棒球或篮球这些团体项目不同，当一支赛跑队输掉比赛的同时，其中的个别跑者却依然可以成为赢家。不仅如此，即使是从一支失败的团队中，也能跑出一位NCAA冠军甚至奥运冠军来。因此，尤其是在教练为整支赛跑队制定统一训练计划的情况下，有些跑者总会感到有改动训练指示的必要。一位超级明星跑者，或者一位自封的超级明星跑者——更可能只是将教练的指导视作一份建议，并根据自己认为最好的方式自行调整。

鲍尔曼决不会容许这样的事情发生。他与普利方坦之间关于跑步训练的激烈争执可谓人尽皆知。鲍尔曼认为，只有他才明白什么是最好的，如果普利方坦那个臭小子不乖乖听话照办的话，那就有他的好果子吃！鲍尔曼才不会任由普利方坦比原计划加量多跑一圈呢，他会直接上前一脚把他给踹下跑道。

但是德林杰对待他的运动员则是睁一只眼闭一只眼，比鲍尔曼宽容多了。

萨拉查和查帕便很好地利用了这一点。他们二人是继普利方坦之后最被看好的运动员，这一点他俩心知肚明。如果德林杰让他们跑 8 次间歇跑，他们很可能会跑上 10 次；如果德林杰说用每公里 3 分 01 秒的配速来跑，他们会把时间缩短到每公里 2 分 55 秒。对萨拉查而言，要他跑起步来保存实力、留有余地总是个难题。从九年级时第一次参加一场 32 公里跑比赛开始，他就始终在挑战他人看来他所达不到的极限——无论这个“他人”是他的父亲、大哥还是斯奎尔斯教练。而今，他身边又多了名“共犯”，这使他如虎添翼，干起这样的事情来就更无法无天了。挣脱了来自父亲和斯奎尔斯教练的铁腕束缚，再也没有什么能限制住他了。他拼命地奔跑，想要一下子就跑到未来，可未来到来得总也不够快。

身体算什么？

未来也确实无法来得更快了。萨拉查对俄勒冈大学的第一年深感失望。他早早地就遭遇了伤病，在 NCAA 锦标赛到来之际仍未康复，结果只跑了第 9 名。这个名次其实已经很不错了，但并未达到萨拉查对自己的期望。他心不甘情不愿地回到了韦兰市，整个暑假都在帮父亲的公司进行工程建设。小萨拉查与老何塞一大早就驱车前往新罕布什尔州，回城途中老何塞会提前 11 公里将萨拉查放下，好让他跑完剩下的路程。这样的跑法是很累人的，萨拉查常常跑到筋疲力尽。然而，离开家的这一年对他来说大有好处，父子之间的关系如今缓和了不少。

8 月，萨拉查在法尔茅斯路跑赛中获得了第二名。这令他大为振奋，这不仅证明他的伤病已经痊愈，还表明他的训练已步入正轨。萨拉查在比赛中还战胜了弗兰克·肖特，对此他激动不已——几乎要赶上他的父亲老何塞了。回到韦兰市之后，老何塞同一切愿意听他侃侃而谈的人分享了这条劲爆消息：他的儿子战胜了奥运会金牌得主！这真是个令人心跳加速的时刻啊！暑假结束的时候，萨拉查带着追逐荣耀的梦想回到了尤金市，他的脑子里成天想着念着的就只有比尔·罗杰斯了。

那年秋季，俄勒冈越野队赢得了NCAA越野锦标赛的冠军，作为队中的一员，大二学生艾伯托·萨拉查跑进了前5名。更为重要的是，萨拉查在这次比赛中遇到了他未来的妻子，大一新生莫莉·莫顿（Molly Morton）。莫顿来自波兰，也是一名长跑运动员。她是个阳光女孩，满头金发、个性开朗，与黑发、阴郁的萨拉查形成了鲜明的对比。尽管莫顿创下了俄勒冈大学3公里跑、5公里跑和10公里跑的纪录，她却十分厌恶竞争。“这和在学校里学习是一样的，”她说，“我喜欢与同学们打成一片。这不是说我不喜欢学习，我只是讨厌测验考试！”

莫顿一开始觉得萨拉查简直就是“拼命三郎”——他太执着于训练，也太想赢得其他选手了，但最终还是被他打动了。不过，他们最初的交往却没能持续多长时间。莫顿很快就移情别恋，迷上了撑杆跳高运动员汤姆·辛特纳斯（Tom Hintnaus）——辛特纳斯就是那个后来成为卡尔文·克莱因（Calvin Klein）男士底裤偶像模特的大帅哥。那幅著名的平面广告是由布鲁斯·韦伯（Bruce Weber）操刀拍摄的，相片中的辛特纳斯有着古铜色的肌肤和优美的肌肉线条，向后倚靠在一面被粉刷成了白色的墙上，浑身上下唯一的覆盖物就是一条CK底裤。1982年，当这幅相片被挂上时代广场的巨幅广告屏时，四周的交通都为之堵塞了。

萨拉查伤心欲绝。他将失意化作动力，在路上狠狠地惩罚起自己来，瞒着德林杰教练加跑了许多间歇跑。他也借着这件事与父亲抗争，明确地告诉老何塞自己绝不会去当什么医生——他把自己的专业换成了市场营销和金融学。萨拉查的这种做法就是后来为人所熟悉的那套模式：用直面抗争来克服失望，用享受痛苦来激励自己越跑越快。

到了春季，俄勒冈大学鸭队迎来了他们的老对手，华盛顿州立大学队——该队以拥有伟大的肯尼亚裔运动员亨利·罗诺（Henry Rono）为荣。罗诺是第一波离开自己的故土、代表美国大学参加比赛的非洲裔跑步运动员之一，他在长跑项目上创造出了一长串世界纪录。这一次，在5公里跑比赛中萨拉查战胜了罗诺，并以13分42秒的成绩夺得了冠军。这是一个历史性的时刻，其意义不亚于在法尔茅斯路跑赛中战胜肖特。然而这份胜利却没能维持多久，几周之后，在太平洋十校联盟（Pac-10）锦标赛上，罗诺又打败了萨拉查，一雪前耻。之后没多久，萨拉查就遭遇了另一场大败仗，在NCAA 10公里跑决赛中屈居第6。

他才刚上大二，还有足足两年时间来出征大学比赛。客观地说，他有充足的时间来征服世界。他的精神导师比尔·罗杰斯在大学时代的战绩也毫不起眼，弗兰克·肖特也是在大三时才开始展现出一些潜力的。但萨拉查可没那么好的耐心，他等不及了。他得出结论，自己训练得不够卖力。适可而止这种观念只适用于凡人，而他可是萨拉查家的种！他一门心思将目标锁定在路跑赛上，发誓决不会再被打败了！

精英比赛与大众运动的平衡

每个周末，赛场上都会有一些试图赢他的小屁孩儿。对于他们，比尔·罗杰斯早就习以为常了。曾经，他也是他们中的一员，但是现在，他自己成了那个目标大人物。由于肖特此前进行了足部手术，现在正卧床静养，罗杰斯在路上再也找不出其他对手了。1978年，他共参加了30场比赛并赢得了其中的27场。他在一场10公里路跑赛中打破了世界纪录，在百事可乐杯（Pepsi）全美10公里挑战赛以及纽约和波士顿两场马拉松赛中均获得了胜利。如果萨拉查想要战胜罗杰斯，那他可得好好下一番工夫了！

1978 年 2 月 16 日，长跑运动正式进入了公众的视野——长跑再也不是怪胎和疯子才会干的事情了。就在这一天，吉姆·菲克斯（Jim Fixx）的畅销书《跑步大全》（*The Complete Book of Running*）登上了非小说类图书畅销排行榜的榜首位置。在此后的 91 周中，该书始终保持在销量榜前 10 的位置，总销量超过了 100 万册，这使其作者成了新纪元时代的倡导者。菲克斯曾经一度体重超标，还吸烟，并且有家族心脏病遗传史；现在，他成功地将那些新纪元运动信徒的狂热和痴迷引到了跑步这项运动上。菲克斯在书中大力鼓吹全民适用的大众健身和健美理念，该书的封面图片也设计得相当到位：红色短裤之下，菲克斯肌肉发达的双腿展露无遗。

这股大众参与的风气在那年夏天的法尔茅斯路跑赛上达到了顶峰。尽管 1978 年的这场比赛以网罗到了全美（或许乃至有史以来）最具竞争力的选手阵容为荣，但从当时来看，公众对参赛选手的兴趣远不及他们对跑步运动本身的兴趣那么大。《波士顿环球报》用语出惊人的口吻写道：“比赛最初的意义已然让位于‘重在参与’这个新观念，与其你争我夺，倒不如平平淡淡地自得其乐。”而在肯尼·穆尔为《体育画报》撰写的文章中，则从另一个角度哀叹大多数参赛者身材不佳，并点明“在如今全美 2 500 万跑步的人当中，有 75% 才刚跑了不足两年”。

汤米·伦纳德一直以来都梦想着将比赛变成一场街头派对。现在，真的实现了！不过，面对肖特和罗杰斯这样的精英运动员，他依然满怀敬意，看到他们能来参加比赛，他依然觉得像在做梦一样。伦纳德是一个真正的狂热追随者，他能够领悟和欣赏伟大的精湛技艺并从中汲取灵感，并且从来不会对其视而不见。直到那个夏季之前，法尔茅斯路跑赛都一直在精英比赛与大众活动之间寻找着平衡点，期冀通过精英选手的参与来激励大众参赛的热情。然而现在，杠杆开始朝大众运动那边倾斜了。

精英选手们并非没有意识到这种变化。比尔·罗杰斯一如既往地展现着他的优雅风度,其他一些人面对拥挤的人群、起跑线和终点区却颇多怨言——一些选手甚至放弃了法尔茅斯路跑赛，直接去海外或其他那些参赛人数较少的地方比赛，在那里至少没人同他们抢道。在那些经验丰富的选手看来，这一届比赛的大多数参赛选手都缺乏经验，不管仲夏季节又闷又热的天气导致什么惨剧发生都不会令人感到意外。当然，没有一个人会料到，这个惨剧竟然发生在了一名精英选手身上。

对萨拉查来说，人多人少并没有多大影响。作为最有希望的种子选手之一，会有专车把他送到起跑线跟前。发令枪响起后，他也很可能一如既往地跑在第一梯队，仿佛与绝大多数人跑的不是同一场比赛。不得不直面大众参赛者干扰的只有那些排名靠前的女子选手们—— 一些男性大众参赛者会硬挤到她们身边，试图跟着她们的节奏来跑，又或者仅仅是贪图借她们的光为自己赚到些曝光机会。于是，在那些领先的女子选手四周，常常可以看见围了十好几个男子选手，这真既教人恼火又容易使人分心（而且，由于比赛规定禁止女子选手跟着男子选手跑，她们还得背负被判犯规，甚至被取消参赛资格的潜在风险）。不过，萨拉查也得应付他自己的一群崇拜者——他们多是些年轻跑者，将萨拉查视为普利方坦的继承人，渴望接近他、感受他的魔力，哪怕他能对他们点一下头也好。萨拉查对待他们的态度是彬彬有礼却毫不热情，摆出一副情愿他们能离自己远点好让自己好好比赛的神情。

萨拉查只同鲁迪·查帕和南希·罗宾逊说话——鲁迪是特地飞到东海岸来陪萨拉查跑这场比赛的，罗宾逊是赛事医疗主管的女儿。萨拉查在被莫顿甩了之后，开始同罗宾逊交往。罗宾逊和鲁迪两个人本身也都是这次比赛的有力竞争者，即便如此，他们俩心里十分清楚，这是萨拉查的比赛——他就像是一匹在肯塔基赛马会开赛之前浑身冒着汗珠的纯种马，因为在 NCAA 赛场上受挫而怒气冲冲，亟待一场救赎。当萨拉查还是个男孩时，就曾来法尔茅斯参加过比赛，如今，他已经成长为一个男人，还有什么地方能比这个“后院”更适合证明他的勇气的呢？这可真是酿成大祸的绝佳配方啊！

高手对决

天气热吗？萨拉查根本没留意到。对夏季来说，这天的温度算不上太高；对法尔茅斯路跑赛来说，这天也不是有史以来最热的比赛日。何况这一届比赛的开赛时间提前到了上午10点，比以往早了2个小时。太阳躲藏在浓雾后面，给人以温和的假象。这点小热同当年萨拉查战胜过金的7月的内布拉斯加州根本没得比，即便如此，还是令人感到不适。而湿度之高更是暗藏了更大的威胁，这使得身体的自我降温能力被削弱了。再过一会儿，鲁迪·查帕就会对此有所察觉了——他说“我得往自己的头上泼水，而且我感觉当水刚流到脖子的时候就好像已经沸腾了”。

对那些来自本地的选手来说，海角地区厚重的浓雾早已见怪不怪了。他们还知道，晌午过后阳光就会慢慢将这些雾霾烧干烤净的。不过，这天上午的雾霾显得特别厚重。整场比赛中最热的一段是沿着平直的海浪大道跑，因此，他们打定主意，在跑到接近法尔茅斯港处的树荫底下之前得有所保留。要想做出这个明智的决定，光靠跑过一两回这条路线的经验是不够的，还需要选手对潜在的危险有所认知，并且在比赛过程中时刻保持警惕。而这后两条萨拉查一条都不具备。

于是，当发令枪响后，萨拉查径自冲到了前面。当人群在图书馆前转过第一道弯的时候，他身处第一梯队之中。在他的前方，唯一一名有力的竞争者就属迈克·罗奇，罗奇很快就会为自己一开赛就跑到了最前面而追悔莫及。此刻，比尔·罗杰斯大约排在他们身后十几个位次。选手们奋力地跑上了海岸警卫队的哨所所在的那座小山坡，之后右转进入教堂街，又一个接一个地跑过了吱嘎作响的老木桥。当他们经过弥赛亚教堂的时候，一群刚做完主日弥撒的礼拜者们为他们加油鼓劲。接着，他们便来到了通向诺布斯卡海滩的第一道下坡——罗杰斯在这里找到了他的节奏追了上来。他不过是稍稍提速，来了个令人几乎难以察觉的小冲刺就轻易来到了第一梯队之中。萨拉查越过自己的左肩觉察到罗杰斯赶了上来，于是本能地加快脚步跟上罗杰斯的节奏。

从海面吹来一阵微风，让选手们误以为这天还挺凉爽的。但事实上，由于水分无处蒸发，排出的汗液都只能覆在皮肤表面，无法给他们带来任何帮助。当再次爬上一座山坡并消失在灯塔后的一片丛林中时，他们已经个个热得受不了了——他们的身体试图通过每一次呼气来排掉哪怕一丁点儿的热量。

现在，真正的较量才刚刚开始。那些虚张声势、外强中干的“纸老虎们”已经不见了踪影，而真正能跑的人渐渐追了上来。再不会有哪项赛事能像法尔茅斯路跑赛这样了，也再不会有哪一届法尔茅斯路跑赛会像 1978 年这一届这样了。最终排名前 20 的选手中有 19 个是美国人，他们中的每一个都能赢得任何一场没有其他 18 位选手参与的比赛。萨拉查、布鲁斯·比克福德（Bruce Bickford）、格雷格·迈耶（Greg Meyer）、赫布·林赛（Herb Lindsay）……这些年轻人即将迎来各自辉煌的职业生涯；而罗杰斯、罗奇、克雷格·维金、加里·比约克隆、兰迪·托马斯、杰夫·加洛韦、埃德·希恩（Ed Sheehan）、安比·伯富特……这些人此时已然处于职业生涯的顶峰。在女子选手方面，琼·贝努瓦·萨缪尔森脱颖而出，将自己 1976 年的成绩足足缩短了 4 分钟，并借此进入了公众的视野，最终一步步成长为美国有史以来最优秀的女子长跑运动员。不过，这一届法尔茅斯路跑赛的特殊之处并不仅仅在于其参赛选手阵容的庞大，更在于竞争精神、大众的狂热以及令人目眩神迷的喜悦的震颤都在这一刻到达了巅峰。在这样一个时刻，没有一个人愿意低头朝下看。

当第一梯队来到那一片丛林中时，各种局部的小型对抗便爆发了——鲍勃·霍奇单挑兰迪·托马斯，比克福德单挑迈耶。一旦有谁突然加速向前冲去，对抗便会就此拉开序幕。有的人会拿起一杯水往头上浇去，随后将纸杯扔到道路中央；有的人则会离开集团跑到一边去看表，看完之后再回到人群当中——他们就这样边跑边耍着小心眼。道路上上下下起伏不定，树荫下全是蒸发不掉的水汽，凝滞的空气里弥漫着潮乎乎的味道。高手对决，没有最强，只有更强，没有最快，只有更快！

没多长时间，第一梯队就只剩下罗杰斯、罗奇、维金和萨拉查 4 个人了。在他们面前，一条长约 2.5 公里的海滩道向前平铺开去，这段路笔直而平坦，能跑出速度来，但也充满着危险。现在，雾霾已经散去，阳光直射下来。尽管是顺风跑，但却并不能为选手们带来丝毫凉爽。罗杰斯开始加速，其余 3 人尽力跟上去。第一个掉队的是罗奇，他刚开始跑得太快，现在腿像灌了铅一样，才几秒钟的工夫，他突然就落后于其他人三大步了。没过多久，罗杰斯再度加速，这一回轮到维金吃不消了，他此前在欧洲连续比赛了一个月，小腿肚早已又酸又胀。他放慢步速，为争夺第 3 名而保存实力。

现在，就只剩下萨拉查一个人还不愿服输。他又累又热，但很清楚自己还有体力，能跟得上罗杰斯的速度。胜利不过是个心态问题——他之所以会在 NCAA 上输掉比赛，正是因为在比赛中放任自己接受了“自己会输”这个念头。此刻，他强迫自己不去想输赢，只关注面前的道路。他相信自己的意志力比任何一名对手都要强——从他小时候在里卡多的带领下绕着房子跑圈，到刚进高中就参加了一场 32 公里跑比赛，再到在内布拉斯加州拿下那场 5 公里跑赛道赛，所有的辉煌时刻都发生在自己拒绝承认失败的可能性时。身体算什么？不过是精神的奴仆！不过是一大块肥肉罢了！身体无权做决定，它只能服从命令——他让它跑下去，它就得跑下去。他的大脑下达了指令，于是，他的肌肉收缩，膝盖抬高，双脚交替着离开身后的地面。

他没有赢，还差点丢了命

对任何一位跑者来说，输掉的比赛总要多过获胜的，罗杰斯也不例外。比起胜利的喜悦，他更熟悉失败的痛苦。尽管并非自愿习惯于此，但失败却总是家常便饭——只要有一个人率先冲过了终点线，剩下的所有人就都只能屈居其后了。罗杰斯最近状态确实不错，连续赢得了多场比赛，但他一直都知道这一刻终将到来。他就像是个既有天分又经验丰富的棒球捕手，在看见球员休息区里那个年轻力壮的新手戴上面具的那一刻，便感觉到自己老化了的关节在那儿吱嘎作响。现在，这个新手来了！艾伯托·萨拉查转向自己并开口问道："嗨，老比尔，要不要让我来领跑呀？"比赛不就是这么回事嘛？自己不也曾亲口说过"把国王拉下马"嘛？

"去吧，你来领跑吧。"罗杰斯说。他做好了被萨拉查反超的心理准备，并且开始评估自己是否能战胜维金和罗奇保住第 2 的位置。第 2 名并不理想，但终归还是比第 3 名好一些，而且输掉一场比赛并不代表王冠就此易手。即便如此，罗杰斯仍需要克服竞争格局的变化所带来的失落感以及这种变化可能预示的前景。

罗杰斯保持着先前的姿势——头部压低，双眼直视前方。他就这样等了几秒钟，却并未见到萨拉查的身影。他有些疑惑，但是在那一刻，他更专注于如何保持住自己的节奏和名次。直到过了大约半分钟，他才有空分神想一想"不知那个年轻人究竟怎么了"。这个念头转瞬即逝！罗杰斯依然跑在最前面，围观的人群沿途挤了好几层，他的支持者们大声地为他加油鼓劲。比赛还剩下 3 公里多，他得集中精神好好跑。罗杰斯跑到了海浪大道的尽头，向左拐弯离开了海滩，一步步拉大了与其他选手的差距。

而在这个时候，萨拉查的大脑仍然在向他的身体发送着指令，但他的身体却只能对它自身发出的更原始的语言信号有所响应了。排汗会使人体失去水分，当萨拉查身体组织中的体液含量降低时，毛细血管便开始从他自身的血液中汲取水分来加以补充。这就导致了血容量的降低，进而导致血压的降低。为了保持足够的血压，动脉血管便会自动收缩，这时流往大脑的血液量并未发生变化，流往四肢的血液却减少了。由于缺血，他的肌肉便得不到足够的氧气来产生能量，也无法将诸如二氧化碳和乳酸之类的代谢垃圾排出体外。很快，萨拉查的脚步开始踉跄起来，在路上忽左忽右地跑起了“之”字。克雷格·维金超过了他，迈克·罗奇也超过了他。他从第2掉到了第4，接着掉到了第5、第7、第8，最终跌落到了第10。鲍勃·霍奇是在通往法尔茅斯高地的最后一座小坡那儿赶上萨拉查的，当时他就觉得萨拉查看上去“东倒西歪”，很不舒服的样子。

如果萨拉查能在那个时候停下来，喝上一些果汁和水的话，他很可能马上就恢复了。但没有人知道他已经到了崩溃的边缘，他看上去就像是因为一开赛跑得太猛所以现在没力气了而已。至于萨拉查本人，他已经意识模糊、晕头转向了。随着进一步排汗、进一步失去更多的水分，他的动脉也在更进一步地收缩。到了最后，他的大脑终于也供血不足了。

即使在这样的情况之下，萨拉查依然坚持跑完了剩下的3公里多路程，这充分展现了他坚韧不拔的精神和顽强不屈的意志，但这也是极其危险的。当最终冲过终点线的时候，他的体温已经烧到了42℃多，比人体正常体温高出了近6℃——如此高的体温极有可能导致死亡。此时，他已经完全停止了排汗，皮肤像纸片一样又干又薄。一名赛事志愿者注意到萨拉查跌跌撞撞地走下终点处的斜坡，急忙上前扶住了他，半搀扶半地将这位年轻的选手送进了医疗帐篷。阿瑟·克拉戈（Arthur Crago）医生在那里接待了他们。

克拉戈医生立即看出他中暑了——面色惨白，东倒西歪，虚弱至极。为了应对这种状况，志愿者们提前就准备了几只盛满冰块和凉水的塑料盆。现在，克拉戈医生将萨拉查领到一只浴盆前，帮他坐进去。萨拉查坐了进去，但是他很不舒服，刚一坐下就大喊大叫、左拍右打起来。这是很常见的中暑症状，中暑的病人们常常神志不清却斗志昂扬，而这也是极其危险的——他很可能会伤到自己或者在一旁帮忙的志愿者。更糟糕的是，他可能会把整个浴盆都给掀翻。现在，当务之急是把他的体温给降下来，只有这样才能避免癫痫发作或脑损伤，而最好的降温方法就是让他泡在冰水里。

赛事医疗主管阿瑟·罗宾逊医生闻讯赶来，萨拉查对着他发出一连串咒骂。当他事后想起自己的所作所为时，感到万分尴尬，罗宾逊医生可是他女朋友的老爸啊！而他可一直都是个信奉天主的好男孩，从来不会像鱼贩子那样脏话连篇的。不过好在罗宾逊医生之前就见识过中暑病人的能耐了，知道他们是有可能表现出这种好斗症状的。他一边看着同事的诊疗笔记，一边静静地听着这位年轻病人大爆粗口、大发牢骚。

没多会儿萨拉查的父亲也赶了过来，医疗帐篷下的分贝立马上升了几个等级。其实这时小萨拉查的体温已经降了下来，但老何塞信不过赛事医生，坚持要他们将儿子送到医院去。然而在这个时候，即使是乘坐救护车前往最近的医院，也可能导致病人的体温再度飙升并带来无法弥补的后果。最好的疗法就是让他继续在冰水里泡着，直至体温恢复正常。但何塞·萨拉查坚持己见，他的嗓门越来越响，肢体语言也越来越激烈。最终，医生们叫来了一辆救护车。但当救护车到达的时候，小萨拉查的体温已经降到了39℃以下，这时再让他离开冰水、前往急诊室已经没有什么危险了。两位医生将他抬上了轮床，交由急救医护人员照料。伴随着何塞·萨拉查的哀号，救护车朝着法尔茅斯医院开去，鸣笛声响彻天空。或者如果要说成是老何塞的哀号响彻天空，伴随着救护车的鸣笛声，也是说得过去的。

几个小时之后，当四兄弟酒馆沉浸在一片沸腾的欢乐之中时，正在狂饮的宾客们见到了一位意外来客——只见艾伯托·萨拉查闲庭信步地走了进来。他走起路来还有些僵硬，却神气十足。他向众人展示了自己手臂上被护士扎静脉注射液所留下的针孔，并逐一回答他那些已经喝得醉醺醺的同僚们的提问。是的，他确实差点死掉；是的，他父亲确实叫来了一位神父，而那位神父也确实为他进行了临终告解。但是现在，他就在这儿，活得好好的，并且已经做好了继续跑步的准备！

汤米·伦纳德为他倒了杯啤酒，他的前队友们一一上前同他握手。接着，人们聚到了一起，为这片土地上最公平的赛事——法尔茅斯路跑赛干杯！自动点唱机突然开始奏乐，跳舞时间到了。没多久，在伦纳德的伴唱声中，老派人士便跳起了吉特巴舞。

萨拉查没有跳舞。他一个人站在靠近吧台的地方，回想着今天的比赛——他没有赢，甚至还差点丢掉了性命。然而此刻，一股坚定的满足感——姑且称之为快乐吧，充盈着他的心。即使在身体乞求快停下来的时候，他依然没有放弃，直闯到鬼门关口，看见了另一头的风景——那里没有闪耀的灯火，也没有天国所谓的庄严的乐曲，更没有什么生平闪回或临终忏悔。但是，他在那里遇见了天使，并且得到了他们的庇佑与照料。现在，他对此深信不疑。

“跑呀，小萨拉查，”他们说，“跑呀。”

1979 KINGS OF THE ROAD

第 15 章

跨越国门

> 我就像个白皮肤的肯尼亚人一样长大。
>
> ——克雷格·维金

到20世纪70年代末的时候，美国人已稳坐跑步运动的头把交椅。比尔·罗杰斯在马拉松项目上排名世界第1；克雷格·维金在10公里跑项目上位居第2；马蒂·利阔里在5公里跑项目上同样排在第2位；而在1 500米跑项目上，史蒂夫·斯科特和唐·佩奇（Don Paige）分列第3位和第7位。在他们身后，还紧跟着诸如赫布·林赛、柯克·普费弗（Kirk Pfeffer）、托尼·桑多瓦尔（Tony Sandoval）以及艾伯托·萨拉查这些后起之秀。弗兰克·肖特在经历了足部手术和背部伤痛之后，仍处于康复期，但在莫斯科奥运会来临之际，人们仍把他视为最有希望的种子选手之一。事实上，从当时的情况来看，美国确实很有希望在1980年的奥运会马拉松项目上包揽前三甲。

然而，还没等肖特重返跑道恢复训练，变数的种子就已经被埋下了。从非洲大陆的东海岸、赤道沿线的埃塞俄比亚、肯尼亚和坦桑尼亚这些国家，走出了一批运动员，他们曾深受殖民统治，现在开始争取在冠军奖台上占据一席之地。很多人将希望寄托在本国新一代的运动员身上，最终这些人将会取代那些来自美国本土的竞争对手们。尽管关于为什么非洲裔运动员会如此擅长长跑运动的争论依然甚嚣尘上，但可以肯定的是，在这件事上并不存在什么基因上或种族上的谜团。事实上，无论在哪个洲答案都是一样的：要有支持和鼓励这项运动的文化将一群志同道合的运动员们汇集到一起。

瑞典疯子和赤脚大仙

1941年，在同盟国军队的帮助下，埃塞俄比亚获得了解放。随后，新政府开始建设自己的军队，尤其是空军部队和皇家警卫队。期间，瑞典向埃塞俄比亚提供了飞机，并派遣部分退役军队前去协助国王海尔·塞拉西一世（Haile Selassie）。在被派往首都亚的斯亚贝巴的瑞典方人员当中，有一位名叫奥尼·尼斯卡南（Onni Niskanen）的教官,他出生于芬兰,和伟大的帕沃·鲁米算是半个老乡。尼斯卡南曾是一名中距离跑和越野跑运动员，据说，他对体育运动痴迷到了让第一任妻子受不了的地步，她勒令他只能在自己和体育之间二选一。幸运（对埃塞俄比亚而非他的那位妻子来说）的是，他选择了体育。尼斯卡南日后将自己的工作形容为“将埃塞俄比亚领进了奥林匹克大家庭的大门”。要知道在这个没有任何体育组织、体育基础设施和体育教练的国度，做到这点绝非易事。

尽管困难重重，尼斯卡南还是在1948年伦敦奥运会期间与相关组织取得了联系，随后便开始着手在埃塞俄比亚国内组织跑步比赛，甚至还拿出了自己过去获得的奖杯作为奖品。尼斯卡南相信，对一个习惯了奔跑的民族来说，长跑简直就是为他们量身订制的运动项目。他们最普遍的日常交通方式就是跑步了。在那些非洲国家，工人们上下班靠的都是慢跑，还常常会在背上背个小背篓，装上些食物或其他什么东西。同时，对一个没有体育馆也没钱配置像样的体育器材的国家而言，选择长跑运动也是一个十分现实的决定。然而，刚开始的时候，尼斯卡南手下的那些运动员们可不买他的账——他很难将他们组织起来，按照自己的指示和要求进行训练。但没过多久，这些人就意识到赢得比赛能为他们在军队或警察局里谋得一个好差事，单单这一点就足以激励他们乖乖听话、认真训练、全力比赛了。

尼斯卡南是在帝国卫队军官学校里遇见阿贝贝·比基拉的。比基拉靠着玩一种当地的球类游戏拿到了军官学校的录取名额。这是一种在当地的牧羊人中相当流行的游戏，有点类似于超长距离的曲棍球比赛，也是用一根弯曲的木棍去击打一只木球，这种游戏的场地并没有统一的规格，在不同的村子中，双方球门柱之间的距离有时甚至会长达数公里。尼斯卡南在看到比基拉跑步之后，便下定决心要将他培养成一名奥运冠军。在他的指导下，这个年轻的埃塞俄比亚人开始进行间歇训练、服用维生素补充剂，并改进自己的跑步方式，让自己跑起来更松弛（尼斯卡南曾说，比基拉跑起步来就像是个“正在操练的士兵”一样）。

在尼斯卡南的训练下，比基拉很快就在竞争中脱颖而出了。当他第二次参加马拉松比赛的时候，不仅击败了国内的长跑传奇人物瓦米·比拉图（Wami Biratu），更是比前一届奥运会马拉松赛冠军的用时快了整整 3 分钟。就这样，他获得了代表埃塞俄比亚出征 1960 年罗马奥运会的资格。当他抵达罗马城的时候，没有一个人认识他，他之所以引起体育记者们的注意是因为他竟然是赤脚跑步的——他们猜想这是因为他太穷了，没钱买鞋，也没条件好好训练。但事实上，比基拉不过是习惯了赤脚跑步而已。他的脚底板又厚又黑，他的一个对手形容它们像是“大型军车的厚轮胎”。到了罗马之后，他也曾试着为自己找一双合脚的鞋进行跑步。但穿上鞋之后，他的脚却被磨出了水泡。于是，他脱掉鞋子，重新赤脚。

时间来到了 9 月一个晴朗的傍晚，5 点 30 分，罗马奥运会马拉松比赛正式开始了。看到这位埃塞俄比亚选手竟然赤脚来参加比赛，在起跑线附近围观的人们都忍不住窃笑起来——谁也没把他当回事。然而，当枪声响起后，比基拉迅速跟上了一位来自苏联的夺冠热门选手，在前 5 公里都处于第二梯队之中。5 公里过后没多久他便追上了跑在更前面的选手，并将自己的位置稳固在了这个 4 人集团之中。跑到 18 公里的时候，摩洛哥的冠军选手拉迪·阿布德萨勒姆（Rhadi Abdesselam）开始提速，只有比基拉跟了上去。之后的 12 公里，他们两人一路并肩前行，一旁的赛事解说员则不断纠结于“比基拉”这个名字的正确发音。在距离终点线还有 2 公里左右的时候，比基拉终于发力了——阿布德萨勒姆没能跟上他。最终，比基拉以 2 小时 15 分 16.2 秒的成绩冲过了终点线，创造了一项新的世界纪录。

比基拉的胜利意义非凡！在比基拉之前，从来没有一位非洲运动员在奥运会的任何项目上夺得过金牌。不仅如此，更令人震惊的是，比基拉在赛前完全就是个无名小卒，谁也不知道他是从哪个角落冒出来的（迄今为止，比基拉仍然是唯一一名赤脚参赛并夺得奥运会跑步项目金牌的选手）。尽管尼斯卡南在赛前就向人们提及比基拉的实力，但没有人把这个瑞典“疯子”和他手下的“赤脚大仙”当回事。事情很快变得不一样了！

罗马奥运会之后，比基拉一发不可收拾，在接下来有他参加的 13 场马拉松赛中，赢得了 12 场。到了 1964 年的东京奥运会，尽管在赛前数周才刚动手术摘除了阑尾，他依然成功卫冕马拉松冠军，并又一次打破了世界纪录。就这样，比基拉成了整个非洲大陆名声最响也最受尊敬的人。后来，他不幸遭遇了车祸，导致全身瘫痪，并于 4 年后死于脑溢血，享年 41 岁。他的死让全世界都为之哀悼！

非洲跑者登台

尽管比基拉过早地离开了人世，但他所取得的成就标志着非洲跑步运动员正式登上了国际舞台。继比基拉之后，一位年轻的肯尼亚运动员受其鼓舞开始了自己的中距离跑运动生涯。基普乔格·凯诺（Kipchoge Keino）的早期经历与比基拉颇有相似之处，他也是在进入警察学校之后才走上运动员之路的。凯诺仅用了不到 3 年的时间就成功进入了肯尼亚国家队，并远赴澳大利亚出征大英帝国和联邦运动会。又过了两年，在 1964 年的东京奥运会上，他将自己在 5 公里跑项目上的成绩进一步提高了 25 秒，并获得了第 5 名的成绩。正是在这一次东京之行期间，他给自己买了一顶橙色的棒球帽，这顶帽子后来成了他的标志性物件——他总是戴着它参加比赛，并且总是在最后冲刺的时候摘下帽子抛向空中。这个浮夸的动作与凯诺的性格很不相称，要知道在对手眼中，他可是一个极其“害羞而友善”的人。

但他跑起步来可一点都不害羞，反倒积极得很。凯诺是那种遇强则强的选手——只要有人同他争夺第一，就总能激起他的斗志，使他发挥出最佳水平。1965 年，他打破了 3 公里跑和 5 公里跑两项世界纪录。同年，他的 1 英里跑成绩为 3 分 54.2 秒，与世界纪录仅 1 秒之差，同时，他还是第一个 1 英里跑进 4 分钟的非洲选手。在那一年举办的首届全非运动会上，凯诺夺得了两枚金牌。次年，在大英帝国和联邦运动会上，他又拿下了三枚金牌。而真正令他名声大噪的，还得数 1968 年的墨西哥城奥运会。

在那一届奥运会上，凯诺参加了 1 500 米跑、5 公里跑和 10 公里跑三个项目的角逐，再算上预赛的话，就表示他得在 8 天之中跑上 6 场比赛。而凯诺竟然是带着未被确诊的胆囊感染来到墨西哥城的。在首场决赛即 10 公里跑决赛中，还剩 3 圈时他不得不因疼痛退赛。仅仅过了两天他就重返赛场，在 5 公里跑决赛中获得了银牌，只比第一名慢了 0.2 秒。他最后的夺冠希望落到了 1 500 米跑项目上，这个距离差不多相当于英制的 1 英里，而他的头号劲敌则是世界纪录保持者、美国名将吉姆·莱恩。莱恩已有 3 年不曾在 1 英里跑项目上输给过任何人了，更何况莱恩的状态很好、精力充沛，而凯诺则不仅带着伤病，且已经跑过 5 场比赛了。

如果这还算不上什么，那么莱恩的绝招就是重头戏了，他总会在冲刺阶段给对手致命一击。这就意味着凯诺要想不在冲刺阶段被莱恩甩开，就必须从一开始就拼了命跑。可如今在他身体状况不佳的情况下，这几乎是无法完成的任务。然而事实上，凯诺跑第 1 圈仅用了 56 秒，跑完 800 米的用时为 1 分 55.3 秒，比世界纪录还要快。在墨西哥城这样一个海拔较高、空气稀薄的地方，他跑第 3 圈仅仅用了 58 秒。还剩 200 米时，凯诺领先莱恩 12 米。

这时，莱恩开始发力冲刺，但凯诺也毫不示弱，最终没有让莱恩超过自己。他的成绩为 3 分 34.9 秒，一项新的世界纪录就此诞生！事实上，凯诺下半程跑得比上半程还要快，如果他能保持这个速度跑完 1 英里的话（大约还需要多跑 100 米左右），是完全可以打破莱恩所保持的 1 英里跑项目的世界纪录的。

接下来的几年中，凯诺继续在中距离跑项目上连连取胜。然而，在慕尼黑奥运会的时候，他遭遇了另一位同样来自东非的运动员的挑战。菲尔伯特·巴耶（Filbert Bayi）自幼在坦桑尼亚阿鲁沙市乞力马扎罗雪山山脚下成长。年少时，他跑步上下学，有时候单程就得跑上 13 公里还多。凯诺是他童年时的偶像，他总是尝试着去模仿这位前辈。17 岁那年，巴耶来到首都达累斯萨拉姆（前首都，现任首都为多多马），当上了一名空军技术人员。工作之余，他就在这座炎热潮湿的城市里跑步。巴耶用自己的方法进行速度训练——他常常与吐着柴油废气的公交车赛跑，把乘客们上下车的时间当成自己的休息间歇。这当然算不上什么正规的间歇训练，但他依然靠这种方法获得了 1972 年奥运会障碍赛跑和 1 500 米跑两个项目的决赛资格。

今天，我们认为东非只盛产长跑运动员。但是在肖特拿下马拉松项目金牌的那一届慕尼黑奥运会上，肯尼亚选手却在 400 米跑和 800 米跑这两个中短距离跑项目上获得了季军，1 500 米跑项目上拿下了亚军，3 000 米障碍赛跑中夺得了冠军。可惜的是，当凯诺包揽了肯尼亚的两块奖牌（障碍赛跑金牌及 1 500 米银牌）时，巴耶却在比赛中遭遇到了其他对手的包夹——他没能突出重围，失去了与领先的选手一决高下的机会。赛后，巴耶发誓，在今后的比赛中再也不会让类似的事情发生了。于是，他开创了一套标志性的比赛风格，《体育画报》将之形容为“貌似自杀式领跑”。刚一开赛，巴耶就一马当先冲到最前面去，将自己同其他选手间的距离拉得远远的。这样做的结果，不是因体力不支被别人后来居上，就是能赢得辉煌的胜利。尽管多数运动员都认为这种爱出风头的做法并不是什么好习惯，但巴耶这么做却不是出于什么表现欲，他只是更喜欢自己一个人跑在最前面罢了。观众们也爱看这样的场面，他们知道，只要赛场上有巴耶的身影，那么比赛就一定会很精彩。

巴耶最著名的一场比赛是 1974 年大英帝国和联邦运动会上的 1 500 米跑决赛，这也是田径运动史上最激动人心的比赛之一。比赛地是新西兰的克莱斯特彻奇市（基督城），与巴耶同场竞技的有肯尼亚选手本·吉普乔（Ben Jipcho）、东道主选手罗德·狄克逊（Rod Dixon）以及约翰·沃克（John Walker）。枪声一响，巴耶就冲到了最前面，一路保持了多达 20 米的领先距离，直到比赛还剩下最后一圈。在最后一圈的时候，吉普乔和沃克试图赶上来，但巴耶最终成功保住了领先位置，并且打破了由吉姆·莱恩保持的世界纪录。巴耶的速度快得惊人，带着众人一路狂奔，结果，在他之后撞线的第 2 名～第 5 名选手的成绩也全都排进了该项目历史最佳成绩的前 10 名。这场比赛同时也标志着巴耶与沃克之间长期较量的开始——这场漫长的、跨越大洲的对抗为他们两人都赢得了不小的声誉。

几年之后，巴耶又跑起了马拉松。他的首次亮相是在 1979 年的纽约马拉松赛上，对手中就有比尔·罗杰斯和艾伯托·萨拉查。而就在巴耶为纽约马拉松赛做准备的同时，另一位来自东非的选手，肯尼亚运动员希拉里·图维正在美国大学里发起另一波非洲攻势——与他并肩作战的有他的同胞亨利·罗诺，别忘了这个罗诺正是萨拉查的死敌。就在去年，罗诺在 81 天里打破了 4 项世界纪录，而图维则在 1978 年法尔茅斯路跑赛中获得了第 6 名——到了 1979 年的时候，他已是公认的最具竞争力的冠军挑战者之一了。

换岗的时候到了

当时，来自非洲的运动员们发现美国的大学制度能够使他们轻易得获得免费的食物和住所。与此同时，目光长远的美国跑步教练们则看到了一大群未经培育的好苗子：这些非洲裔运动员具有极佳的天赋，能为他们的项目带来翻天覆地的变化。通过这种双赢的合作，之后的几年，华盛顿州立大学、维拉诺瓦大学和得克萨斯大学埃尔帕索分校的学校排名大大提前。

然而，1979 年的法尔茅斯路跑赛还没到非洲选手大展身手的时候。他们还得等上几年，1983 年才是他们出人头地的时候，而那一年差不多刚好是定义跑步风潮的 10 年之末。1979 年，跑步界依然是红白蓝（美国国旗的颜色，指美国）的天下。但这一回，靠的却不是肖特、罗杰斯或萨拉查中的任何一个。

肖特在脚伤痊愈之后表现得不错：他在纽约的特雷维拉杯双人赛中跑了第三名，仅次于罗杰斯和维金；而在科罗拉多州和芝加哥的两场比赛中，他更是打败了罗杰斯。罗杰斯在这一年成功拿到了他的第三个波士顿马拉松赛冠军头衔，并打破了由他所保持的全美纪录。至于小萨拉查，他在 NCAA 越野锦标赛中击败了罗诺，拿到了个人生涯的第一个冠军头衔，并在 10 000 米跑项目上荣获了“年度全美最佳运动员”的称号。

然而，1979 年的法尔茅斯路跑赛却属于那些非马拉松选手，那些赛道跑选手们——他们有着更快的步频，也更加适应法尔茅斯路跑赛的距离。克雷格·维金是美国 10 公里跑项目纪录保持者，这个项目的距离与法尔茅斯路跑赛（11.3 公里）大致相当。赫布·林赛（Herb Lindsay）则刚于不久之前刷新了 16 公里跑项目的全美纪录。尽管罗杰斯依然是最受大众喜爱的夺冠热门，也是汤米·伦纳德心目中的冠军人选，但比赛的结果却是，在“波士顿比利”跑完全程之前，维金和林赛已双双冲过了终点线。肖特最后跑了第 5 名。维金的成绩更是比罗杰斯所保持的赛会纪录快了 2 秒。在这一届比赛中，排名前 7 的选手的最终成绩相差不超过 26 秒，可见竞争有多激烈！

罗杰斯永远都像个政治家那样表现得体——他先向获胜者道贺，接着宣称自己来年一定会跑得更努力。肖特则表示对自己的成绩感到满意。他们两人都没有将这个时刻看得有多重要。事实上，没过几个月，罗杰斯就拿下了纽约马拉松赛的“四连冠”。但是，他们两人从此以后再也没能在法尔茅斯路跑赛上获胜。正如维金后来所说的，1979 年的这场比赛寓示着“换岗的时候到了”。

在这个国家的另一个角落里，一名年轻的跑者正在崛起；而在大洋的彼岸，一整片大陆正在蠢蠢欲动。钟摆一声一声不停地敲响，他们的脚步马上就要落下了！

1980 KINGS OF THE ROAD

第 16 章

勇敢新世界

> 我要报仇！就在那一年，我加入了共和党。
>
> ——唐·佩奇

1979年12月，当苏联坦克挺进阿富汗国土之际，肖特、罗杰斯和萨拉查正在为美国奥运预选赛和1980年的莫斯科奥运会做着准备——他们忙得热火朝天，并没有怎么关注这件事。罗杰斯依然对他在蒙特利尔的失利耿耿于怀，渴望着能在这一届奥运会上一雪前耻。现在，他依然是排名世界第一的马拉松运动员，而且已稳居路跑赛霸主地位两年之久了，但从未在奥运会上获胜这个事实依然使他芒刺在背。就算跑得再快，就算再多战胜肖特几次又如何呢？人家那位耶鲁毕业生始终是手握一金一银两块奥运奖牌的人啊！罗杰斯将莫斯科视为他击退心魔的机会。至于肖特，尽管他再次受到了伤痛的干扰，且在之前的纽约马拉松赛上发挥失常，但是没有人会不把他算进这一届奥运的夺冠热门人选——尤其是肖特本人。萨拉查？他迄今为止还没跑过马拉松，所以当然不会拿奥运舞台开玩笑。相反，作为NCAA第一级别（最高级别）越野赛的冠军获得者，他将目标定在了10公里跑项目上。马拉松，就再等等吧。

马拉松名将化身愤青

在布鲁塞尔召开的北约组织紧急会议上，民主德国大使罗尔夫·保尔斯（Rolf Pauls）第一个提出了联合抵制莫斯科奥运会的建议。时任美国总统的吉米·卡特（Jimmy Carter）附议支持，认为这是在不采取军事行动的情况下对苏联入侵行为最有效的谴责。与1936年的德国一样，苏联这次也希望借助奥运会来展示本国政治制度的优越性，用体育竞技成绩来证明共产主义的强大与胜利。而一旦西方各国联合起来抵制莫斯科奥运会，就等于否定了这个简单的等式，也等于拒绝见证共产主义的光辉时刻。

回国后，卡特先是通过美国奥林匹克委员会去游说国际奥委会采取行动——或者改期，或者索性取消这一届奥运会，但国际奥委会拒绝了这项提议。于是，卡特开始在国内造势，鼓动国会、普通民众乃至运动员本人，号召大家决不能姑息苏联的恶行。最终，很大程度上要“归功于”副总统沃尔特·蒙代尔（Walter Mondale）的一番充斥着道德呼吁和爱国精神的演讲，美国奥委会众议院投票通过了联合抵制莫斯科奥运会的决议。

这项决议立即引来了运动员的一片斥责。罗杰斯认为，这完全是因为美国政府害怕苏联的体育优势。“他们纯粹把我们当成了工具和手段，”他说，“以前怎么从来没见他们关心过我们？现在看我们有利用价值了，就跑来借我们去达到他们的目的！”在波士顿马拉松开赛前一周，《波士顿环球报》在头版位置刊登了一条标题为《马拉松名将化身愤青》（*Marathon Man Turns Angry Young Man*）的采访，罗杰斯的愤怒跃然纸上。为了抗议美国奥委会的决议，他决定不去参加国内的奥运预选赛了。罗杰斯非常排斥这种因政治上的权宜而团结一致的做法，当然，这样一来，他也就能一心一意备战波士顿马拉松赛了。结果，罗杰斯第4次赢得了比赛，并且成了有史以来唯一一个在纽约马拉松赛和波士顿马拉松赛上均荣获“四冠王”头衔的人。面对如此骄人的战绩，他的祖国却无动于衷，还残忍地剥夺了他奥运夺金的梦想，这怎能不令他感觉被欺骗了？他又一次被他所不信任的政府给背叛了，誓言一辈子都不会原谅卡特总统的这个决定。

肖特却对此表现出了出人意料的泰然。就像他事后所写的那样，他认为这个决议“从任何一个角度来看”都是错误的，但同时也承认自己“对这些事情不是很了解”。如果总统说这件事关系到国家利益，那么他就暂且相信是这样的好了。但事实是，当时肖特已经很清楚自己不可能赶在莫斯科奥运会到来之前完全恢复了，要想在这一届马拉松赛中再次跑出好成绩是不可能的了。他后来确实参加了国内的预选赛，但只跑了第27名，比他本人1976年的预选赛成绩足足慢了15分钟。鉴于这种情况，再跳出来公开反对联合抵制的决议对他来说已经没有任何意义了！所以，即使在维护自己的权益一事上仍然表现得很积极——看看他在攻击业余运动员制度上所付出的努力就知道了，但要他去抗议联合抵制莫斯科奥运会的决议？他就没什么兴趣了。

至于萨拉查，他如今已经升大四了。这本将是他作为大学生运动员的最后一个田径赛季，但为了更好地为奥运会10公里跑做准备，他决定去肯尼亚集训一个月，并因此申请成为“红衫运动员”①。“对一名国家级运动员来说，”他在《14分钟》里这样写道，“奥运会是全世界唯一一个真正的竞技场，是你获得声望的地方。假如你是一名职业运动员的话，那里还将是你真正能赚到大钱的地方。”结果，他大半个春天都有伤在身，直到预选赛来临之际都未完全恢复。不过，他最后还是跑了第三名，第一名则由克雷格·维金获得。维金的成绩打破了美国纪录，只比世界纪录稍稍慢了一丁点儿。从理论上来说，维金和萨拉查都获得了参加奥运会的“资格”，但这个资格现在却只能永远地停留在理论阶段了——他们就像是空有一身世界级战斗力的英雄，却偏偏苦于无用武之地。

最终，共有65个国家缺席莫斯科奥运会，其中一些国家将运动员组织起来，前往费城参加了一场仓促组织起来的所谓的“奥林匹克‘联合抵制’运动会”（官方名称为“自由之钟经典运动会”）。美国政府为全体美国运动员授予了一个特许奖—— 一枚国会荣誉勋章。1英里跑运动员史蒂夫·斯科特直接把它叫作“垃圾”。他说：“这就好像是在说‘死心吧，反正我们是不

① 按规定，一名大学生运动员只有资格参加四个赛季（四年，与多数专业的本科年限相同）的大学比赛，一旦启动了“红衫运动员”机制，则在这一年中可以照常上课和训练，但不能参加正式的比赛。

会让你们去参加奥运会的了，所以我们特此向你们颁发这些冒牌的金牌'。"有一小部分运动员在赛艇选手安妮塔·德弗朗茨（Anita DeFrantz）的带领下决定对美国奥委会提起诉讼，控告其违反了1978年通过的《业余体育法》，但是联邦上诉法院驳回了这项起诉。另外一群运动员则策划从匈牙利搭乘巴士偷偷潜入莫斯科，无论如何都要上场比赛，但他们的密谋被美国特工处获知，特工处威胁他们说，谁要是胆敢去参赛就没收掉他的护照。即使是那些原本支持联合抵制行动或至少对其表示理解的运动员，等他们恍然大悟美国政府只不过是摆摆样子的时候，也感到了无比的痛苦和愤怒。正如游泳运动员克雷格·比尔兹利（Craig Beardsley）所说的："如果联合抵制行动真的有帮助，那么我们也是愿意做出牺牲的。但是时间一天天地过去，我们慢慢发现这个行动什么作用都没有！再看看这次联合抵制行动对我们运动员造成了什么影响，看看我的朋友和队友们，再看看那些其他国家的选手们，我怎能不感到愤怒？！"

肖特已经有了自己的奥运奖牌，但罗杰斯和萨拉查到目前为止还两手空空。事实上，他们永远都没机会拿到属于自己的奥运奖牌了——在获得入选1980年美国奥运代表队资格的所有运动员之中，将近半数的人都没能再次入选国家队，其中就包括罗杰斯和萨拉查。而到了1984年，为了报复，苏联和联邦德国又反过来联合抵制洛杉矶奥运会。这样做的后果就是，整整一代运动员都失去了在最大的国际舞台上同最强的对手竞争的机会。联合抵制行动很可能并没有对政治事件的进程产生多大影响，但却真真切切地粉碎了几乎每一位被剥夺了比赛机会的运动员的梦想！

该来个新冠军了

然而，"塞翁失马，焉知非福"。对艾伯托·萨拉查来说，这次的联合抵制行动未必是件坏事。在越野跑项目上，他的4年大学运动员资格已经用完了，因此，未来的几个月似乎无事可干。整个夏天，他都在欧洲参加比赛，在5公里跑和10公里跑两个项目上均跑出了个人最佳成绩。但随后，他拉伤了大腿，只能打道回府，回到了尤金市——这已经是他6个月之内第二次严重受伤了。这实际上是一个警告，告诉他该悠着点儿了，但他却不管不顾。即使现在只能进行交叉训练，他的训练强度依然很高：2月的一天，他在德林杰教练家未经加热的游泳池中游泳，由于游得太久导致体温过低。既然连死亡都无法使他停下来，那么小小的软组织损伤就更不值一提了。所以，当有一天一个身材矮小、一副外国人长相的家伙向他发出邀请的时候，他自然是无法拒绝的了。

这一回，弗雷德·勒博来到了俄勒冈州游说美国下一位伟大的长跑运动员去参加纽约马拉松赛。他知道萨拉查早已渴望挑战马拉松了，这可是个公开的秘密。他还知道，现在摆在萨拉查面前的是一片空白：奥运会没有了，秋赛季也没有了，所以需要给他来点新的刺激。就像一名顶级推销员那样，勒博总是从客户需求下手。“现在是该来个新冠军的时候了，”勒博说，“比尔·罗杰斯的王冠戴得太久了，是时候来个新手把它给抢过去了。”他知道，萨拉查很有希望成为那个新手。

从勒博口中说出的这番预言可真令人陶醉呀！而它也确实产生了预期的效果。自从年少时看见罗杰斯在波士顿马拉松赛上领跑的那一刻起，马拉松就成了萨拉查的梦想。而现在，那个握有通往纽约马拉松赛钥匙的男人竟然亲手向他奉上了这个机会！对萨拉查来说，纽约马拉松赛也是他首战马拉松的最佳地点：它和他一样傲慢、年轻，天不怕地不怕；也和他一样，像是一道强光划过长跑这项正在复苏的运动，后来居上，且无意致歉。跑步风潮并非因纽约马拉松赛而兴起，但就像法尔茅斯路跑赛一样，纽约马拉松赛生逢其时，将跑步运动提升到了一个新的高度。正是在这个舞台上，美国向全世界宣布自己找到了新的迷恋对象；也正是在这个舞台上，美国本土的跑步明星们将熠熠生辉。而在这所有的灿烂星辰中，没有一颗能比艾伯托·萨拉查更为耀眼了！

以前，斯奎尔斯教练总是让萨拉查再等等，等年纪再大一些、身体再强壮一些的时候再去尝试马拉松。后来，德林杰教练认为他可以去跑了，萨拉查就等着这句话了。可是德林杰手里可从来没出过一个世界级的马拉松选手，而且他对手下的约束力简直比口香糖的黏性更弱。萨拉查确实还没有跑到一般马拉松选手需要累积的里程数，但他和德林杰教练都认为跑马拉松不过就是一场长一些的路跑赛罢了。反正大多数马拉松选手所进行的跑步训练都是白费力气，长距离慢跑除了能增加腿部的血液循环之外就没什么其他用处了。萨拉查压根就不相信长距离慢跑这件事，只要让他跑，就必须是竭尽全力拼了命跑。在力量和速度上的坚持将他在里程数上的不足弥补得绰绰有余——他最大的周跑量都不曾超出过 243 公里（尽管曾有报道说他跑过 320 多公里），但其中的大多数他都是用比赛速度去跑的。德林杰最喜欢给手下运动员布置的一项训练内容就是让他们在 400 米跑道上跑圈，每一圈的前 200 米必须跑进 30 秒，后 200 米则要跑进 40 秒，如此循环往复。萨拉查的队友一般能这样跑上 8~10 圈，而他则能跑 14 圈。另一项训练内容更为复杂：先连着跑 3 圈 400 米，且一圈比一圈快，分别要跑进 70 秒、65 秒和 60 秒；随后沿着尤金市第三十大道慢跑上小山坡，并在 3 分 05 秒之内跑完 1 200 米；接着回到田径场，再按先前的方式跑上 3 圈 400 米。如是算作一组。大多数运动员能完成 1 组就不错了，厉害一些的能跑个 2 组，但萨拉查却可以足足跑上 3 组。

等到萨拉查的大腿拉伤痊愈、总算能好好训练的时候，离纽约马拉松赛只剩下 6 个星期了。然而，这冥冥中又一次成了他的优势。如果全部交给他自己来安排训练计划的话，他恐怕会简单粗暴地加大训练量，活生生地把自己给累趴下。但这一次，幸亏他的腿伤恢复得慢，没有留给他足够的时间把自己再一次给弄伤——他没时间再去跑那些他最喜欢的训练项目了。匆匆洗了个澡，他就跳上了飞往纽约的飞机。

萨拉查于星期四晚上飞抵纽约，而比赛将在星期天举行。他是独自一个人飞过去的，没有带任何教练或支持团队。次日，他身穿一件黑色的机车夹克出席了赛前新闻发布会。在回答一位记者的提问时，他表示“除非有意外，不然我应该能跑进 2 小时 10 分”。后来，萨拉查说这是勒博做出的预测，但事实是，这话最初确实出自他本人之口。在此之前，只有一名美国人曾经跑进过 2 小时 10 分。而现在，这个 22 岁的大学小伙子，一个从未跑过马拉松的新手，竟然预测自己将会成为第二个！不过，媒体似乎很吃他这一套——瞧这小伙子，皮肤黝黑、相貌帅气，穿了件黑夹克，一张口就预测自己能创造奇迹。用他自己的话来说，他就是“长跑界的乔·纳马斯（Joe Namath）或拳王穆罕默德·阿里（Muhammad Ali）”。纽约人总是喜欢那些稍显狂妄之人，萨拉查随口说出的话同弗兰克·肖特、比尔·罗杰斯或格蕾特·韦茨（Grete Waitz）更含蓄、更小心翼翼的表达形成了鲜明的对比。韦茨是来自挪威的一位女子马拉松冠军，她深受纽约人民喜爱，只除了一点——她太有礼貌了！萨拉查的父亲也认同儿子的看法，他对记者说，他家小子准能赢！“他总是喜欢对结果做出预测，而且，总能预测得很准！”老何塞这样说。

在萨拉查的余生中，他都一再否认自己的傲慢。如果“傲慢”这个词意味着“对自己的能力过度自信”的话，那么他显然不是这样的——他从不吹嘘，从不自夸。他只是说出他所认为的事实罢了，更何况他的看法常常是对的。他对自己在纽约马拉松赛上表现的预测是建立在他本人（以及德林杰）对自己身体水平的理性分析之上的。而如果说“傲慢”的另一层含义是“一种优越感”，那这个词才算差不多有点抓对萨拉查的性格了，他确实相信自己比场上其他运动员要跑得更快、更卖力、更好。法尔茅斯路跑赛那会儿他连死神都跑赢了，还有谁能跑得过他？而自信是每一位成功的运动员必须具备的品质，没有自信的人是很难取得胜利的。

但如果将“傲慢”定义为“骄傲、不屑和冷漠”的话，那对萨拉查就再适合不过了。他不拘小节，既缺乏肖特身上那种贵族式的优雅，也不具备罗杰斯那令人赞叹的坦诚率真。他才不愿浪费时间去回答那些愚蠢的问题（或者那些他认为愚蠢的问题），一心只想成为全世界最好的长跑运动员，哪还有精力浪费在让他分心的事情上！

事实上，这是一种从小就养成的防御机制，来源于对周遭环境的不安全感和被放大了的挫败感。他自己也承认，比起与那始终折磨着他的社交焦虑感周旋，把注意力全都集中在跑步这一件事情上要容易得多。幼年时对父亲的愤怒，还有那些不可名状的绝望，如今非常轻易地就能对着那些差劲的记者、无能的赛会组织者或其他任何撞到他枪口上来的蠢货们爆发出来。这么做使他看上去十分傲慢，但这份傲慢却带着悲情的色彩——萨拉查的傲慢只是他用来掩饰那些永远都无法愈合的伤口的保护色。

萨拉查如此大言不惭自然惹恼了罗杰斯。毕竟，罗杰斯是纽约马拉松赛赛会纪录和全国纪录保持者，也是那名迄今为止唯一确确实实做到了在2小时10分钟内跑完全程马拉松的美国人。尽管在那年夏天的法尔茅斯路跑赛上，他输给了新西兰选手罗德·狄克逊（狄克逊是第一位赢得这项赛事冠军的非美国籍选手），但他依然是唯一一个四度蝉联纽约马拉松赛冠军头衔的人。一直以来，罗杰斯都关注着萨拉查的动向，对他在奥运会预选赛和欧洲赛场上所获得的佳绩了如指掌。但即使萨拉查之前没有受伤，或者他的伤没有妨碍到他的训练，他也必须明白，路跑赛比起一成不变的赛道比赛来要可怕得多，而马拉松更是比一般的路跑赛再高上一个级别。“马拉松可比萨拉查通常跑到头了的那些比赛还要多出30几公里呢，”罗杰斯说，“他跑了就会知道，他会从中得到教训的，我怎么可能输给一个第一次跑马拉松的新手呢？”

别急，新手

1980 年 10 月 26 日，破晓时分的纽约天寒地冻，狂风大作。凌晨 1 点，萨拉查还在带着弟弟吃比萨。现在，他才刚睡了几个小时。尽管如此，赛前的紧张带来的兴奋感却消除了所有疲劳。没等闹钟铃响，他就纵身跳下了床，在黑暗中摸索着穿戴齐整，迫不及待地动身前往不远处的斯塔滕岛。他是开着车去岛上的，但再从岛上回来就得靠双脚了。

比赛马上就要开始了。现在，气温回升到了 7℃，但依然疾风呼啸，风速高达每小时 56 公里。幸运的是，至少在起跑的时候，选手们会处于顺风位置。14 000 名参赛选手挤在一起抱团取暖，在他们的面前，矗立着雄伟壮阔的维拉萨诺大桥。选手们凑合着将垃圾袋、被单或旧运动衣裹在身上，打算等发令枪响了再脱掉。但凡大赛打响之际，总能在现场感受到一股兴奋的电流在噼啪作响。然而，在这个 10 月的早晨，空气中似乎还弥漫着些别的什么——两位当今全世界最好的长跑选手再度迎来了他们之间的对决，而他们身后的其他人也个个怀着相同的期待。这一刻，那个被美国错过了的奥运巅峰对决时刻仿佛又回来了；这一刻，美国仿佛高高地举起了火炬，迎接着这股跑步风潮。罗杰斯的经验照亮了跑步风潮的当下，而未来则寄希望于更年轻的萨拉查！起跑线后的每个人都听说了萨拉查的大胆预测，但都对此保留自己的看法。跑者们来参加马拉松比赛，当然是为了考验自己，但他们也确确实实想来上一场真正的较量。他们的愿望就要实现了！

随着发令枪响，选手们的队伍蜿蜒着涌上了维拉萨诺大桥。他们的头顶密布着盘旋的直升机，脚下则围着一小群消防艇，正在向空中喷洒着喷泉。最初的 5 公里，来自中国的选手 Fank Nenshun 处于领跑位置，在他身后不远处跟着一大群人，其中就有萨拉查、罗杰斯以及菲尔伯特·巴耶。这也是巴耶的第一场马拉松赛。

选手们都知道要在前32公里保存体力，这样才有希望在最后10公里爆发一下。风在一定程度上帮了他们的忙，正如萨拉查赛后所说的，疾风使他们“轻轻松松”就跑出了每公里3分24秒的速度。5公里过后，巴耶和他的两名同乡一起跑到了最前面。尽管对一名新手来说，这么做未免太过鲁莽，但巴耶毕竟还是一名很有竞争力的选手，谁都不能小瞧他。于是，罗杰斯和萨拉查都加速跟了上去。

7公里时，第一梯队中还剩下30名选手。10公里时，萨拉查跑上前与罗杰斯肩并肩，并且对他说，马拉松跑起来还挺轻松的。“别急，新手，”年长的那一位回道，“再过一会儿你就知道了。”

到达半程标记处的时候，第一集团的人数减少到了20人左右。将近23公里时，迪克·比尔兹利（Dick Beardsley）踩到了一个小坑，跌倒在地。这个意外本来并不会引起人们的注意，毕竟在任何一场城市路跑赛中这都算不上什么大事故。但是比尔兹利这一摔却带倒了罗杰斯，肇事者本人倒是很快就爬起来继续比赛去了，罗杰斯却在地上多趴了好几秒种。这一摔，使他被前面的人足足落下了70米！忽然之间，第一梯队的阵容就这样发生了巨变——快到26公里时，第一梯队中就只剩下萨拉查、英国选手约翰·格雷厄姆（John Graham）和墨西哥选手鲁道夫·戈麦斯（1980年奥运会马拉松项目的银牌得主）三个人了。而在他们身后400多米开外，是排成了一长串的第二梯队。

此时此刻，萨拉查依然觉得这么跑实在太轻松了，他多想加足马力向前冲啊！但他告诫自己真正的较量要到最后10公里才开始。于是，他躲在戈麦斯和格雷厄姆的身后等待着时机。29公里时，他忽然感到肋部岔气了，他试着放轻松，集中精神深深地、平缓地呼气，但岔气依然没有消失。30公里、31公里、32公里，还是没好。这是厄运的先兆吗？还是只是个等着他去克服的小麻烦？就在快跑到 34 公里的时候，这股岔气忽然就消失了，真是“来也匆匆，去也匆匆”啊。于是，萨拉查开始加快速度。很快，格雷厄姆就被他甩掉了。现在，他的前面就只剩下戈麦斯一个人了。当他俩双双跑进中央公园的时候，戈麦斯大约还领先萨拉查两步。萨拉查上前跑到墨西哥选手肩膀的位置，好让对方能看见自己。然后他就一直保持在那个位置，好让墨西哥人一个劲儿去猜他还剩多少实力。其实在这个时候，萨拉查已经胸有成竹，准备好了随时发动突袭，把金牌从这位奥运会银牌得主手中给抢过来。

很快，他们就来到了一处饮水点——那儿距离终点线还有大约 6.5 公里。当戈麦斯放慢速度去拿水杯的时候，萨拉查找到了机会。他突然发力，一下子就把戈麦斯甩开了 30 多米，并继续一步步地扩大着自己的领先优势。当剩下最后 5 公里的时候，萨拉查已经领先戈麦斯将近 100 米了。他跑下小坡，来到了中央公园的最南端，那儿的观众顿时沸腾了起来，大声为他鼓劲。戈麦斯渐渐跑不动了，而萨拉查开始加速冲刺，看起来，纽约马拉松赛很快就要迎来它的新冠军了。

现在，萨拉查已经没有对手了。他独自一人绕过公园，爬上了绿苑酒廊所在的最后一道小山坡，看上去就像走火入魔一般。最终，萨拉查撞线的时间定格在了 2 小时 09 分 41 秒，比罗杰斯保持的赛会纪录快了 26 秒，这个成绩同时也是有史以来美国人所跑出的第二快的马拉松成绩。而对初次参加马拉松赛的新手来说，还从未有人第一次就能跑出这样的好成绩呢！第二个抵达终点的是戈麦斯，随后是格雷厄姆，接着是来自得克萨斯州的杰夫·韦尔斯（Jeff Wells），再之后才是罗杰斯，成绩为 2 小时 13 分 31 秒。女子选手方面，格蕾特·韦茨第三次夺冠（她后来再接再厉，总共收获了 9 个纽约马拉松赛的冠军头衔），并且第三次在这项赛事中刷新了世界纪录（女运动员方面），成绩是 2 小时 25 分 42 秒。

现在，“新手”兑现了自己的赛前预言——在罗杰斯的地盘、一项被罗杰斯视为第二主场的赛事之中打败了他。这一刻属于艾伯托·萨拉查！这是他生平首次战胜比尔·罗杰斯，同时也标志着他坦荡星途的开始！然而，当记者们问及他有何感想的时候，他只是耸了耸肩，轻描淡写地表示这没什么大不了的。42.195 公里好像也没有什么特别之处，马拉松真没什么稀奇的，不过是又一场路跑赛罢了。“我没觉得我向自己证明了任何事情，”他说，“不过我猜，对其他很多人来说，我证明了一些事情。”

这样讲话可不会给萨拉查在跑步圈里赢得多少朋友，连比尔·罗杰斯都听不下去了，他觉得这小孩儿该对马拉松的超长距离表示出起码的尊重。今天，萨拉查确实在比赛中战胜了他，但别忘了，美国纪录还在他罗杰斯手中呢！而且，他的总成绩也要比萨拉查好得多。下一回，情况可就不一样了！

然而，现在已经是 20 世纪 80 年代了。在这新的 10 年中，美国将会有一名新的冠军——那将是一个昂首阔步的傲慢新贵，与这个正在经历风气转变的国家正好般配。美国迎来了一位新总统，并开始为国家走出低迷而努力——里根总统向人们做出了“早安，美国”的承诺。作为证明，他在就职典礼当天宣布已遭伊朗扣押 444 天的人质获得了释放。听到这个消息，萨拉查一家与千千万万的美国家庭一样欢欣鼓舞。里根在外交事务上采取强硬的政策，并且坚信自救才是美国的唯一出路，这一理念对于处于低谷的民主政治来说无疑是一剂令人欣喜的强心剂。那么多年了，这个国家一直处在低迷之中。它因羞愧而低头低得太久了！是时候给全世界点颜色瞧瞧了！

而艾伯托·萨拉查就是来干这件事的！

1981 KINGS OF THE ROAD

第 17 章

国王死了，国王万岁

> 我母亲说，我是为跑步而生的。
>
> ——罗德·狄克逊

汤米·伦纳德有个习惯，他会站在位于法尔茅斯高地的终点线旁为比赛冠军递上一杯啤酒。他之所以这么做，倒不是因为啤酒确实是选手们一跑完比赛就想要的东西,而是因为啤酒是他最先想到的获胜者“应该”要的东西。如果说跑步是喝酒的借口,那么跑得快自然就是喝得多的借口。所以，当新西兰选手罗德·狄克逊在1980年的法尔茅斯路跑赛中头一个冲过终点线之后，他很快就学会了享受这种乐趣。赫布·林赛连续第二年跑了第2名。比尔·罗杰斯则落到了第6名。围观人群嬉笑着起哄：“嘿，赶快给狄克逊上啤酒呀！”伦纳德听了立马照做。

从一场“沿海岸线宿醉治疗活动”发展至今，法尔茅斯路跑赛已壮大了不知多少倍。1981年，它力克波士顿和纽约两大马拉松赛，被《跑者世界》评为“全美最佳路跑赛事”。伦纳德依然站在终点线那儿为冠军递着啤酒，但私底下人们却渐渐开始对他所提供的东西有了微词。醉倒在一整缸的啤酒中不再显得那么有趣了，至少对关注那些事情的人来说是这样的，而他们开始盯上了伦纳德。

随着赞誉而来的是一股新的紧迫感。在法尔茅斯路跑赛和跑步风潮变得越来越“职业化”的同时，像伦纳德这样的人感觉自己被边缘化了。当然，伦纳德仍是个有个性的“人物”，这一点毋庸置疑。但是像毕雷、纽百伦和耐克这样的赞助商在跑步项目上投注巨资，自然是要从这些投资中得到回报的，而这回报绝不可能仅仅是一场稀奇古怪的派对。到20世纪80年代初的时候，伦纳德的角色渐渐变成了迎宾员和接待员，而真正的功夫则无用武之地了。

里奇·舍曼夫妇和约翰·卡罗尔夫妇之间的关系也变得紧张起来。卡罗尔是径赛教练出身，他负责接洽那些精英跑者，并自认是个跑步艺术鉴赏家，懂得如何欣赏他们的表现；舍曼后来转行做起了保险业务，而他才是法尔茅斯路跑赛真正的组织者，也是那个手里握有经费的人。但是，这两个人都非常固执己见，都认为自己才是使比赛大获成功的关键人物，不愿意放掉哪怕一丁点儿的职权。他们对各自的职责范围做了明确的划分，彼此之间基本不干涉对方的事务，但总有些事情是分不清楚的，所以冲突在所难免，尤其是在比赛日越来越近、压力越来越大的时候。要保证几千号人顺顺当当地跑完11公里，可不是什么轻松的事。这两对夫妻间的四方合作关系一共维持了35年，直到最后，多年的积怨终于从沉默中爆发了出来！

萨拉查的黄金岁月

不过，那些都是后来发生的事了。让我们回到1981年，这一年属于艾伯托·萨拉查！新年伊始，萨拉查就迎来了一件大喜事——他同莫莉·莫顿订婚了，这无疑是个好兆头。那年春天，尽管在NCAA的比赛中失利，但在太平洋十校联盟锦标赛中，他赢得了5公里跑和10公里跑两个项目的冠军，并在纽约马拉松赛上成功卫冕。到了夏天，他从国际管理集团那里雇了一名经纪人，还与耐克公司签订了一份赞助合同。这样一来，他每个月都能收到5万美元的固定工资，如果他在比赛中表现出色的话，还能获得额外的高达几十万美元的奖励。据说，这是到那时为止长跑运动员所获得过的最高的酬金了。

早年间，肖特和罗杰斯这两位前人忙着栽树。如今，萨拉查幸运地成了那个“背靠大树好乘凉”的后人。他的黄金岁月到来得可真是时候啊！在那年的奥斯卡金像奖颁奖礼上，影片《烈火战车》出人意料地成了最大的赢家，共摘得4项大奖，包括“最佳影片奖”。然后，就到了秋天，一年一度的纽约马拉松赛到来了，共有14 000人报名参加了这届比赛，ABC对比赛进行了全国直播。而在大洋彼岸，第一届伦敦马拉松赛在罗杰·班尼斯特的前训练搭档克里斯·布拉舍（Chris Brasher）的组织下顺利举行，并吸引到了7 500名选手参赛。最终，美国选手迪克·比尔兹利获得了冠军。跑步运动和跑者从未受到如此的欢迎，而萨拉查则是他们中最受欢迎的那个。这个来自韦兰市的"竹竿"男孩儿在中学时甚至连一个舞伴都邀请不到，如今却成了来自俄勒冈州的超级大帅哥，等着与他共舞的人一直排队排到了后半夜。

时过境迁之后，再来回顾一个时代的发展历程，总是轻易就能看出它终结于何时。那一年，比尔·罗杰斯和弗兰克·肖特两人都依然相信自己仍处于事业巅峰期——虽然他们最近确实遇到了不少麻烦，但罗杰斯刚赢得了休斯敦马拉松赛和百事可乐杯10公里挑战赛；肖特则在"大胆伯德10公里路跑赛"中获胜（这项赛事是由肖特本人于科罗拉多州参与创办的，如今已成为全美最大的路跑赛事之一），并且在他的家乡纽约州米德尔敦市举办的首届经典10公里路跑赛中击败了罗杰斯。面对媒体，肖特与罗杰斯都提到了1984年的洛杉矶奥运会，两个人都计划力争入选国家队。

事实上，他们两人都已经过了巅峰期，处在那条稳步下滑的曲线上——肖特在任何距离的跑步项目中都已经被挤出了世界前10的排名；而罗杰斯的马拉松项目排名也跌到了第7位。自1976年的奥运会预选赛之后，肖特再也没有赢过一场马拉松比赛；同样的，在休斯敦马拉松赛之后，罗杰斯也再没能在美国的主要马拉松赛事中取胜。与此同时，他们两人的个人生活也正经历着动荡，不久之后，他们就在财务危机和丑闻的谣言中先后结束了各自当前的婚姻。

在罗杰斯还是个瘦削的不切实际的梦想家，拖着两条腿在厚厚的积雪中跑步时，还未成为他妻子的埃伦·拉洛恩就一直陪在他的身边支持着他，并承担起两人的经济开销；婚后，赛事主管们打来电话的时候，也是由她来扮黑脸；当罗杰斯开始征服路跑界的时候，仍是拉洛恩掌管着财政大权。所以现在，当他们的婚姻破裂的时候，她并不想要他身上的肉（倒是他更需要多长几斤肉），而是要求得到 50% 的家产，并且为此同他打了许多年的官司。等到他们离婚协议上的签字墨水干透了的时候，罗杰斯的跑步服装生意已濒临破产：所有的店面都倒闭了，只剩下最后一家还在苦苦支撑（而这最后一家也于 2012 年歇业）。

至于弗兰克·肖特的太太露易丝，她从一开始就支持着自己的丈夫。跟着他走南闯北，到过美国的大城小镇，搬了无数回的家。在他连机票钱都掏不出来的时候，是她极力说服自己的父母拿钱出来资助他。但“贫贱夫妻百事哀”，他们有两个孩子要养活，肖特还要同他的伤病做斗争，后来，他还与他的生意伙伴起了冲突。除此之外，肖特的身边始终围绕着一大群莺莺燕燕，都是些疯狂追随跑步明星的粉丝。在各种各样的诱因下，他们的婚姻不可避免地走到了尽头。

艾伯托·萨拉查与肖特和罗杰斯形成了鲜明的对比——他有着年轻人所特有的狂妄自大，生来就相信自己是不朽的。当宣布将回到纽约第二次参加纽约马拉松赛的时候，他大胆地预测自己将打破已被德里克·克莱顿（Derek Clayton）保持了 12 年之久的世界纪录。他知道比尔·罗杰斯曾一度多么接近那个成绩，也知道自己可以比他的这位老队友跑得更快。因为第一次尝试马拉松就感到很“轻松”，他没有理由不相信自己能把用时再缩短个 68 秒。

罗杰斯对此可不敢苟同。“他会知道，作为一名夺冠热门选手再去跑马拉松是一件完全不同的事，”他这样对《波士顿环球报》的记者乔·康坎农说，“去年，他是个新手，一个初学者，对初学者来说情况要简单得多。刚离开赛道来跑路跑的初学者更容易发挥出高水平。”随后，他还不忘提醒《波士顿环球报》的读者们注意，当初他本人第一次赢得波士顿马拉松赛冠军的时候，也是作为一名初学者。

对于媒体大肆吹捧萨拉查，却将自己描绘成一个唯利是图的“雇佣兵”一事，罗杰斯大为恼火。他只不过说了他应该得到应有的报酬而已，而且凭什么他就不能通过运动来谋生呢？“我为跑步付出的努力远胜于一个打高尔夫的，”他对《波士顿》杂志这样说道，“从运动热量消耗表上看，打满一整场高尔夫所消耗的热量大概就与打一圈桥牌差不多。”可千万别再让他有机会提到棒球或橄榄球什么的了。“在全国的孩子面前，有些人竟然把像纳马思（Namath）这样的人奉为伟大的运动员！这真是太令我恶心了！”他说。和体能要求极其严酷的长跑运动比起来，笔直地扔出一只橄榄球算得了什么？

然而，罗杰斯把最大的火气出到了弗雷德·勒博和美国路跑赛官员们身上，骂他们是“吸血鬼”。勒博借助精英跑者将纽约马拉松赛打造成了一项举世闻名的大赛，但却连一个子儿都不给他们。他从报名费和企业赞助商那儿赚了个盆满钵满，为自己开出了极高的工资，却对他们提出的出场费要求埋怨个不停。勒博还在对城市道路和大桥进行交通管制的费用上动手脚，欺骗市政府官员，甚至攒到了足够的钱为纽约路跑者俱乐部在第五大道上买下了一整栋房产。现在，他正盘算着如何把罗杰斯给“弄”回纽约马拉松的赛场上。他已经为这一届的比赛安排好了全国范围的电视直播，也非常清楚罗杰斯目前状态并不好，所以萨拉查一定可以彻底“蹂躏”他！在罗杰斯看来，这完完全全反映了勒博丝毫不尊重跑者、不把跑者当成运动员的卑劣。他觉得纽约马拉松赛充分展示了一场狂欢节吞噬掉一项运动的悲哀！

不过，只要勒博愿意按他的要求付钱，罗杰斯还是会去参加比赛的。然而，向来吝啬的勒博这一次断然拒绝了罗杰斯的要求——比起 1976 年勒博第一次装在纸袋里支付给他的 2 000 美元，罗杰斯如今的胃口已经翻了三四番。同样因为出场费没谈拢，罗杰斯还缺席了这一年的法尔茅斯路跑赛——迫于政治压力，里奇·舍曼和约翰·卡罗尔这回拒绝支付给参赛选手任何奖品或出场费。最后，罗杰斯答应前往瑞典去参加斯德哥尔摩马拉松赛，那儿的人明白该如何“招待”一位业余运动员。

萨拉查却愿意只为一支歌就去跑法尔茅斯路跑赛。面对大袋金钱的诱惑，他并非无动于衷，不过，一方面他已经手握与耐克公司的合同，另一方面也没有来自离婚的压力。尽管对那些负责体育的官员没有一丝好感（他将他们称作“年纪轻轻却浑身散发着铜臭味的生意人”），但他本人却恰恰是被大学制度给培养出来的——俄勒冈大学不但为他提供了训练条件，还给予了他时间、奖学金，甚至免费医疗。与耶鲁或卫斯理安大学不同，俄勒冈大学就是职业跑步运动员的专门培训基地。因此，萨拉查既没有罗杰斯所面对的谋生压力，也没有肖特对于“职业运动员”称号的执着，所以他在挑选比赛这件事上更为自由。他之所以答应去跑法尔茅斯路跑赛不仅是因为上一回他差点死在了那里，还因为竟然有些人私底下“风言风语”，说他再也不敢去跑法尔茅斯路跑赛了。有这两点在，他一定要去跑上一回了。

小镇掀起了“萨拉查热”

萨拉查神气十足地来到法尔茅斯镇，声称自己会打破赛会纪录并且跑入从未有人做到过的 32 分钟以内（你完全可以把这当作他对上一次失败的“补偿”）。不仅如此，他还表示自己要尝试刷新 10 公里路跑赛项目的全美纪录。这一次，他依旧不认为自己的预测是傲慢的——这只不过是基于自己的身体状况、累积的经验和近期的比赛表现所给出的合理预估罢了。他知道自己最近跑得很快，比以往更快，以此时的状态来看，当前的纪录简直不堪一击。假如换作另一名选手的话，也许会稍稍修饰一下自己的措辞，或者多少会意识到这么直截了当可能给他人留下不好的印象，还是挑些关于“尊重比赛”或“付出十二分努力”之类的陈词滥调来敷衍一下比较好。但萨拉查才不管那么多呢，他又不是来竞选“最有教养男士奖”的。实际上，他的预测也给他带来了一个优势，因为这样一来，只有傻子才会妄想赶上他——当站上起跑线的那一刻，他已经在心理上击败了绝大部分对手。

于是，在那个夏天，法尔茅斯和伍兹霍尔这两个小镇掀起了一股“萨拉查热”。当时 MTV（Music Television，全球最大电视音乐网）诞生、沃尔特·克朗凯特（Walter Cronkite）退休、查尔斯王子和戴安娜王妃大婚，等等，各种世界大事不断冲击着人们的心脏。但现在，这些事情与小镇居民心目中的头等大事比起来，简直就像是些无关痛痒的串场表演。人们在海滩、超市和咖啡馆谈论的话题全都围绕着萨拉查是否真能跑进 32 分钟展开，连那些对“慢跑”一无所知的人也都一股脑儿地加入了进来——就“一开始就发力甩开对手”还是“有所保留直到海滩上再发力”这两大观点展开辩论。一夜之间，连红袜队都被人们给遗忘了，镇上的每个瘦小子都成了跑步专家。这就好像是一个痴迷于棒球运动的地区忽然一下子扔掉了自己的手套、球棒和棒球，换上了一双平底竞赛鞋。

整整一个月，《法尔茅斯企业报》源源不断地发布着与即将举行的比赛有关的消息——为爱尔兰全国冠军提供住宿的家庭那打动读者的报道，一个计划要分别从 6 个有利位置观看比赛的女孩的故事（以及她将通过何种方式战胜拥堵的人流），等等。赛前整整一个星期，这份报纸的每一个版面几乎都用来报道与比赛相关的事件了，甚至还详细罗列了 4 200 名参赛选手的信息。与此同时，全国上下的媒体军团都来到了科德角——当地人随便出个门，都能与全国主要媒体的体育记者擦肩而过。为了获得更佳的视角，《波士顿环球报》、ESPN 娱乐与体育节目电视网、波士顿 WBZ 电视台及《体育画报》甚至租用了直升机。

旅馆全部爆满，于是，一些有生意头脑的当地屋主开始将空闲的房间出租赚钱。到这个时候再想预订晚餐已经不可能了，而停车位就像圣诞节期间的曼哈顿那样炙手可热、一位难求。多么狂热呀，整个小镇都几近疯狂了！汤米·伦纳德简直都不敢相信这就是他搞起来的派对了！他一家酒吧接一家酒吧地跳来窜去，走到哪儿都对远道而来的朋友们表示热烈的欢迎，并像个正出席女儿婚礼的父亲一般接受着对方的道贺——他这辈子都没这么开心过!

比赛前一天晚上，萨拉查和莫顿以及他的家人一起悄悄来到基德船长酒吧的餐厅用晚膳。为了表达对萨拉查的尊敬，餐厅刚刚以他的名字将一道菜重新命名为“唯一的萨拉查”，萨拉查当然得点这道菜啦，除非他甘愿冒着得罪他的赞助人比尔和玛吉·克劳利（Maggie Crowley）夫妇的风险。一旁的食客纷纷前来向他讨要签名，害得他一顿饭被打断了五六次。就连负责他们这一桌的服务生都不放过他，甚至还拿来了自己的比赛号码布让萨拉查为他签名。看到自己的儿子如此受欢迎，老何塞激动不已，但萨拉查本人却满脸不耐烦，只想早点离开这里。这些索要签名的人比那些记者好不到哪儿去，那些记者总喜欢质疑他成为世界最佳跑者的远大目标，眼前这些人却不断妨碍到他想吃顿安稳饭的当务之急。这个世界上有些人不得不承受痛风或梅毒之苦，而他萨拉查的苦难却恰恰是他的名气——他的激情所带来的该死的副产品。他坐在这儿全是为了他的父亲，当然，在这种事情上他也别无他法。但是，如果能让他只管赚钱和跑步的话，他是绝对不会去在乎什么名气的。

萨拉查总算完成了他的社交义务。他同莫顿先行离开了餐厅，并向她抱怨起大大小小让他觉得丢脸的事情——父亲的控制欲强得可怕，母亲却总是一副唯唯诺诺的样子，他是不是脑袋短路了，怎么就同意和他们一起来科德角了呢？最终，莫顿的安慰使他平复了下来。萨拉查总算睡了几个小时的安稳觉——既没磨牙也没说梦话咒骂或呻吟。

一切皆有可能

到了第二天早晨，连绵不断的大雨看似又要将赛事组织者们的一片良苦用心给毁掉了。里奇·舍曼和约翰·卡罗尔东奔西跑，忙着确认排水问题、进入海滩的交通和直升机飞行计划等各种杂事。老天又一次保佑了法尔茅斯，大雨在开赛的当口停了下来！选手们都已经被淋湿了，但雨停了总是件好事，他们纷纷脱掉了临时套上身的雨衣和帽子——这些东西在海洋生物实验室的停车场附近堆成了一座小山。

天气状况对萨拉查来说无关痛痒，冷热风雨都不会影响他跑步，但在湿淋淋的路上比赛恐怕会对他打破纪录有影响。现在，他正在起跑线附近做着拉伸运动，一旁的志愿者们忙着清扫积满了雨水的水坑。萨拉查不时与他的几个最有力的竞争对手聊上两句，其中就有罗德·狄克逊、克雷格·维金和英国选手麦克·麦克劳德（Mike McLeod），他还同鲍勃·霍奇这些他从前在大波士顿田径俱乐部的队友们打了个招呼。那天的参赛选手名单中有来自乔治城大学的约翰·格雷戈雷克（John Gregorek）和来自里士满大学的肯尼亚裔选手索斯提尼斯·比托克（Sosthenes Bitok）。格雷戈雷克后来参加了奥运会，并跑出了1英里3分51秒的好成绩；比托克后来也参加了奥运会，此外，他还刷新了里士满大学几乎每一项中距离跑和长距离跑的纪录。

然而，发令枪响后，整个赛场仿佛成了萨拉查一个人的。他第一个1.6公里用时4分29秒，第二个1.6公里用时4分31秒。3.2公里过后，第一梯队中包括萨拉查在内只剩下了4个人。维金刚刚在3个星期前的一场5公里跑比赛中战胜过萨拉查，而且萨拉查知道迪克逊和麦克劳德也有机会在冲刺的时候跑赢自己，于是，他决定提前加快节奏，拖垮他们。维金第一个不行了，过去几周连续的腹痛消磨掉了他的意志和体力。当来到接近4.8公里标记处的一个小小的下坡时，萨拉查再次加速并成功甩掉了迪克逊，但麦克劳德依然顽强地跟上了他。来到海浪大道后，萨拉查又提了 3 回速，但每一回麦克劳德都跟了上来。不过，当萨拉查在 8 公里处又一次加速时，麦克劳德终于跟不上了。

萨拉查劲头十足地跑过码头，拐上法尔茅斯高地，一步一步扩大着自己的领先优势。当他跑过 10 公里标记处时，并未像赛前宣称的那样打破美国纪录。不过，他要是能按照这个速度跑下去，打破赛会纪录依然大有希望。观众的人数空前庞大，当萨拉查爬上一座小山坡、经过四兄弟酒馆门口时，人们大声欢呼起他的名字来。狄克逊成功反超麦克劳德跑到了第二的位置，但谁还会去关心第二名呢，所有的目光都盯在了萨拉查身上。

现在，萨拉查的心中只有一个目标：打破纪录。他根本无需低头看表，围观的人群和喇叭里的播音员时时刻刻都在传递着他所需要的信息。“艾伯托·萨拉查……麻省韦兰市……美国西部田径俱乐部成员，前大波士顿田径俱乐部成员……”

终于，萨拉查冲过了终点线，计时器停在了 31 分 55.6 秒上！比之前的赛会纪录快了整整 24 秒！萨拉查成了第一个将法尔茅斯路跑赛跑进 32 分钟的选手。从这一刻起，在这项曾经属于弗兰克·肖特和比尔·罗杰斯的赛事上，萨拉查再也不仅仅是他俩的合法继承人了。他既能在马拉松赛场上大获全胜，又能在关键时刻表现得淡定自若，现在，他就是路跑之王！当他从汤米·伦纳德手中接过奖品的时候，围观的人群无不对他顶礼膜拜。新国王扫视着他的臣民，感觉棒极了！

几个月之后，萨拉查又做出了一个预测，与他对法尔茅斯路跑赛的预测一样，这个预测一如既往地傲慢和大胆——萨拉查说，他将在纽约马拉松赛上打破世界纪录。当他最终跑出 2 小时 08 分 13 秒的成绩印证了自己的预测时，那些曾在法尔茅斯路跑赛上看过他跑步的人一点儿也不觉得吃惊。此刻的萨拉查正处于巅峰状态——不受伤病的困扰，一切皆有可能！当他说他可以跑进 2 小时 06 分，甚至 2 小时 05 分的时候，没有一个人对此有丝毫怀疑。他才 23 岁，有的是时间！

然而这一次，时间却没有站在他那一边。

1982 KINGS OF THE ROAD

第 18 章

风潮之殇

> 法尔茅斯路跑赛就像是跑步界的奥斯卡金像奖颁奖礼：想要夺得小金人，你首先必须得到场。再不济，也得走个红毯过把瘾。
>
> ——安比·伯富特

有些人说，跑步风潮终结于 1984 年 7 月 20 日。这一天，吉姆·菲克斯（Jim Fixx）照常出门跑步。在跑了差不多 10 公里之后，他心脏病突发，猝死在了路上，享年 52 岁。有些人说，跑步风潮终结于 1982 年 4 月 12 日。那一天，对于 4 月来说天气热得出奇，萨拉查同迪克·比尔兹利在波士顿马拉松赛上拼到了最后一刻——萨拉查全程滴水未进，赛后被抬进了医疗帐篷，注射了足足 6 升盐水。还有些人说，跑步风潮从未终结，或者说如今我们已身处第二波风潮之中了，又或者说“风潮”一词本身就隐含了“反风潮”之意，但“反跑步风潮”从未出现过，因此“跑步风潮终结”一说根本就无从谈起。

但事实上，跑步风潮终结于 1982 年 8 月 15 日。那一天，艾伯托·萨拉查又一次在法尔茅斯路跑赛中打破了赛会纪录，跑出了 31 分 53.3 秒的佳绩。他在全国电视观众的面前击败了克雷格·维金和罗德·狄克逊，而这场比赛的电视评论员则是弗兰克·肖特。菲克斯的意外身亡确实不幸，但并非完全无迹可循——他没跑步的时候曾经是个烟鬼，并且重达 100 公斤，而他的父亲在 43 岁时同样死于心脏病。所以，尽管菲克斯被人们誉为“掀起跑步风潮的大师”，甚至很多人将他的死亡作为跑步风潮终结的标识，但我们不得不说，或许还是跑步让他多活了 10 年。

下坡路

至于著名的“阳光下的对决”，即萨拉查和比尔兹利在波士顿马拉松赛上的对决，那已经不是萨拉查第一次把自己送到鬼门关口。但他很快就康复了，没过几个月还刷新了 5 公里跑和 10 公里跑的美国纪录。这之后没多久，他又一次在法尔茅斯路跑赛中获胜，并再次刷新了赛会纪录。波士顿马拉松赛上发生的事也许给他带来了一些伤害，但却无法阻挡住他越跑越快的脚步。

然而，从 1982 年 8 月 15 日这天起，萨拉查开始走下坡路了。在那之后，他虽又一次赢得了纽约马拉松赛，但比起上一年，他的成绩下滑了足足 1 分多钟。又过了几个月，他前往尤金市参加 10 公里跑比赛，跑出了自己 3 年来的最差成绩。而在世界田径锦标赛上，他差一点连决赛资格都没能拿到，在决赛中更是名落孙山。紧接着他旧病复发，支气管炎不断发作折磨着他。之后，他在美国奥运预选赛上跑了第 2 名，输给了皮特·普菲青格（Pete Pfitzinger）。在 1984 年的洛杉矶奥运会上，他只跑了第 15 名。一句话，萨拉查不行了！

萨拉查开始走下坡路了，然而，这却不仅仅是他一个人的下坡路，同时也标志着美国男运动员在国际舞台上开始走下坡路了（美国女运动员的表现将会以同样的速度下滑，但要晚上几年才开始，或许是因为她们进入跑步风潮的时间也比男运动员们要晚上几年吧）。萨拉查所创下的法尔茅斯路跑赛纪录在保持了 10 年之后，才被一名肯尼亚运动员本森·马西亚（Benson Masya）给打破——马西亚的获胜是非洲裔运动员在法尔茅斯路跑赛上连续第二年取得胜利，而这仅仅是个开始。如果自 1991 年起将每年法尔茅斯路跑赛冠军得主的国籍罗列出来，我们将会看到一连串的非洲国家名：肯尼亚，肯尼亚，肯尼亚，肯尼亚，肯尼亚，肯尼亚，摩洛哥，摩洛哥，肯尼亚，肯尼亚，肯尼亚，肯尼亚，肯尼亚，肯尼亚，肯尼亚，肯尼亚，肯尼亚，埃塞俄比亚，埃塞俄比亚，埃塞俄比亚，肯尼亚，肯尼亚。

事实上，自从萨拉查在 1982 年夺魁之后，只有一名美国籍选手赢过法尔茅斯路跑赛（1985 年的布鲁斯·比克福德 [Bruce Bickford]），而在纽约、波士顿、芝加哥、洛杉矶及其他主要的长跑赛事中，再也没有一名美国男性运动员拿到过冠军（赢得 2010 年纽约马拉松赛冠军的麦布·凯弗莱兹基 [Meb Keflezighi] 是 13 岁时从厄立特里亚移民到美国的）。而在任何一个跑步项目上，再没有任何一名出生于美国的男子长跑运动员的排名到过世界第一，也再没有任何一个人获得过奥运金牌。在马拉松项目上，只有一名美国选手曾经跑得比当年的萨拉查更快，这个人是瑞安·霍尔（Ryan Hall），他曾跑出过 2 小时 08 分 13 秒的成绩。至于萨拉查在法尔茅斯路跑赛上创下的纪录，则从未被他的同胞超越过。

比赛是他一个人的了

无论之后发生了什么，1982 年 8 月的这一天，在法尔茅斯路跑赛的赛场上，艾伯托·萨拉查跑得比他生平任何时候都要快。那些即将折磨他的旧疾和伤病在那一刻只不过是些挥之不去的小麻烦而已——萨拉查或许能隐隐觉察到一丝不适，但这完全不影响他的发挥。能与他匹敌的对手屈指可数，他感觉自己是不可战胜的。现在，马拉松项目的世界纪录已归于他的名下，他打算把 10 公里跑的世界纪录也纳入囊中。“现在，我在全球应该能排进前 3 名或前 4 名，”他这样告诉美联社记者，“但排在我前面的家伙都已经 30 出头了，他们已经不可能再上一个台阶了，而我可以！”

比赛开始后，萨拉查由着佛罗里达大学的大三的学生基思·布兰特利（Keith Brantly）来领跑最初的 4 公里，而他本人则跟在后面，伺机而动。前一天晚上他闹肚子，所以一开始悠着点儿对自己也有好处。但当他们来到牡蛎塘路时，萨拉查上前与布兰特利并肩跑了几步，然后便超了过去。就这样，他跑到了最前面。50 米，100 米……没有一个人跟上来也没有一个人胆敢去和萨拉查较量。

“萨拉查跑起来了，”弗兰克·肖特说，“现在，比赛是他一个人的了！”

太阳直射在海滩上，萨拉查的身后吹来阵阵清风，沿海的道路变得开阔起来，似乎在召唤着他大步向前。迈出一只脚，接着迈出另一只脚——跑步的动作是最简单的，但也是最复杂的，需要平衡性和灵活性，还要有远见。萨拉查的双臂与他的呼吸同步摆动——他昂首阔步，踏着最理想的节奏，双眼望向遥远的前方。

看，他跑得多欢畅！

路跑的世界，不再有什么英雄

自弗兰克·肖特、比尔·罗杰斯和艾伯托·萨拉查先后称霸路跑赛至今，已经过去了整整 30 年。今天，跑步的人比以往任何时候都要多。根据最新的统计，单单美国就有 4 000 万名跑者。然而，与其他运动不同的是，参与人数的增加并未在新一代选手中产生更多的冠军。相反，随着参赛人数的惊人增长，那些典型长跑赛事的平均速度却大幅下降了。以马拉松项目为例，1980 年选手们的平均用时为 3 小时 32 分 17 秒，到了 2011 年，这个数字增加到了 4 小时 14 分 34 秒。与此同时，美国跑者的竞争力也不及当年了。

平均速度变慢的部分原因是由于女子参赛选手人数的增加，因为女性天生比男性跑得慢。但那只是部分原因而已，因为即使是在精英跑者中，成绩下降也十分明显。1978 年，有超过 2 000 名跑者在波士顿马拉松赛上跑进了 3 小时的门槛。在 1982 年的法尔茅斯路跑赛上，36 分钟的成绩只能排到第 89 位，但到了 2012 年，同样的成绩却能排到第 32 位。同样，在有资格参加 2012 年美国奥运会马拉松预选赛的男选手之中，仅有不到三分之一的人达到了 1984 年预选赛的要求。而在 2000 年的奥运会上，仅有一名美国男选手获得了参加马拉松项目决赛的资格，而他最终只跑了第 69 名。几乎所有的长距离跑项目中都在重复上演着同样的故事。除了极个别的特例之外，美国的跑步运动员再也无法与他们的前辈们同日而语了。在国际舞台上，他们几乎毫无胜算。

究竟是什么造成了如今这种衰退呢？我们又为什么要在意呢？

总的来说，人们已逐渐不再将跑步视为一项运动，并将追求速度作为终极目标了。相反，跑步变成了一种日常健身活动，甚至成了一种社交活动。对于这一变化，我们可以在一定程度上将其归咎于那些引领了第一次跑步风潮的人：那些靠着一己之激情吸引了成千上万大众加入路跑行列的人。在他们将跑步运动大众化的同时，也在无意之中降低了这项运动的专业化程度。当汤米·伦纳德把法尔茅斯路跑赛称作一场“移动的街头派对”时，他无心地强调了“喝啤酒”这件事，而忽略了比赛本身的重要性。当弗雷德·勒博将纽约马拉松赛搬上纽约街头的时候，他把笨重的乌龟捧得比飞毛腿兔子还要高。精英跑者将大众吸引到了路上，道路逐渐被大众所占领，那些精英跑者却被淡忘了。今天，在一场重要的路跑赛中，那些跑完全程的大众跑者完全说不出冠军的名字来再正常不过了，他们丝毫不关心谁跑了第一——他们所在乎的只是那些个人经历，那些关于如何克服困难、如何获得成功的励志故事。在路跑的世界里，早就不再有什么英雄了，只剩下那些选手礼品包和各种口味奇特的饮料。

这种转变在媒体上也有所体现——起初，跑步被当成一项运动赛事来进行报道。如今，它却成了一种反映生活方式的大众活动。甚至有关跑步的出版物也转换了关注点——以前总会报道那些与比赛相关的事情，如今更多的是在提供一些关于饮食和健身的“小贴士”。乔·亨德森、德里克·克莱顿、肯尼·穆尔和安比·伯富特这些跑步好手书写谁赢、谁输、如何跑得更快的日子已经过去了。如今，我们看到的文章都在那里讨论如何练出六块腹肌，或者要选择哪个海外的地点来度过一个跑步假期。毫无疑问，编辑们之所以会这么做其实是出于对读者的了解，但在一定程度上，他们也在影响着读者们的兴趣。

同时需要指出的是，这场“反”速度的流行运动为大众所广泛接受并不只是一个巧合。拿赤脚跑步热来说，赤脚跑步也许会对中美洲部落土著的狩猎活动有所帮助，但从来没有谁能光着脚比穿了鞋跑得更快（即使是阿贝贝·比基拉，最后也为自己买了双跑鞋）。另一方面，“企鹅们”（指那些跑得实在太慢，甚至跑起步来左摇右摆的家伙）开始在终点线为自己跑完全程而大肆庆贺，对他们来说，能坚持把这 42.195 公里跑下来就是胜利。最后，千万别忘了那些开辟了新纪元时代的大师们，譬如前精英跑者杰夫·加洛韦（所以他理应懂得更多，不是吗？）。加洛韦教导人们说，在比赛中途步行一段距离可以让他们跑得更快。这些人的热情值得赞扬，但空有热情是无法给美国带来任何奖牌的。

跑步并不是一项温和的运动，它甚至可能是野蛮的——会给背部、膝盖、臀部和双脚带来可怕的伤害。如今，比尔·罗杰斯和弗兰克·肖特走起路来像是要比他们的实际年龄老上 20 岁；而艾伯托·萨拉查在 2008 年时曾突发过心脏病，这很可能与他早年在比赛中遭受的伤害有关。跑步运动员们不得不与疾病和伤痛做斗争，这使得跑步运动看上去既困难又不好玩，而吉姆·菲克斯的死更是粉碎了“跑步能使人不朽”的神话！于是，喜欢跑步的年轻人越来越少了，尤其是他们还有那么多其他事情可以去做——最吸引他们的就数打游戏机了。

美国优秀跑步运动员的人数越来越少与金钱也不无关系。一开始，一些有天赋的运动员因为跑步没“钱”途（以及挣扎于业余运动员规则给他们带来的困境）而选择了其他运动项目。后来，当有了钱之后，金钱却将跑者们推入了经纪人和经理人的怀中，那些人选择绕开佛罗里达州田径俱乐部和大波士顿田径俱乐部这些组织。于是，之前那种跑者们一同训练、喝酒和相互竞争的充满活力的跑步文化很快就式微了，并最终彻底消失。今天，许多跑步俱乐部都很难吸引到好运动员——精英跑者们更倾向于独自训练，除了秒表和教练之外，再没有什么能激励他们的了。

不过，希望还是有的。在 2012 年的伦敦奥运会上，有两名美国长跑运动员获得了奖牌，这可是 48 年来的头一遭！盖伦·鲁普（Galen Rupp）和利奥·曼扎诺（Leo Manzano）分别在 10 公里跑和 1 500 米跑两个项目中获得银牌，其中，鲁普跟随“俄勒冈计划”训练，他的教练是艾伯托·萨拉查。这个训练计划是由耐克公司赞助的。与鲁普一同在萨拉查手下训练的英国选手莫·法拉（Mo Farah）更是包揽了伦敦奥运会 5 公里跑和 10 公里跑两枚金牌。“俄勒冈计划”的发起一方面是为了使跑步俱乐部的精神永存，因为正是这种精神培养出了肖特、罗杰斯和萨拉查；另一方面也是为打造下一代明星提供一片高科技的文化氛围。

今天，虽然像鲁普、曼扎诺和瑞安·霍尔（同为萨拉查麾下小将）这样的男运动员，以及莎拉尼·弗拉纳根（Shalane Flanagan）、卡拉·古彻（Kara Goucher）这样的女运动员都已登上了国际舞台，与全世界最佳的跑者们同台竞技，但美国需要收复的失地还有很多——首先要做的就是，创立更多像“俄勒冈计划”那样的原创性体育项目来培养更多的跑者，并且举办更多的比赛好让他们展示自己的才华。对旁观者而言，跑步似乎是一种孤独的、与他人无关的个人体验。但事实上，恰恰是队友之间的相互激励才使得一名跑者跑得更好、更强、更快。另外，得到上天的垂青同样重要，因为故事总是这样开始的：某个运动员哪天忽然交上了好运，在对的时间参加了一场对的比赛，战胜了强大的对手并成了新的路跑之王！

最后我想说，追求速度并不是为了追逐名誉或金钱，甚至也不单纯是为了获胜。人类对于速度的不懈追求是为了将人类的身体不断推向极限，考验自身的承受力，当失败的黑暗深渊即将吞噬我们的时候，还依然能够找回获胜的意志。即使死亡迫近，我们也能直面死神并给它来上一记重拳，再一脚把它给踢回到鬼门关那头去。“哦，不，今天可不行，还有场比赛等着我去跑呢。”

如果没有布鲁斯·特雷西（Bruce Tracy）的激励和劳拉·福特（Laura Ford）温柔的敦促，就根本不会有这本书——他们深知跑步对我的重要性，并鼓励我对此进行一番深入的探索。此外，我还要感谢霍顿–米夫林–哈考特出版集团的布鲁斯·尼科尔斯（Bruce Nichols）和我的编辑苏珊·卡纳万（Susan Canavan），如果没有他们，这本书将永远无法与大家见面。同样需要感谢的还有霍顿–米夫林–哈考特出版集团的阿什利·吉列姆（Ashley Gilliam）和文字编辑芭芭拉·亚特科拉（Barbara Jatkola）。最后，多亏了我的出版代理利萨·班科夫（Lisa Bankoff）犀利的眼光，才使我的作品得以出版。18 年来，每当有坏消息的时候她总会婉转告之，而一旦有了好消息，她就马上回复我。

约翰和露西娅·卡罗尔夫妇、汤米·伦纳德以及里奇和凯茜·舍曼夫妇不吝拨冗，为本书提供了大量的一手回忆资料，对此我深表感谢。另外，约翰·布拉特（John Brant）、阿瑟·克拉戈（Arthur Crago）、埃伦·库什曼（Ellen Cushman）、吉姆·格威克（Jim Gerweck）、吉姆·汉森（Jim Hansen）、贾森·基欧（Jason Kehoe）、亚历克斯·肖特（Alex Shorter）和露易丝·肖特（Louise Shorter）也为本书提供了诸多帮助。感谢阿曼达·沃斯特罗姆（Amanda Wastrom）、查理·罗杰斯为我找来如此多精彩的照片；感谢鲍勃·霍奇、杰克·巴切勒为本书贡献了一些无比宝贵的历史资料。我的研究助理凯特琳·帕克（Caitlin Parker）、卡拉·贾伊莫（Cara Giaimo）以及肖恩·杜西（Sean Doocy）给予了我莫大的帮助——帕克和贾伊莫帮助我进行补访并从图书馆的海量资料中挖掘出了十分有用的信息。

当然，如果没有众多跑者与我分享他们的故事的话，这本书也是不可能完成的。感谢南希·罗宾逊、杰克·巴切勒、安比·伯富特、鲁迪·查帕、比尔·德林杰、罗德·狄克逊、约翰娜·福曼、乔·亨德森、鲍勃·霍奇、杰克·麦克唐纳德（Jack McDonald）、约翰·帕克、柯克·弗朗戈、塔米·亨尼穆思、迈克·罗奇、琼·贝努瓦·萨缪尔森、比尔·斯奎尔斯、克雷格·维金、格蕾特·韦茨。感谢比尔·罗杰斯、艾伯托·萨拉查及弗兰克·肖特拨冗接受我的采访，他们极有风度地回答了我所有的提问，之后，还耐心地回复了我在电子邮件中追加的问题。最重要的是，无论是在当初写书的过程中还是现在，他们都是我的灵感之源，对此，我要向他们表达深深的谢意。

最后，我想说，我是如此幸运，娶到了一位了不起的太太，并与她共同养育了两个出色的孩子。有一次，我在跑步的时候忽然发病，在与死神擦肩而过的那一刻，我比这辈子任何时候都更清楚地意识到他们对我有多重要。感谢此生有你们的陪伴！

译者后记

精英化还是大众化，这是一个问题，是一个困扰着当今社会几乎所有领域的难题。中庸难得，而极致终究会招致反弹，有时难免矫枉过正，于是又会出现新一波“反弹”，如是下去便形成了三十年河东、三十年河西的周而复始的潮流。我们的时代便是在这种震荡中前行，我们的文化也是在这种摇摆中变迁。

拿跑步这件事来说，奔跑最早是人类在进化过程中习得并保留下来的生存技能，是大众所共有的“天性”。随着生产力的提高，农耕畜牧取代狩猎采集，人类过起了定居生活；科技的进步更使得人们能以车代步，甚至乘飞机、坐火车日行千里。对享受着现代高科技福泽的大众而言，似乎连走路的技能都快变得可有可无了，遑论跑步！

幸而人类还保留了争强好胜的基因，于是，这看似无用的跑步便慢慢成了部分人用来赢得他人的道具，赛跑的传统便形成了。尽管现代奥运会赋予了体育竞技更为高尚的道德价值（如，象征和平），但竞技的根本意义依然源自人类血液中求胜的欲望——比赛就必须有输赢胜负。另外，这种求胜的欲望已不仅仅局限于打败同时代的其他人，还包括战胜过去的自己，乃至超越有史以来的所有人。这就是为什么体育比赛会有各种名目繁多的纪录的原因了。这也是在 20 世纪上半叶，几代人坚持不懈始终朝着那个曾被认为绝无可能的“终极目标”——一英里跑进 4 分钟不断努力的动因，直到 1954 年 5 月 6 日，英国人班尼斯特终于超越了所有人、创造了奇迹。至此，关于人类潜能极限的“屏障”又被打碎了一道。

然而，人类不断超越自身极限的过程不会总是一帆风顺，个人、国家乃至一个时代都有可能误入歧途。在求胜天性的驱使下，人们往往会为了达到目的不择手段——轻则同对手玩玩心理游戏或采取集团战术打压对手，重则钻规则或科技的漏洞、不计后果地使用会对人体产生极大危害的违禁药物——这种严重的做弊行为甚至一度成为某些国家的官方政策，无怪乎作者会发出“体育运动的历史有多久，作弊的历史就有多久”这样的慨叹了。

本书着眼于美国著名的“跑步风潮”，即 1972—1982 年 10 年跑步运动的发展与变迁。这 10 年恰恰处在一个转折点上：先是精英们的出众表现激发了大众的热情，而当跑步运动的声势逐渐壮大、市场扩张形成产业、大量金钱介入之后，又不可避免地引发了一场大众文化对精英文化的倒戈逆袭。

本书写于“跑步风潮”结束 30 年后，作者卡梅伦·斯特拉切站在这场声势浩大的大众化运动的余波之中回溯和审视了那段令跑步爱好者们心潮澎湃的历史。弗兰克·肖特、比尔·罗杰斯和艾伯托·萨拉查三代“路跑之王”在金钱尚未染指跑步界的年代不畏他人目光，坚持跑步梦想，为美国带来了长跑领域最辉煌的胜利。那个年代也象征着美国正逐步摆脱颓废的“嬉皮士文化”、滞胀的经济和失败的外交政策。肖特和罗杰斯坚持不懈地同不公正的业余运动员规则做着抗争，维护自己应有的权利；约翰·卡罗尔在欧洲的所见所闻使他坚信女性与男性一样能跑步，因而培养出了一大批女运动员，为随之而来的运动场上的女性革命添了浓墨重彩的一笔；而各项路跑赛事的兴盛和商业资金的注入更是将“跑步风潮”推向了巅峰。

步西方人之后尘，如今我们也正处在一股跑步运动大众化的热潮中。诚如作者所言，在今天的一场路跑赛中，冠军姓甚名谁早已鲜有人关注，“大众所在乎的只是那些个人经历，那些关于如何克服困难、如何获得成功的励志故事”，甚至仅仅是“那些选手礼品包和各种口味奇特的饮料”。媒体不再将跑步当成一项运动赛事来报道，而将之作为“一种反映生活方式的大众活动”。谁赢、谁输不再重要，跑得多快远不及跑完全程甚至仅仅是参与其中来得重要，哪怕是卡着“关门时间”撞线也是英雄。普罗大众更关注的是如何获得好身材、如何锻炼意志力、如何培养乐观心理，甚至更为抽象的如何提升自我境界……

我不知道这一轮大众化的反弹会终结于何时何处，也无法预测下一轮精英化的矫正又将以何种形式展开，我甚至不确定对一件事情过度执着究竟是对是错。本书作者曾在跑步时突发急病，与死神擦肩而过，却依旧痴迷于跑步运动。他同时也坦言：“跑步会给背部、膝盖、臀部和双脚带来可怕的伤害”，“跑步运动员们不得不与疾病和伤痛做斗争”，甚至如今才 60 出头的肖特和罗杰斯“走起路来像是要比他们的实际年龄老上 20 岁”。执着如肖特、罗杰斯和萨拉查这样的跑者或多或少都有一些心理问题：肖特在幼年时期曾长期遭受父亲的虐待；萨拉查自幼随家人从古巴流亡至美国，流亡者团体偏执易怒，还总是伴有受迫害妄想症，这都深深地影响了他；罗杰斯可以算是三人中最“正常”的一个了，他待人友善，但却有着激烈的政治主张，还患有注意力缺陷多动障碍。而法尔茅斯路跑赛的发起者汤米·伦纳德和纽约马拉松的“再生之父”弗雷德·勒博也绝非传统意义上的正常人。

现代科学可以帮助我们预防伤病，但我们仍需警惕，因为总会有那么些个“砖家”出于各种目的向我们灌输、推销各式各样的伪科学方法，其真面目往往要到很多年之后才会被揭穿。这或许恰恰说明，我们的头脑与我们的身体一样需要加以锻炼。

当然，如果你由衷地热爱跑步，不妨就顺应当前的潮流，科学健康地跑起来、呼朋引伴地跑下去。也许享受当下、顺势而为才是人生之道。即使再过 30 年所有人都质疑“全民马拉松”的合理性，但亲历过此等盛事、见证过这一历史的人们依然可以说，我跑过，不后悔！

最后，我想感谢我的朋友，译者兼跑者沈慧小姐以及湛庐文化的编辑张伟晶小姐，正是她俩牵线促成了我与这本书的缘分。此外，在翻译过程中，顾婷婷小姐、戴妮可小姐、顾方立小姐、刘彧女士、骆俊魁先生以及石明先生也给予了我许多鼓励和帮助。

湛庐文化 · 乐跑人生

《马拉松终极训练指南》（原书第 4 版）

芝加哥马拉松官方训练计划制定者 Hal Higdon 系列作品。畅销 22 年，全球 50 多万人亲身实践。

这里不只有世界流行的马拉松训练计划，还有跑量积累、长距离跑、速度训练、赛前减量、长跑者的饮食等 23 个贴心实用的专题建议。

《跑步革命：跑得更快，更有效率，不受伤的姿势跑法》

两届奥运会教练，运动损伤诊断、预防和康复锻炼多领域运动科学家尼可拉斯 · 罗曼诺夫博士倾力巨献。

跑圈盛行的三大跑步法之一"姿势跑法"真人配图、实战操练指南，带你学习一种通用且正确的跑步方法。

你也许永远不能第一个冲到 42.195 公里的终点线，
但你可以用科学的方式、不受伤害地 PB 自己的乐跑人生。

踏上跑道前必看的一本书，献给全世界跑者的欢乐的跑步手册。

《跑者世界》历时 3 年打造，"亚索 800"发明者亚索领衔巨献。

跑圈盛行的三大跑法之一，20 多万跑者亲身实践，让你不再因伤停止。

《跑者世界》"年度贴士"，带你打造革命性跑步呼吸法。

从脚部力量训练开始，关注心率和速度，带你缔造跑步奇迹！

"美国最佳教练"杰克 · 丹尼尔斯倾力奉献，详解经典跑法"乳酸门槛跑"。

源自哈佛医学院超过 20 年的潜心研究，超过 12 个国家和地区正在流行。

国内第一本原创跑步绘本，"百马推手"田同生励志之作。

"百马人生"系列作品之世界马拉松大满贯第一部。

中国跑友献礼世界马拉松大满贯明珠之作！在跑者朝圣的殿堂，准备全新的开始。

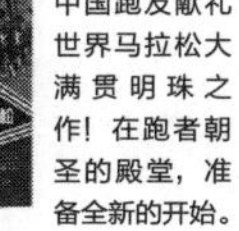

纯素食铁三选手励志巨献，打破沉静绝望的生活，发现最真实的自己。

连续 14 周登上《纽约时报》畅销书排行榜，陪伴 5000 万美国人一生的精神读本。

湛庐文化获奖书目

《大数据时代》

国家图书馆“第九届文津奖”十本获奖图书之一
CCTV“2013中国好书”25本获奖图书之一
《光明日报》2013年度《光明书榜》入选图书
《第一财经日报》2013年第一财经金融价值榜“推荐财经图书奖”
2013年度和讯华文财经图书大奖
2013亚马逊年度图书排行榜经济管理类图书榜首
《中国企业家》年度好书经管类TOP10
《创业家》“5年来最值得创业者读的10本书”
《商学院》“2013经理人阅读趣味年报•科技和社会发展趋势类最受关注图书”
《中国新闻出版报》2013年度好书20本之一
2013百道网•中国好书榜•财经类TOP100榜首
2013蓝狮子•腾讯文学十大最佳商业图书和最受欢迎的数字阅读出版物
2013京东经管图书年度畅销榜上榜图书，综合排名第一，经济类榜榜首

《牛奶可乐经济学》

国家图书馆“第四届文津奖”十本获奖图书之一
搜狐、《第一财经日报》2008年十本最佳商业图书

《影响力》（经典版）

《商学院》“2013经理人阅读趣味年报•心理学和行为科学类最受关注图书”
2013亚马逊年度图书分类榜心理励志图书第八名
《财富》鼎力推荐的75本商业必读书之一

《人人时代》（原名《未来是湿的》）

CCTV《子午书简》•《中国图书商报》2009年度最值得一读的30本好书之“年度最佳财经图书”
《第一财经周刊》• 蓝狮子读书会•新浪网2009年度十佳商业图书TOP5

《认知盈余》

《商学院》“2013经理人阅读趣味年报·科技和社会发展趋势类最受关注图书”
2011年度和讯华文财经图书大奖

《大而不倒》

《金融时报》• 高盛2010年度最佳商业图书入选作品
美国《外交政策》杂志评选的全球思想家正在阅读的20本书之一
蓝狮子•新浪2010年度十大最佳商业图书，《智囊悦读》2010年度十大最具价值经管图书

《第一大亨》

普利策传记奖，美国国家图书奖
2013中国好书榜•财经类TOP100

《真实的幸福》

《第一财经周刊》2014年度商业图书TOP10
《职场》2010年度最具阅读价值的10本职场书籍

《星际穿越》

2015年全国优秀科普作品三等奖

《翻转课堂的可汗学院》

《中国教师报》2014年度“影响教师的100本书”TOP10
《第一财经周刊》2014年度商业图书TOP10

湛庐文化获奖书目

《爱哭鬼小隼》
国家图书馆“第九届文津奖”十本获奖图书之一
《新京报》2013年度童书
《中国教育报》2013年度教师推荐的10大童书
新阅读研究所“2013年度最佳童书”

《群体性孤独》
国家图书馆“第十届文津奖”十本获奖图书之一
2014“腾讯网•啖书局”TMT十大最佳图书

《用心教养》
国家新闻出版广电总局2014年度“大众喜爱的50种图书”生活与科普类TOP6

《正能量》
《新智囊》2012年经管类十大图书，京东2012好书榜年度新书

《正义之心》
《第一财经周刊》2014年度商业图书TOP10

《神话的力量》
《心理月刊》2011年度最佳图书奖

《当音乐停止之后》
《中欧商业评论》2014年度经管好书榜•经济金融类

《富足》
《哈佛商业评论》2015年最值得读的八本好书
2014“腾讯网•啖书局”TMT十大最佳图书

《稀缺》
《第一财经周刊》2014年度商业图书TOP10
《中欧商业评论》2014年度经管好书榜•企业管理类

《大爆炸式创新》
《中欧商业评论》2014年度经管好书榜•企业管理类

《技术的本质》
2014“腾讯网•啖书局”TMT十大最佳图书

《社交网络改变世界》
新华网、中国出版传媒2013年度中国影响力图书

《孵化Twitter》
2013年11月亚马逊（美国）月度最佳图书
《第一财经周刊》2014年度商业图书TOP10

《谁是谷歌想要的人才？》
《出版商务周报》2013年度风云图书•励志类上榜书籍

《卡普新生儿安抚法》（最快乐的宝宝1•0~1岁）
2013新浪“养育有道”年度论坛养育类图书推荐奖

湛庐，与思想有关……

如何阅读商业图书

商业图书与其他类型的图书，由于阅读目的和方式的不同，因此有其特定的阅读原则和阅读方法，先从一本书开始尝试，再熟练应用。

阅读原则1 二八原则

对商业图书来说，80% 的精华价值可能仅占 20% 的页码。要根据自己的阅读能力，进行阅读时间的分配。

阅读原则2 集中优势精力原则

在一个特定的时间段内，集中突破 20% 的精华内容。也可以在一个时间段内，集中攻克一个主题的阅读。

阅读原则3 递进原则

高效率的阅读并不一定要按照页码顺序展开，可以挑选自己感兴趣的部分阅读，再从兴趣点扩展到其他部分。阅读商业图书切忌贪多，从一个小主题开始，先培养自己的阅读能力，了解文字风格、观点阐述以及案例描述的方法，目的在于对方法的掌握，这才是最重要的。

阅读原则4 好为人师原则

在朋友圈中主导、控制话题，引导话题向自己设计的方向去发展，可以让读书收获更加扎实、实用、有效。

阅读方法与阅读习惯的养成

（1）回想。阅读商业图书常常不会一口气读完，第二次拿起书时，至少用 15 分钟回想上次阅读的内容，不要翻看，实在想不起来再翻看。严格训练自己，一定要回想，坚持 50 次，会逐渐养成习惯。

（2）做笔记。不要试图让笔记具有很强的逻辑性和系统性，不需要有深刻的见解和思想，只要是文字，就是对大脑的锻炼。在空白处多写多画，随笔、符号、涂色、书签、便签、折页，甚至拆书都可以。

（3）读后感和 PPT。坚持写读后感可以大幅度提高阅读能力，做 PPT 可以提高逻辑分析能力。从写读后感开始，写上 5 篇以后，再尝试做 PPT。连续做上 5 个 PPT，再重复写三次读后感。如此坚持，阅读能力将会大幅度提高。

（4）思想的超越。要养成上述阅读习惯，通常需要 6 个月的严格训练，至少完成 4 本书的阅读。你会慢慢发现，自己的思想开始跳脱出来，开始有了超越作者的感觉。比拟作者、超越作者、试图凌驾于作者之上思考问题，是阅读能力提高的必然结果。

好的方法其实很简单，难就难在执行。需要毅力、执著、长期的坚持，从而养成习惯。用心学习，就会得到心的改变、思想的改变。阅读，与思想有关。

[特别感谢：营销及销售行为专家 孙路弘 智慧支持！]

我们出版的所有图书，封底和前勒口都有“湛庐文化”的标志

并归于两个品牌

找“小红帽”

为了便于读者在浩如烟海的书架陈列中清楚地找到湛庐，我们在每本图书的封面左上角，以及书脊上部 47mm 处，以红色作为标记——称之为**“小红帽”**。同时，封面左上角标记**“湛庐文化 Slogan”**，书脊上标记**“湛庐文化 Logo”**，且下方标注图书所属品牌。

湛庐文化主力打造两个品牌：**财富汇**，致力于为商界人士提供国内外优秀的经济管理类图书；**心视界**，旨在通过心理学大师、心灵导师的专业指导为读者提供改善生活和心境的通路。

阅读的最大成本

读者在选购图书的时候，往往把成本支出的焦点放在书价上，其实不然。

时间才是读者付出的最大阅读成本。

阅读的时间成本=选择花费的时间+阅读花费的时间+误读浪费的时间

湛庐希望成为一个“与思想有关”的组织，成为中国与世界思想交汇的聚集地。通过我们的工作和努力，潜移默化地改变中国人、商业组织的思维方式，与世界先进的理念接轨，帮助国内的企业和经理人，融入世界，这是我们的使命和价值。

我们知道，这项工作就像跑马拉松，是极其漫长和艰苦的。但是我们有决心和毅力去不断推动，在朝着我们目标前进的道路上，所有人都是同行者和推动者。希望更多的专家、学者、读者一起来加入我们的队伍，在当下改变未来。

图书在版编目（CIP）数据

路跑之王：跑步黄金时代的光荣与梦想 /（美）斯特拉切著；宋辛译 . —杭州：浙江人民出版社，2016.1

ISBN 978-7-213-06978-9

Ⅰ.①路… Ⅱ.①斯… ②宋… Ⅲ.肖特，F.—生平事迹 ②普利方坦，S.（1951~1975）—生平事迹 ③萨拉扎尔，A.—生平事迹—生平事迹 ④跑—体育运动史—美国—1972~1982 Ⅳ.①K837.125.47 ②G822.097.12

中国版本图书馆 CIP 数据核字（2015）第 274609 号

浙江省版权局
著作权合同登记章
图字：11-2014-194 号

上架指导：运动健身 / 马拉松

本书法律顾问　北京市盈科律师事务所　崔爽律师
张雅琴律师

路跑之王：跑步黄金时代的光荣与梦想

作　　者：［美］卡梅伦·斯特拉切　著
译　　者：宋辛　译
出版发行：浙江人民出版社（杭州体育场路347号　邮编　310006）
市场部电话：（0571）85061682　85176516
集团网址：浙江出版联合集团　http://www.zjcb.com
责任编辑：金　纪
责任校对：朱　妍
印　　刷：北京鹏润伟业印刷有限公司
开　　本：720mm × 965 mm 1/16　　**印　　张：**16.5
字　　数：21.9万　　**插　　页：**1
版　　次：2016年1月第1版　　**印　　次：**2016年1月第1次印刷
书　　号：ISBN 978-7-213-06978-9
定　　价：49.90元

如发现印装质量问题，影响阅读，请与市场部联系调换。